本书为国家社科基金一般项目“法治反腐背景下境外追逃问题研究”（项目编号：14BFX001）的最终研究成果

腐败犯罪治理暨国际追逃追赃研究系列丛书 8

法治背景下境外追逃问题研究

张　磊◎著

中国政法大学出版社

2023・北京

图书在版编目（CIP）数据

法治背景下境外追逃问题研究/张磊著. —北京：中国政法大学出版社，2023.2
ISBN 978-7-5764-0856-0

Ⅰ.①法…　Ⅱ.①张…　Ⅲ.①国际刑法－司法协助－研究　Ⅳ.①D997.9

中国国家版本馆CIP数据核字(2023)第060388号

出 版 者　中国政法大学出版社
地　　址　北京市海淀区西土城路25号
邮寄地址　北京100088信箱8034分箱　邮编100088
网　　址　http://www.cuplpress.com (网络实名：中国政法大学出版社)
电　　话　010-58908285(总编室) 58908433（编辑部）58908334(邮购部)
承　　印　北京旺都印务有限公司
开　　本　720mm×960mm　1/16
印　　张　13.25
字　　数　200千字
版　　次　2023年2月第1版
印　　次　2023年2月第1次印刷
定　　价　65.00元

General order

总　序

腐败是困扰当代全球各国经济发展和社会进步的重大现实问题。它严重侵害社会公平正义，损害政府威信与公信力，阻碍经济健康发展。反腐败是世界各国普遍关注的重大政治、法治和社会问题，我国也不例外。党的十八大以来，以习近平同志为核心的党中央以零容忍态度依法惩治腐败，坚持有腐必反、有贪必肃，“老虎”“苍蝇”一起打，坚定不移把党风廉政建设和反腐败斗争引向深入，掀起了反腐败战略的新高潮。反腐败国际追逃追赃是反腐败国际司法合作的重要组成部分，是反腐败零容忍政策的重要体现。在当前腐败犯罪国际化趋势日益明显，腐败分子携款外逃现象频繁发生的背景下，国际社会只有联合开展国际追逃追赃司法合作，才能有效遏制腐败犯罪的发生和发展势头。

习近平总书记高度重视反腐败和国际追逃追赃工作，要求各有关部门要加大交涉力度，不能让外国成为一些腐败分子的“避罪天堂”，强调腐败分子即使逃到天涯海角，也要把他们追回来绳之以法。2014 年以来，我国开展了以“天网”行动等为代表的反腐败追逃追赃专项行动，取得了突出的成绩。也正是随着我国反腐败战略和国际追逃追赃工作的全面开展，我国在反腐败领域的国际声誉日益提升，反腐败法治话语权逐步扩大。

为了进一步推动国家反腐败战略和国际追逃追赃工作的全面开展，繁荣反腐败和国际追逃追赃理论研究，北京师范大学 G20 反腐败追逃追赃研究中心（以下简称 G20 研究中心）决定主编“腐败犯罪暨国际追逃追赃研究系列丛书”，本丛书以百年名校北京师范大学深厚的学术积累、悠久的历史传统和浓郁的文化氛围为积淀，以 G20 研究中心为主要学术依托，同时广泛吸纳中外刑事法学界的支持与帮助，主要编著出版腐败犯罪暨国际追逃追赃领域有新意、有深度、有分量的著作与译作，成果形式可以是专题研究、综合研究，也可以是论文集、有价值的文献资料等形式。为了保证系列丛书的质量，G20研究中心专门设立了编辑委员会，由黄风教授担任编委会顾问，王秀梅教授担任编委会主任暨总主编，由张磊教授担任编委会副主任暨副总主编，并聘请相关方面的知名专家学者担任编委会成员，编委会负责丛书的审稿、鉴定工作。同时，为了保证编辑的效率，我们还成立了编辑部，负责日常编辑工作。

我们希望通过编辑本系列丛书，逐步积累我国国内外腐败犯罪暨反腐败国际追逃追赃领域的优秀研究成果，繁荣、深化和开拓我国腐败犯罪和反腐败国际追逃追赃领域的学术研究，为我国反腐败战略的顺利开展以及国际追逃追赃的有效进行提供智力支持，从而提升我国在国际反腐败领域的影响力，进而为推动依法治国的顺利进行，乃至中华民族的伟大复兴贡献力量。

王秀梅教授

G20反腐败追逃追赃研究中心主任

北京师范大学刑事法律科学研究院副院长

国际刑法学协会副主席暨中国分会秘书长

2017年7月

Preface

前　言

深化反腐败国际合作，永远吹境外追逃冲锋号

反腐败国际合作是全面从严治党和反腐败斗争的重要组成部分，是中国特色大国外交的重要内容。党的十八大特别是十九大以来，以习近平同志为核心的党中央高度关注反腐败国际合作工作，将其提升到国家政治和外交层面，纳入反腐败工作总体部署。在党的十九大报告中，习近平总书记强调："当前，反腐败斗争形势依然严峻复杂，巩固压倒性态势、夺取压倒性胜利的决心必须坚如磐石……不管腐败分子逃到哪里，都要缉拿归案、绳之以法。"在党的二十大报告中，习近平总书记继续关注反腐败国际合作和境外追逃追赃问题，重申"腐败是危害党的生命力和战斗力的最大毒瘤，反腐败是最彻底的自我革命。只要存在腐败问题产生的土壤和条件，反腐败斗争就一刻不能停，必须永远吹冲锋号……深化反腐败国际合作，一体构建追逃防逃追赃机制"。这凸显了以习近平同志为核心的党中央对于反腐败国际合作特别是国际追逃追赃工作的高度重视，全面加强对于反腐败国际追逃追赃工作的领导，为反腐败国际合作和追逃追赃工作提供了坚强的政治引领。在此背景下，2014 年以来我国开展了以"天网"行动为代表的反腐败追逃追赃工作，取得了突出的成绩，为反腐败斗争取得压倒性胜利并全面巩固提供了有力支撑。

本书是笔者所主持的 2014 年国家社科基金项目"法治反腐背景下境外追逃问题研究"（项目号：14BFX001）的最终研究成果。全书以习近平总书记关于反腐败追逃追赃的重要论述为指导，以我国在法治背景下全面开展的境外追逃工作为研究对象，在对境外追逃的指导思想进行梳理的基础上，分别针对境外追逃的典型案例、制度构建等问题进行研究，展现了我国当前反腐败境外追逃工作中所取得的成绩、面临的问题和对未来的展

望。全文共分六章：

第一章“法治背景下境外追逃的指导思想”，本章提出习近平总书记关于反腐败追逃追赃的重要论述是我国法治背景下境外追逃的指导思想。习近平总书记关于反腐败追逃追赃的重要论述包括反腐败追逃追赃的意义与原则、工作方法、国际视野和配套措施四个方面的内容，这些重要论述是习近平新时代中国特色社会主义思想的重要组成部分，是“四个全面”战略思想的有机蕴含，是社会主义核心价值观的重要体现，是我国反腐败追逃追赃实践的理论升华和指导思想。积极贯彻落实习近平总书记关于反腐败追逃追赃的重要论述，我们要做好以下几个方面的工作：强化“四个意识”，坚决以习近平总书记关于反腐败追逃追赃的重要论述为指导；要坚持法治反腐，将反腐败斗争进行到底；要加强法治建设，推动反腐败追逃追赃良性循环；要站稳国际平台，引领国际反腐败新秩序；要讲好反腐故事，全面提升中国国际法治形象。

第二章“境外追逃典型案例分析之黄海勇引渡案”，黄海勇引渡案是中华人民共和国成立以来最为复杂的引渡案，该案不仅涉案金额巨大，犯罪嫌疑人滞留境外时间漫长，历经秘鲁地方法院、秘鲁最高法院、秘鲁宪法法院审判，而且被提交到美洲人权委员会和美洲人权法院，并由中国专家证人出庭作证。反思黄海勇引渡案，我们应当持之以恒坚持境外追逃，及时化解对方对我国司法制度特别是死刑问题的误解，严格遵循对方法律提交引渡请求，全面提交案件材料并果断作出外交承诺，如实向国际社会证明中国刑事法治的进步，妥善应对引渡中的程序性意外，正确处理在国外羁押期限折抵刑期的问题。我们还应当充分保障被引渡回国的外逃人员的诉讼权利，充分兑现在国际合作中所作出的庄严承诺，实现对于外逃人员的公正判决，从而向世界证明中国刑事法治的发展进步，增强国际社会对于中国刑事法治的信心。

第三章“境外追逃典型案例分析之‘百名红通人员’归案”，“百名红通人员”是我国境外追逃中的标志性案例，本章对于已经归案的61名“百名红通人员”进行分析后认为，近年来我国成功追逃的经验主要在于：创新追逃追赃工作体制机制，推动追逃追赃长效开展；推进追逃追赃工作的法治化规范化，严格依法依规追逃追赃；发布部分外逃人员藏匿线索的公告，形成全球追逃的强势氛围；震慑与感召双管齐下，充分贯彻宽严相济刑事政策。展望未来，我们应当根据实践需要修订立法，严格依法依规开展追逃追赃工作；重点关注美国、加拿大、澳大利亚、新西兰等西方发达国家，有侧重地适用多种追逃措施；推广以往追逃经验，协调适用违法所得特别没收程序和缺席审判程序；持续加强队伍建设，培养具有法治理念、全局思维和精湛业务能力的执法队伍。

第四章“境外追逃典型案例分析之叶真理引渡案”，对于他国经典追逃案例的研究，有助于推动我国境外追逃的开展。本章针对美国和墨西哥之间引渡毒枭叶真理的程序进行了研究，叶真理涉嫌有组织犯罪、毒品犯罪、洗钱犯罪等多种犯罪，他的成功引渡引起了国际社会的广泛关注。叶真理引渡案涉及美国引渡中的双重犯罪原则、一事不再理原则、特定性原则、政治犯罪不引渡原则、人身保护令制度等问题。借鉴叶真理引渡案的成功经验，我们应当对于境外追逃抱有正确的心态，严格按照对方法律要求提出引渡请求和证据材料，在实践中创造条件推动与美国等西方国家签订引渡条约的进程。

第五章“境外追逃中的外交承诺制度”，外交承诺制度是我国境外追逃的重要制度，本章首先对于我国境外追逃中的外交承诺制度的特点、种类等基础理论问题进行研究，然后对外交承诺中的量刑承诺问题进行深入研究，并提出完善建议。我们认为，我国量刑承诺制度存在以下问题：在上下级法院是监督与被监督关系的前提下，当前保障案件审理法院遵守最高人民法院作出的量刑承诺的机制并非无懈可击；在案件判决书没有明确提及最高人民法院已经作出的量刑承诺的前提下，难以保障判决书既实现量刑的充分说理，又实现量刑承诺的具体内容，并体现量刑承诺对于最终判决的直接约束力。对此可以通过以下方式完善：建立法定的量刑承诺程序，将最高人民法院量刑承诺的决定权赋予一审法院，并逐级上报至最高人民法院核准，为量刑承诺的兑现奠定制度基础；在判决书中明确引用之前作出的量刑承诺，从而既实现量刑的充分说理，又体现量刑承诺对于判决的直接约束力，提升国际社会对于我国量刑承诺制度的认可与信心，从而推动境外追逃的良性循环。

第六章“刑事缺席审判制度与境外追逃措施的协调适用”，为了推动我国境外追逃的开展，2018 年我国修改刑事诉讼法增设了缺席审判制度。

我们应当客观评价缺席审判与引渡、非法移民遣返、异地追诉和劝返等追逃措施之间的关系，并具体分析缺席审判与各种措施之间协调适用的可能性。具体来说，在缺席审判之后，应当谨慎适用非法移民遣返程序与异地追诉，有选择地适用引渡。在通过司法解释明确缺席审判中或缺席判决后，外逃人员自动投案后重新审理的，可以认定为自首的前提下，积极适用劝返，从而最大限度地增加外逃人员回国的可能性，发挥缺席审判制度对于我国境外追逃的促进作用。

本人十余年来持续关注境外追逃追赃工作的研究，本书也是笔者继《反腐败零容忍与境外追逃》（法律出版社2017年版）和《法治反腐与境外追赃》（中国法制出版社2018年版）之后关于境外追逃追赃的第三本著作。与以往笔者的研究成果一样，本书所有研究的展开全部依据现有合法出版物、合法大众媒体上已经公开发表的文章与报道以及已经公开的裁判文书。这在保证了研究素材公开性、真实性的同时，也可能会给研究带来以下问题：由于不能掌握全部案件材料和事实，不能充分了解所有法外因素对案件的影响而使得部分研究缺乏理论深度和大局观念；由于不能获悉案件的全部背景和实际困难而使得部分反思不切合实际，部分建议有如纸上谈兵甚至略显幼稚。虽然这些问题并非笔者所独有（本领域其他学者的研究中也或多或少存在），但是笔者非常欢迎并虚心接受来自各方特别是追逃追赃一线实务专家的批评与指导。

需要说明的是，本书的第一、二章由笔者和北京师范大学刑事法律科学研究院赵秉志教授合著，第四章由笔者和北京市西城区人民法院徐建龙法官合著，第五章第一节由笔者和云南大学法学院董晓松副教授合著，在此特向三位老师、同仁在研究中所提供的指导与帮助表示衷心感谢和崇高敬意。最后要感谢中国政法大学出版社编辑为出版本书所付出的辛勤劳动！当然，本书中出现任何问题由本人自负。

张　磊

2023年1月

Contents

目　录

第一章 CHAPTER 01 法治背景下境外追逃的指导思想

党的十八大以来，以习近平同志为核心的党中央团结带领全国各族人民谋篇布局、励精图治、砥砺奋进、万众一心，围绕实现“两个一百年”奋斗目标和中华民族伟大复兴的中国梦，统筹国内国际两个大局，开创了党和国家事业发展的新局面，开启了坚持和发展中国特色社会主义的新篇章，赢得了全国广大干部群众的衷心拥护，在国际社会引起了重大反响。

在十八大以来治国理政的新实践中，以习近平同志为核心的党中央领导全国人民坚持马克思列宁主义、毛泽东思想、邓小平理论、“三个代表”重要思想、科学发展观，全面贯彻习近平新时代中国特色社会主义思想，全面贯彻党的基本路线、基本方略，采取一系列战略性举措，推进一系列变革性实践，实现一系列突破性进展，取得一系列标志性成果，经受住了来自政治、经济、意识形态、自然界等方面的风险挑战考验，党和国家事业取得历史性成就、发生历史性变革，推动我国迈上全面建设社会主义现代化国家新征程。〔1〕

反腐败工作是十八大以来我们党和国家重点推进的一项重要战略措施，反腐败追逃追赃工作则是反腐败战略的重要组成部分，对于推动反腐败工作的顺利进行，遏制腐败行为的发生具有重要意义。习近平总书记高度重视反腐败追逃追赃工作，围绕反腐败追逃追赃问题发表了一系列重要

〔1〕 参见习近平总书记在党的二十大上代表第十九届中央委员会所作的题为《高举中国特色社会主义伟大旗帜 为全面建设社会主义现代化国家而团结奋斗》的报告。

讲话，作了一系列新的重要论述，这些重要论述紧密结合当代中国实际，探索出了中国特色反腐败追逃追赃道路，回答了当前为什么进行反腐败追逃追赃、如何进行反腐败追逃追赃等一系列重大理论和现实问题，对于我国当前正在开展的反腐败追逃追赃工作具有重大指导意义。本章拟在简要梳理习近平关于反腐败追逃追赃重要论述主要内容的基础上，详细论述习近平关于反腐败追逃追赃重要论述的科学定位，并就如何在实践中贯彻这些重要论述提出若干建议。

第一节　习近平关于反腐败追逃追赃重要论述的科学定位

一、习近平关于反腐败追逃追赃重要论述是习近平新时代中国特色社会主义思想和习近平法治思想的重要组成部分

中国特色社会主义，是中国共产党和中国人民团结的旗帜、奋进的旗帜、胜利的旗帜，是当代中国发展进步的根本方向。“习近平总书记指出，‘党的十八大精神，说一千道一万，归结为一点，就是坚持和发展中国特色社会主义。’坚持和发展中国特色社会主义，是实现中华民族伟大复兴的必由之路。”〔1〕中国特色社会主义是实践、理论、制度紧密结合的，包括中国特色社会主义道路、中国特色社会主义理论体系和中国特色社会主义制度。其中，中国特色社会主义道路是实现途径，中国特色社会主义理论体系是行动指南，中国特色社会主义制度是根本保障，三者统一于中国特色社会主义伟大实践，这是中国特色社会主义的最鲜明特色。

中国特色社会主义是不断发展、不断前进的。习近平总书记指出：“坚持和发展中国特色社会主义是一篇大文章”“我们这一代共产党人的任

〔1〕 中共中央宣传部编：《习近平总书记系列重要讲话读本》，学习出版社、人民出版社2016年版，第18页。

务，就是继续把这篇大文章写下去。”[1]在建设中国特色社会主义的伟大征途中，特别是十八大以来，围绕新时代坚持和发展什么样的中国特色社会主义、怎样坚持和发展中国特色社会主义的重大时代课题，我们党坚持以马克思列宁主义、毛泽东思想、邓小平理论、“三个代表”重要思想、科学发展观为指导，坚持解放思想、实事求是、与时俱进、求真务实，坚持辩证唯物主义和历史唯物主义，紧密结合新的时代条件和实践要求，以全新的视野深化对中国共产党执政规律、社会主义建设规律、人类社会发展规律的认识，进行艰辛理论探索，取得重大理论创新成果，创立了习近平新时代中国特色社会主义思想。习近平新时代中国特色社会主义思想，是对马克思列宁主义、毛泽东思想、邓小平理论、“三个代表”重要思想、科学发展观的继承和发展，是马克思主义中国化最新成果，是党和人民实践经验和集体智慧的结晶，是中国特色社会主义理论体系的重要组成部分，是全党全国人民为实现中华民族伟大复兴而奋斗的行动指南，必须长期坚持并不断发展。[2]

习近平新时代中国特色社会主义思想，是以习近平总书记为代表的中国共产党人围绕坚持和发展中国特色社会主义、实现中华民族伟大复兴的中国梦，围绕推进经济、政治、文化、社会和生态文明建设，围绕从严管党治党、全面提高党的建设科学化水平等所提出的一系列富有创见的新思想新观点新论断新要求，深刻回答了新的历史条件下党和国家发展的一系列重大理论和现实问题，是马克思主义中国化最新成果的集中体现，闪耀着马克思主义真理的光辉，是全党全国各族人民为实现中华民族伟大复兴而奋斗的行动指南和根本遵循。

2020 年 11 月 16 日至 17 日，中央全面依法治国工作会议召开，首次提出了习近平法治思想，并将习近平法治思想明确定为全面依法治国的根本遵循和行动指南。在此次会议上，习近平总书记强调，在当前和今后一

[1] 中共中央宣传部编：《习近平总书记系列重要讲话读本》，学习出版社、人民出版社 2016 年版，第 38 页。

[2] 参见《中国共产党章程》（中国共产党第二十次全国代表大会部分修改并于 2022 年 10 月 22 日通过）。

个时期，坚持统筹推进国内法治和涉外法治是全面依法治国要重点抓好的工作之一。[1]“习近平法治思想是习近平新时代中国特色社会主义思想的重要组成部分，是对中国特色社会主义法治建设经验和成就的科学总结，是马克思主义法治理论中国化最新成果，是引领新时代法治中国建设取得更大成就的思想旗帜。”[2]

我国的反腐败追逃追赃必须严格依法进行，习近平同志关于反腐败追逃追赃重要论述，既是习近平法治思想的重要组成部分，也是习近平新时代中国特色社会主义思想的重要组成部分。习近平关于反腐败追逃追赃重要论述与习近平总书记在其他领域的重要论述一道，都是在新的历史条件下习近平新时代中国特色社会主义思想的重要组成部分，是马克思主义与中国实践发展相结合的最新发展。

二、习近平关于反腐败追逃追赃重要论述是“四个全面”战略思想的有机蕴含

党的十八大以来，以习近平同志为核心的党中央从坚持和发展中国特色社会主义全局出发，立足中国发展实际，坚持问题导向，逐步形成并积极推进全面建成小康社会、全面深化改革、全面依法治国、全面从严治党的战略布局。“四个全面”战略布局，确立了新的历史条件下党和国家各项工作的战略目标和战略举措，是我们党在新形势下治国理政的总方略，是事关党和国家长远发展的总战略，为实现“两个一百年”奋斗目标、实现中华民族伟大复兴的中国梦提供了重要保障。[3]2014 年 12 月，习近平总书记在江苏调研时，第一次明确提出“四个全面”的总体布局。强调要主动把握和积极适应经济发展新常态，协调推进全面建成小康社会、全面

---

〔1〕 参见新华网：《习近平在中央全面依法治国工作会议上强调　坚定不移走中国特色社会主义法治道路　为全面建设社会主义现代化国家提供有力法治保障》，载新华网，http://www.xinhuanet.com/politics/leaders/2020-11/17/c_ 1126751678.htm，最后访问日期：2022 年 5 月 23 日。

〔2〕 张文显：《习近平法治思想的实践逻辑、理论逻辑和历史逻辑》，载《中国社会科学》2021 年第 3 期。

〔3〕 参见中共中央宣传部编：《习近平总书记系列重要讲话读本》，学习出版社、人民出版社 2016 年版，第 41 页。

深化改革、全面推进依法治国、全面从严治党，推动改革开放和社会主义现代化建设迈上新台阶。[1]2015年2月2日，在省部级主要领导干部学习贯彻十八届四中全会精神全面推进依法治国专题研讨班的开班仪式上，习近平总书记集中论述了“四个全面”战略布局的逻辑关系。习近平总书记指出，“四个全面”战略布局，既有战略目标，也有战略举措，每一个“全面”都具有重大战略意义。[2]全面建成小康社会是重大战略目标，在“四个全面”战略布局中居于引领地位。全面深化改革、全面依法治国、全面从严治党是三大战略举措，为如期全面建成小康社会提供重要保障。[3]

我国的反腐败追逃追赃工作与“四个全面”战略布局具有密切联系，习近平关于反腐败追逃追赃重要论述是“四个全面”战略思想的有机蕴含：(1) 全面从严治党。在“四个全面”当中，反腐败追逃追赃与全面从严治党关系最为密切。习近平总书记指出：“加强反腐败国际追逃追赃工作是坚持党要管党、从严治党，遏制腐败现象蔓延势头的重要举措。”“要以零容忍态度惩治腐败，不管腐败分子跑到天涯海角，也要把他们绳之以法，决不能让其躲进‘避罪天堂’、逍遥法外。要把追逃追赃工作纳入党风廉政建设和反腐败斗争总体部署，把反腐败斗争引向深入。”[4]从这些重要论述可以看出，加强反腐败追逃追赃工作，把追逃追赃工作纳入党风廉政建设和反腐败斗争总体部署，将潜逃海外的腐败分子绳之以法，把转移至境外的赃款赃物追缴归案，既是以零容忍的态度惩治腐败的重要措施，更是全面从严治党的重要体现。(2) 全面依法治国。全面依法治国是我们党领导人民治理国家的基本方略，是全面建成小康社会、加快推进社会主义现代化的重要保证。全面依法治国要求把党和国家的工作纳入法治

〔1〕 参见霍小光、华春雨：《习总书记首谈“四个全面”意味着什么》，载 http://news.xinhuanet.com/politics/2014-12/16/c_1113661816.htm，最后访问日期：2022年1月3日。

〔2〕 参见习近平：《领导干部要做尊法学法守法用法的模范 带动全党全国共同全面推进依法治国》，载《人民日报》2015年2月3日，第1版。

〔3〕 参见中共中央宣传部编：《习近平总书记系列重要讲话读本》，学习出版社、人民出版社2016年版，第45~46页。

〔4〕 “在十八届中央政治局常委会第七十八次会议上关于加强反腐败国际追逃追赃工作的讲话”，载中共中央纪律检查委员会、中共中央文献研究室编：《习近平关于党风廉政建设和反腐败斗争论述摘编》，中央文献出版社、中国方正出版社2015年版，第23、100页。

化轨道，坚持在法治化轨道上统筹社会力量、平衡社会利益、调节社会关系、规范社会行为，依靠法治解决各种社会矛盾和问题。反腐败追逃追赃是我们党和国家反腐败工作的重要组成部分，当然也应当纳入法治化轨道，依法追逃追赃。对此，2015 年 10 月 18 日习近平总书记在接受采访的时候指出："中国是一个法治国家，无论是在国内惩治腐败，还是开展反腐败国际合作，都依法办事，坚持以事实为依据、以法律为准绳。"[1]习近平关于反腐败追逃追赃重要论述也是全面依法治国思想的重要体现。（3）全面深化改革。全面深化改革的总目标是完善和发展中国特色社会主义制度、推进国家治理体系和治理能力现代化。反腐败追逃追赃制度的完善、能力的提高，依赖于国家司法体制改革的顺利进行，依赖于国家反腐败体制机制改革的全面展开，依赖于各有关部门工作的协调配合，只有全面深化改革，才能促进国家反腐败追逃追赃工作全面而高效地展开。(4）全面建成小康社会。全面建成小康社会是实现中华民族伟大复兴的重要基础、关键一步，在中华民族发展史上和社会主义发展史上，都具有极为重大的意义。作为我们党向人民、向历史作出的庄严承诺，全面建成小康社会需要风清气正的政治生态，需要更加科学、更加有效地惩治腐败，需要以零容忍态度严惩腐败，需要全面开展反腐败追逃追赃工作，不论腐败分子逃到哪里，都要将他绳之以法，决不让外逃腐败分子逍遥法外。

三、习近平关于反腐败追逃追赃重要论述是社会主义核心价值观的重要体现

在当代中国，我们应该坚守的社会主义核心价值观，就是党的十八大提出要倡导的富强、民主、文明、和谐，自由、平等、公正、法治，爱国、敬业、诚信、友善等一系列理念。习近平总书记指出："社会主义核心价值观是当代中国精神的集中体现，凝结着全体人民共同的价值追求"[2]，"是凝

---

[1] 李晓珍、施希茜：《坚持党的领导 总书记在国际上是怎么讲的》，载 http://politics.people.com.cn/n1/2016/0216/c1001-28128730.html，最后访问日期：2022 年 1 月 6 日。

[2] 习近平总书记在党的十九大上代表第十八届中央委员会所作的题为《决胜全面建成小康社会 夺取新时代中国特色社会主义伟大胜利》的报告。

聚人心、汇聚民力的强大力量。"[1]我们要"用社会主义核心价值观凝魂聚力，更好构筑中国精神、中国价值、中国力量，为中国特色社会主义事业提供源源不断的精神动力和道德滋养"[2]。近年来，随着我国经济社会的发展和国际地位的提高，国际社会对中国的关注度越来越高，但是国际社会对于我国的误解也不少，"中国威胁论""中国崩溃论"等论调不绝于耳，一些西方媒体仍然在"唱衰"中国。在这样复杂的形势下，要集中讲好中国故事，传播好中国声音，向世界展现一个真实的中国、立体的中国、全面的中国。[3]根据上述论断，我们不仅要积极倡导、践行社会主义核心价值观，利用社会主义核心价值观为中国特色社会主义事业提供精神动力和道德滋养，而且要通过向世界讲好中国故事，传播中国声音，宣传社会主义核心价值观，向世界展现一个真实的中国。

习近平关于反腐败追逃追赃重要论述是社会主义核心价值观的重要体现：(1) 贯彻习近平关于反腐败追逃追赃重要论述需要践行社会主义核心价值观。在实践中贯彻习近平关于反腐败追逃追赃重要论述，就是要在与他国开展刑事司法合作过程中，体现文明、和谐、自由、平等、公正、法治、爱国、敬业、诚信等社会主义核心价值观的精神意蕴。例如，追逃追赃是追逃国与腐败分子出逃目的国之间在遵循主权原则的前提下，和谐、平等开展司法合作的过程，需要依法进行，充分保障外逃人员的各项诉讼权利，在追回国之后，追逃国需要信守在追逃过程中对于对方国家作出的庄严承诺，对外逃人员进行公正审判，只有在合作过程中充分体现双方之间的诚信、敬业，才可能实现境外追逃追赃的良性循环。(2) 贯彻习近平关于反腐败追逃追赃重要论述是弘扬、宣传社会主义核心价值观的重要途径。毛主席曾说："长征是宣言书，长征是宣传队，长征是播种机。"在反

[1] 习近平总书记在党的二十大上代表第十九届中央委员会所作的题为《高举中国特色社会主义伟大旗帜 为全面建设社会主义现代化国家而团结奋斗》的报告。

[2] 中共中央宣传部编：《习近平总书记系列重要讲话读本》，学习出版社、人民出版社2016年版，第190页。

[3] 参见中共中央宣传部编：《习近平总书记系列重要讲话读本》，学习出版社、人民出版社2016年版，第209页。

腐败追逃追赃国际合作实践中贯彻习近平关于反腐败追逃追赃重要论述，也是“宣言书、宣传队、播种机”：通过与他国开展合作，向世界庄严宣告中国坚决不让外逃腐败分子逃脱惩罚的坚定信念，是向外逃腐败分子发出的宣言书；在与他国开展合作中，宣传中国刑事法治的发展进步，宣传中国人权保障事业的伟大进展；在与他国开展合作中，要通过我方人员一言一行、一举一动弘扬社会主义核心价值观，通过讲好中国反腐败的法治故事，赢得他国对于中国法治事业、中国核心价值观的信任、赞许，埋下友谊和信任的种子。

四、习近平关于反腐败追逃追赃重要论述是我国反腐败追逃追赃实践的理论升华和指导思想

习近平总书记指出，社会存在决定社会意识。我们党现阶段提出和实施的理论和路线方针政策，之所以正确，就是因为它们都是以我国现时代的社会存在为基础的。习近平关于反腐败追逃追赃重要论述是以我国现时代的社会实践为基础的。改革开放以后，伴随着我国与国际社会交流的频繁，我国开始出现腐败分子携款外逃的现象，并由此开启了反腐败追逃追赃的实践。党的十八大以后，以习近平同志为核心的党中央掀起了反腐败高潮，特别是2014年以后，启动了以“天网”行动、“猎狐”行动等为代表的追逃追赃专项行动，取得了突出的成绩。“天网”行动作为标志性行动，2015年4月，国际刑警组织中国国家中心局公布100名涉嫌犯罪的外逃国家工作人员、重要腐败案件涉案人员的红色通缉令（百名红通人员），[1]到截稿为止（2023年1月15日）已经归案61人，[2]引起社会各界的广泛关注和赞许。习近平关于反腐败追逃追赃重要论述源于我国反腐败追逃追赃的实践，是对于我国以往特别是十八大以来反腐败追逃追赃实践的经验总结和理论升华，是马克思主义基本原理与中国反腐败追逃追赃

〔1〕 参见张磊：《从“百名红通人员”归案看我国境外追逃的发展》，载《北京师范大学学报（社会科学版）》2017年第3期。

〔2〕 参见《中央追逃办：“百名红通人员”孙锋被遣返回国》，载 https://news.cctv.com/2022/05/20/ARTIqtoxTuHJKuQPJtmstNzM220520.shtml，最后访问日期：2023年1月15日。

具体实践结合的产物，饱含着习近平总书记长期以来对于我国反腐败追逃追赃工作的思考、提炼、总结和创新，具有鲜明的中国特色、时代特征与实践品质。

习近平总书记指出，中国特色社会主义是实践、理论、制度紧密结合的，既把成功的经验上升为理论，又以正确的理论指导新的实践，还把实践中已见成效的方针政策及时上升为党和国家的制度。坚持和发展中国特色社会主义，必须高度重视理论的作用，增强理论自信和战略定力，对经过反复实践和比较得出的正确结论，要坚定不移坚持。〔1〕运用马克思主义基本原理指导中国实践是我们的看家本领，作为马克思主义与中国反腐败追逃追赃实践结合的产物和中国特色社会主义理论在当代中国的最新发展成果，习近平关于反腐败追逃追赃工作的重要论述科学总结了我国以往追逃追赃实践中的经验与教训，集中体现了对国际国内反腐败形势的深刻洞察和准确把握，蕴含着丰富的思想内涵和牢固的理论根基，〔2〕是经过我国反腐败追逃追赃的长期、反复实践和比较得出的正确结论，不仅是对以往反腐败追逃追赃实践的理论升华，而且是我国反腐败追逃追赃新的实践的指导思想、科学指南和根本遵循，为开展反腐败追逃追赃工作指明了方向，我们一定要坚定不移地坚持，一定要在反腐败追逃追赃实践中全面贯彻执行。

第二节　习近平关于反腐败追逃追赃重要论述的主要内容

习近平关于反腐败追逃追赃重要论述着眼于我国反腐败追逃追赃新的实践和新的发展，着眼于对追逃追赃实践中突出问题的理论思考，内涵深刻、博大精深、体系完整、逻辑严谨，蕴含着反腐败追逃追赃各个领域的

〔1〕　参见中共中央宣传部编：《习近平总书记系列重要讲话读本》，学习出版社、人民出版社2016年版，第25、33页。

〔2〕　参见黄树贤：《把惩治腐败的天罗地网撒向全球——深入学习习近平总书记关于反腐败国际合作和追逃追赃工作的重要论述》，载《求是》2016年第11期。

重要战略思想、基本立场和理论观点，具体可以区分为反腐败追逃追赃的意义和原则、工作方法、国际视野和配套措施四个方面的内容，从而构成了习近平关于反腐败追逃追赃重要论述的理论体系。下面我们就其要点进行简明梳理：

一、反腐败追逃追赃的意义、立场和原则

反腐败追逃追赃的现状、意义与工作原则是反腐败追逃追赃的基础理论问题，习近平总书记指出，我国反腐败追逃追赃工作任务艰巨、意义重大，在实践中应当坚持法治原则和平等互信、包容互鉴、合作共赢原则，并进行了深入论述：

（一）反腐败追逃追赃任务艰巨，意义重大

反腐败追逃追赃工作，是全面从严治党、推进党风廉政建设和反腐败斗争的重要组成部分，关系党和国家工作大局。习近平总书记从政治和全局的高度，坚持理论和实践相结合，深入而全面地论述了这项工作的重要性和紧迫性：

1. 追逃追赃工作任务艰巨

习近平总书记指出："近年来，党员干部携款外逃事件时有发生。有的腐败分子先是做'裸官'，一有风吹草动，就逃之夭夭；有的跑到国外买豪车豪宅，挥金如土，逍遥法外；有的跑到国外摇身一变，参与当地选举。这些年，我们追回了一些重要外逃人员，但总体看，还是跑出去的多，抓回来的少，追逃工作还很艰巨。"〔1〕在以上论述中，习近平准确揭示了当时我国腐败分子外逃现象严重的客观现实。通过洗钱将巨额资金汇出境外，准备护照，将家属转移出境，自己做"裸官"，做好充分准备，然后择机潜逃境外，这已经成为腐败分子出逃的经典公式。〔2〕到了国外之后，不少腐败分子凭借已经转移到境外的巨额资金，过着纸醉金迷的奢华

〔1〕《在十八届中央政治局常委会第七十八次会议上关于加强反腐败国际追逃追赃工作的讲话》，载中共中央纪律检查委员会、中共中央文献研究室编：《习近平关于党风廉政建设和反腐败斗争论述摘编》，中央文献出版社、中国方正出版社 2015 年版，第 23 页。

〔2〕参见张磊：《反腐败零容忍与境外追逃》，法律出版社 2017 年版，第 23~24 页。

生活。有的还凭借各种渠道，融入当地的居民的政治生活中去，甚至参与当地的政治选举。虽然近些年，我们经过努力追回了一些外逃人员，但客观来说，还有很多没有追回来，而且与逃出去的总数量相比，已经追回来的比例也较小。“党员干部携款外逃，就是叛党叛国，严重损害党和国家形象。腐败分子偷走了国家和人民的钱财，人民群众痛恨至极。不将他们缉拿归案、绳之以法，党纪国法不容，党和人民决不答应。”〔1〕所以，当前我国反腐败追逃追赃的任务非常艰巨，也正是在此背景下，2014 年我国开展了以“天网”行动、“猎狐”行动等为代表的追逃追赃专项行动。

2. 加强追逃追赃能够对腐败分子形成震慑

全面开展反腐败追逃追赃行动，追回逃往境外的腐败分子，追缴转移到境外的赃款，能够对腐败分子形成威慑。习近平指出：“加强追逃追赃工作是向腐败分子发出断其后路的强烈信号，能够对腐败分子形成震慑，遏制腐败现象蔓延势头。”〔2〕腐败分子携款外逃的主要目的是逃脱惩罚，在国外享受在国内实施腐败行为所得收益。所以，全面开展反腐败追逃追赃工作，表明党和国家要追回一切腐败分子和追缴一切腐败收益的坚定决心，将有利于遏制腐败行为的发生，具体来说：（1）对于企图外逃但尚未外逃的腐败分子，如果看到外逃的腐败分子都已经被追回，腐败犯罪的赃款赃物也都被追缴，就会意识到即使是逃到海外也不能逃脱惩罚，进而放弃携款外逃的幻想。（2）对于已经外逃的腐败分子，看到我国反腐败追逃追赃工作卓有成效，在国外也会惶惶不可终日，无处藏身，在巨大的压力面前，迷途知返。（3）对于想要实施腐败的党员干部，看到在追逃追赃中体现出来的党中央以零容忍的态度严厉惩治腐败的坚强决心，也会掂量自己实施腐败的代价，断了念头、放弃侥幸。总之，加强反腐败追逃追赃工作，就是向腐败分子表明，只要实施腐败行为，不论逃到天涯海角，都将

〔1〕《反腐败国际追逃追赃之一 决不让腐败分子躲进避罪天堂》，载《中国纪检监察报》2016 年 6 月 6 日，第 1 版。

〔2〕《在十八届中央政治局常委会第七十八次会议上关于加强反腐败国际追逃追赃工作的讲话》，载中共中央纪律检查委员会、中共中央文献研究室编：《习近平关于党风廉政建设和反腐败斗争论述摘编》，中央文献出版社、中国方正出版社 2015 年版，第 100 页。

难逃法律的制裁，从而威慑腐败分子，遏制腐败现象的发生。

3. 反腐败追逃追赃有利于争取人民群众的支持

党的十八大以来，以习近平同志为核心的党中央坚持以零容忍态度惩治腐败，要求"老虎""苍蝇"一起打，坚定不移把党风廉政建设和反腐败斗争引向深入，使不敢腐的震慑作用充分发挥，不能腐、不想腐的效应初步显现，反腐败斗争压倒性态势正在形成。习近平总书记指出，党的十八大以来，我们把党风廉政建设和反腐败斗争作为全面从严治党的重要内容，推动党风廉政建设和反腐败斗争取得新的重大成效。我们严明党的政治纪律，夯实管党治党责任；创新体制机制，扎牢制度笼子；持之以恒纠正"四风"、党风民风向善向上；强化党内监督，发挥巡视利剑作用；严惩腐败分子，加强追逃追赃工作。民心是最大的政治，正义是最强的力量。反腐败增强了人民群众对党的信任和支持，人民群众给予高度评价。[1]腐败分子特别是党员干部，盗窃了国家和人民的财产之后携款外逃，严重损害党和国家形象，将他们缉拿归案依法制裁，是反腐败的应有之义。反腐败追逃追赃是我国反腐败战略的重要组成部分，加强反腐败追逃追赃工作，对于严惩腐败分子，争取党心民心，具有重要意义。

（二）反腐败追逃追赃工作的基本立场

党中央对反腐败追逃追赃工作高度重视，党的十八届三中、四中、五中全会和中央纪委三次、五次、六次全会以及党的十九大、二十大等，都对加强反腐败追逃追赃作出重要部署。习近平总书记指出："国际追逃工作要好好抓一抓，各有关部门要加大交涉力度，不能让外国成为一些腐败分子的'避罪天堂'，腐败分子即使逃到天涯海角，也要把他们追回来绳之以法，五年、十年、二十年都要追，要切断腐败分子的后路。"[2]党的十九大上，习近平总书记再次强调："当前，反腐败斗争形势依然严峻复

〔1〕 参见《习近平在第十八届中央纪律检查委员会第六次全体会议上的讲话》，载《人民日报》2016年5月3日，第1版。

〔2〕《在第十八届中央纪律检查委员会第三次会议上的讲话》，载中共中央纪律检查委员会、中共中央文献研究室编：《习近平关于党风廉政建设和反腐败斗争论述摘编》，中央文献出版社、中国方正出版社2015年版，第98页。

杂，巩固压倒性态势、夺取压倒性胜利的决心必须坚如磐石……不管腐败分子逃到哪里，都要缉拿归案、绳之以法。"〔1〕在党的二十大中，习近平总书记继续关注反腐败国际合作和境外追逃追赃问题，重申"腐败是危害党的生命力和战斗力的最大毒瘤，反腐败是最彻底的自我革命。只要存在腐败问题产生的土壤和条件，反腐败斗争就一刻不能停，必须永远吹冲锋号……深化反腐败国际合作，一体构建追逃防逃追赃机制"〔2〕。要统筹推进国内法治和涉外法治，要加强反腐败国际合作，加大海外追赃追逃、遣返引渡力度。〔3〕不仅如此，习近平总书记在出访他国或者参加国际会议时，都会同有关国家领导人商谈加强追逃追赃合作，既为我国追逃追赃工作寻求到更多国际支持，也大力宣传了我国反腐败特别是追逃追赃工作取得的成果。除了习近平总书记亲自作出指示以外，我们党中央政治局常委会会议也专门听取追逃追赃工作汇报，对于相关工作实施强有力的领导，作出专门决策。中央反腐败协调小组及其相关单位认真贯彻中央决策部署，取得重要追逃成果，向腐败分子发出断其后路的强烈信号。以上都表明，全面和深入反腐败国际追逃追赃工作，是全面从严治党、推进党风廉政建设和反腐败斗争的重要组成部分，凸显了党和国家以零容忍的态度惩治腐败，强力推进反腐败追逃追赃工作的坚定决心、鲜明态度和严正立场。不论腐败分子逃到哪里，逃出去多久，即使是天涯海角，即使是五年、十年、二十年甚至再长的时间，都一定将其追回来绳之以法，绝不让一人逃脱惩罚。

（三）反腐败追逃追赃工作的原则

反腐败追逃追赃工作是一项系统工程，必须坚持一定的基本原则，才能保障各项工作的顺利进行，从而既实现追逃追赃，又与他国保持良好的互利互信合作关系。

---

〔1〕习近平总书记在党的十九大上代表第十八届中央委员会所作的题为《决胜全面建成小康社会　夺取新时代中国特色社会主义伟大胜利》的报告。

〔2〕习近平总书记在党的二十大上代表第十九届中央委员会所作的题为《高举中国特色社会主义伟大旗帜 为全面建设社会主义现代化国家而团结奋斗》的报告。

〔3〕参见中共中央宣传部、中央全面依法治国委员会办公室：《习近平法治思想学习纲要》，人民出版社、学习出版社 2021 年版，第 123 页。

1. 法治原则

习近平总书记指出："中国是一个法治国家，无论是在国内惩治腐败，还是开展反腐败国际合作，都依法办事，坚持以事实为依据、以法律为准绳。"[1]党的十九大报告也明确指出"全面依法治国是中国特色社会主义的本质要求和重要保障。必须把党的领导贯彻落实到依法治国全过程和各方面，坚定不移走中国特色社会主义法治道路，完善以宪法为核心的中国特色社会主义法律体系，建设中国特色社会主义法治体系，建设社会主义法治国家"。[2]党的二十大报告进一步强调："全面依法治国是国家治理的一场深刻革命，关系党执政兴国，关系人民幸福安康，关系党和国家长治久安。必须更好发挥法治固根本、稳预期、利长远的保障作用，在法治轨道上全面建设社会主义现代化国家。我们要坚持走中国特色社会主义法治道路，建设中国特色社会主义法治体系、建设社会主义法治国家，围绕保障和促进社会公平正义，坚持依法治国、依法执政、依法行政共同推进，坚持法治国家、法治政府、法治社会一体建设，全面推进科学立法、严格执法、公正司法、全民守法，全面推进国家各方面工作法治化。"[3]作为我国社会主义法治建设和反腐败战略的重要组成部分，反腐败追逃追赃工作当然也应当坚持法治原则，严格依法进行。具体来说，追逃追赃需要依据以下几个方面的法律：（1）双方国内法律。境外追逃追赃是我国与他国开展国际合作，必须遵守双方国内法律。对于在我国境内开展的程序，主要依据我国法律。对于在他国境内开展相应的诉讼程序，则要严格遵守当地国的法律和我国的法律。如在中国与加拿大合作开展的赖昌星遣返案中，我们配合加拿大方面，依据加拿大《移民与难民保护法》等法律展开

[1] 李晓珍、施希茜：《坚持党的领导 总书记在国际上是怎么讲的》，载 http://politics.people.com.cn/n1/2016/0216/c1001-28128730.html，最后访问日期：2022年1月6日。

[2] 参见习近平总书记在党的十九大上代表第十八届中央委员会所作的题为《决胜全面建成小康社会 夺取新时代中国特色社会主义伟大胜利》的报告。

[3] 习近平总书记在党的二十大上代表第十九届中央委员会所作的题为《高举中国特色社会主义伟大旗帜 为全面建设社会主义现代化国家而团结奋斗》的报告。

了非法移民遣返程序。[1]在此过程中，我们依据中国国内法的相关规定，向加拿大方面作出不判处赖昌星死刑的庄严承诺，最终于2011年将赖昌星遣返回国，并依据《中华人民共和国刑法》（以下简称《刑法》）和《中华人民共和国刑事诉讼法》（以下简称《刑事诉讼法》）之规定进行审判。(2) 双边国际条约。双边国际条约指两国就特定事项签订的国际协议，缔约双方都有履行条约的义务。根据外交部网站消息，截至2020年11月，在国家监察委与外交部等部门的共同努力下，我国已与81个国家缔结引渡条约、司法协助条约、资产返还与分享协定等共169项，[2]这些条约、协议是我国与他国开展追逃追赃合作的重要依据。比如我国和秘鲁合作开展的黄海勇引渡案，最为重要的依据就是双方签署的《中华人民共和国和秘鲁共和国引渡条约》（以下简称《中秘引渡条约》）。[3](3) 多边国际公约。规定有国际刑事司法合作内容的多边国际公约也是我们开展追逃追赃工作的法律依据。例如我国和新加坡合作开展的李华波遣返案，就是两国依据《联合国反腐败公约》，践行《北京反腐败宣言》开展追逃追赃的成功案例。[4]

2. 平等互信、包容互鉴、合作共赢原则

党的十八大报告指出："在国际关系中弘扬平等互信、包容互鉴、合作共赢的精神，共同维护国际公平正义。"2013年4月13日，中华人民共和国主席习近平在人民大会堂会见美国国务卿克里的时候表示："希望双方坚持从战略高度和长远角度把握两国关系，以积极态度和发展眼光推进对话合作，以相互尊重、求同存异精神妥处分歧矛盾，不断充实合作伙伴关系的战略内涵，走出一条平等互信、包容互鉴、合作共赢的新型大国关

---

[1] 关于赖昌星遣返案的详细情况，请参见赵秉志、张磊：《赖昌星案件法律问题研究》，载《政法论坛》2014年第4期。

[2] 参见陆丽环：《我国已与81个国家缔结引渡条约、司法协助条约等共169项》，载https://www.ccdi.gov.cn/toutiao/202011/t20201111_229776.html，最后访问日期：2022年4月3日。

[3] 关于黄海勇引渡案的详细情况，请参见赵秉志、张磊：《黄海勇引渡案法理问题研究》，载《法律适用》2017年第4期。

[4] 关于李华波遣返案的详细情况，请参见戴佳：《跨国缉贪：逃之夭夭？回头是岸！——李华波案追逃追赃工作纪实》，载《检察日报》2015年5月10日，第1版。

系之路。”[1]党的十九大报告也指出：“中国将高举和平、发展、合作、共赢的旗帜，恪守维护世界和平、促进共同发展的外交政策宗旨，坚定不移在和平共处五项原则基础上发展同各国的友好合作，推动建设相互尊重、公平正义、合作共赢的新型国际关系。”[2]党的二十大报告进一步指出：“构建人类命运共同体是世界各国人民前途所在……只有各国行天下之大道，和睦相处、合作共赢，繁荣才能持久，安全才有保障……中国坚持对话协商，推动建设一个持久和平的世界；坚持共建共享，推动建设一个普遍安全的世界；坚持合作共赢，推动建设一个共同繁荣的世界；坚持交流互鉴，推动建设一个开放包容的世界；坚持绿色低碳，推动建设一个清洁美丽的世界。”[3]上述论述标志着平等互信、包容互鉴、合作共赢已经成为我们对于国际关系的一贯主张，是我国发展国际关系的重要原则，符合各国人民的共同利益和愿望。党的十八大以后，以习近平同志为核心的党中央将反腐败国际合作上升到国家政治和外交层面，倡议构建国际反腐败新秩序，将平等互信、包容互鉴与合作共赢作为反腐败国际合作的重大原则。习近平总书记主张平等互信，指出反腐败是各国面临的共同任务和致力于现代化的必然举措；主张包容互鉴，指出中国愿意借鉴国际反腐败经验，与各国相互支持、相互协助；主张合作共赢，指出构建务实合作网络，营造风清气正的商业环境。这些主张得到国际社会的广泛支持与认可，使中国成为全球反腐败治理的重要力量。[4]我们在反腐败追逃追赃国际合作的工作中，一定要坚持上述原则，与世界各国共同努力，接续奋斗，携手并肩，互相支持，共同打击腐败分子。

---

〔1〕《习近平会见克里纵论中美新型大国关系 平等互信 包容互鉴 合作共赢》，载《人民日报（海外版）》2013年4月15日，第1版。

〔2〕习近平总书记在党的十九大上代表第十八届中央委员会所作的题为《决胜全面建成小康社会 夺取新时代中国特色社会主义伟大胜利》的报告。

〔3〕习近平总书记在党的二十大上代表第十九届中央委员会所作的题为《高举中国特色社会主义伟大旗帜 为全面建设社会主义现代化国家而团结奋斗》的报告。

〔4〕参见黄树贤：《把惩治腐败的天罗地网撒向全球——深入学习习近平同志关于反腐败国际合作和追逃追赃工作的重要论述》，载《求是》2016年第11期。

二、反腐败追逃追赃的工作方法

习近平总书记不仅对反腐败追逃追赃的基础理论问题进行论述，还特别关注反腐败追逃追赃的工作方法，对于在纷繁复杂的国际社会中如何开展反腐败追逃追赃提出了具体工作建议，具有很强的可操作性：

（一）摸清外逃腐败分子底数，强化追逃追赃工作基础

反腐败追逃追赃，只有清楚外逃人员和外流资金有多少，在哪里，工作才能目标清晰，更有针对性。过去我们追逃追赃工作面临的最为突出的问题就是底数不清。到底有多少人通过什么渠道逃出去了，携带或者转出去了多少资金，怎么转出去的，现在藏在哪里，等等，都不是很清楚。这就是基础性工作没有做好，严重影响了我国追逃追赃工作的开展。针对这种情况，习近平总书记明确指出："要强化基础工作，摸清外逃腐败分子底数，建立和完善外逃人员数据库。要建立统计数据动态更新机制，对外逃腐败分子的情况做到数字准、情况明，并及时上报中央。要对掌握的情况深入分析，从个案中发现规律，寻找一些途径和方法。要加强对党员干部的日常监督管理，严格执行对配偶子女移居国外的国家工作人员的相关管理规定，加强党员干部出入境证照、出入境资金监控等方面的管理。重大事项报告制度不能摆在那，要抽查，抽查以后有问题的就要追究处理，这样这个制度才有用，而且才能如实报。"〔1〕在上述论述中，习近平总书记一针见血地看到我国追逃追赃工作存在的问题，提出一定要强化追逃追赃的基础性工作，摸清外逃人员的数量、情况，为开展追逃追赃工作夯实基础。根据上述论述，追逃追赃的基础性工作有以下内容：（1）摸清底数。境外追逃追赃，对象在国外，基础在国内，只有国内基础性工作扎实、完善，摸清楚多少腐败分子外逃，多少腐败资金外流，建立完善的外逃人员数据库，根据情况及时更新，随时掌握外逃人员的最新动态，对相关情况了然于胸，实时把握准确的数字和真实的情况，为有针对性地开展

〔1〕《在十八届中央政治局常委会第七十八次会议上关于加强反腐败国际追逃追赃工作的讲话》，载中共中央纪律检查委员会、中共中央文献研究室编：《习近平关于党风廉政建设和反腐败斗争论述摘编》，中央文献出版社、中国方正出版社 2015 年版，第 131 页。

追逃追赃工作奠定基础。(2) 对所掌握的情况进行分析，从中发现规律。在搞清楚外逃人员、外流资金的基本数字、基本情况，以及大致流向之后，要认真对这些原始资料进行分析，得出外逃人员、外流资金的基本特点、流向国家的结论，从中梳理出一定的规律，有针对性地采取措施，阻断人员的外逃和资金的外流，及时追回外逃人员和外流资金。(3) 加强对党员干部及其配偶子女的监督管理，充分发挥重大事项报告制度的作用，随时了解党员干部及其资金的出入境情况。腐败分子出逃前，一般都会有向境外转移资金、办理虚假护照等异常举动，一旦发现这些情况，要立即采取措施，防止腐败分子外逃。总之，“只有加强统一领导，打牢基础工作，做到数字准、情况明、底数清，才能掌握主动，抓出成效。”[1]

(二) 加大交涉力度，突破一批重点个案

近年来我国腐败外逃人员和外流资金数量巨大，在短时间内将所有人员追回既不可能也不现实，在此背景下，如何既稳步推进追逃追赃工作的开展，又能够遏制更多腐败分子外逃，就成为我们必须面对的问题。对此，习近平总书记指出：“加大交涉力度，突破一批重点个案，使企图外逃分子丢掉幻想、望而却步。”[2]也就是说，在一时不能追回所有外逃人员的前提下，我们必须进一步加大工作力度，甄选一批外逃人员职位较高，国际国内影响较大，外逃时间较长，追逃追赃具有一定难度的案件进行重点突破，适当宣传，形成威慑和示范效应，使外逃人员丢掉外逃和继续潜逃的幻想，回国自首。我们在实践中办好一个有影响的案件，胜过做千百个人的工作。只有办好一些有影响的案件，我们的反腐败追逃追赃工作才具有说服力，才能形成强大的震慑和示范效应。所以，我们一定要明确追逃追赃的主要方向和重点对象，集中时间、集中力量，追回一批有影响腐败分子，“以成功案例增强广大群众信心，带动追逃追赃工作整体

---

〔1〕《反腐败国际追逃追赃之三 对象在国外 基础在国内》，载《中国纪检监察报》2016 年 6 月 20 日，第 1 版。

〔2〕《在十八届中央政治局常委会第七十八次会议上关于加强反腐败国际追逃追赃工作的讲话》，载中共中央纪律检查委员会、中共中央文献研究室编：《习近平关于党风廉政建设和反腐败斗争论述摘编》，中央文献出版社、中国方正出版社 2015 年版，第 132 页。

推进"[1]。也正是在此思想的指导下，我们开展了对于一批重点案件的追逃追赃，取得了良好的效果。例如，2014 年 4 月，按照"天网"行动统一部署，国际刑警组织中国国家中心局集中公布了针对 100 名涉嫌犯罪的外逃国家工作人员、重要腐败案件涉案人员的红色通缉令，加大全球追缉力度。这次集中公布的 100 人包括外逃国家工作人员和重要腐败案件涉案人员，都是涉嫌犯罪、证据确凿的外逃人员，已经由国际刑警组织发布红色通缉令，正在全球范围追捕。[2]相对于其他犯罪嫌疑人来说，"百名红通人员"主要是腐败犯罪涉案人员，他们出逃准备多比较充分，拥有丰厚的资金聘请律师为自己提供法律帮助，多逃往西方发达国家，由于自身身份而容易提起政治避难请求，所以对这些人员的追逃将遭遇更为复杂的环境，面临更多的挑战，任务更为艰巨。[3]但是，经过我方工作人员的努力，截止到 2023 年 1 月 15 日，"百名红通人员"已经归案 61 人，办理了以杨秀珠（百名红通头号嫌犯）劝返案、李华波（百名红通二号嫌犯）遣返案[4]、闫永明（百名红通五号嫌犯）劝返案[5]等为代表的一系列影响较大的典型案件。而且，我们每成功办理一个标志性的案例，都由媒体配合进行适当的宣传，并在"百名红通人员"发布两周年的时候进行集中宣传，取得了良好的效果。这都向世界昭示着，我国惩治腐败的天罗地网已撒向全球，外逃人员逃到哪里都将被追回。习近平总书记"突破一批重点个案，使企图外逃分子丢掉幻想、望而却步"的指示，正逐步变成现实。

（三）加快与外逃目的地国家签署引渡条约，建立执法合作

反腐败追逃追赃需要依法开展，这就要求善于运用法治思维和法治方

---

〔1〕《反腐败国际追逃追赃之四 追逃追赃既是内政又是外交》，载《中国纪检监察报》2016 年 6 月 27 日，第 1 版。

〔2〕参见《"天网"行动重拳出击全球通缉百名外逃人员》，载 http://www.ccdi.gov.cn/xwtt/201504/t20150422_55183.html，最后访问日期：2019 年 9 月 8 日。

〔3〕参见张磊：《从"百名红通人员"归案看我国境外追逃的发展》，载《北京师范大学学报（社会科学版）》2017 年第 3 期。

〔4〕关于李华波遣返案的详细情况，请参见黄风主编：《中国境外追逃追赃：经验与反思》，中国政法大学出版社 2016 年版，第 151~172 页。

〔5〕关于闫永明劝返案的详细情况，请参见吉追逃：《人赃俱获的背后——"百名红通人员"闫永明归案纪实》，载《中国纪检监察》2017 年第 16 期。

式，健全配套法规制度。在完善立法的基础上，与他国尽快建立执法合作。对此，习近平总书记指出："要加快与外逃目的地国签署引渡条约、建立执法合作。"[1]具体来说，包括两方面内容：

第一，尽快与主要外逃目的国签订引渡条约。引渡是境外追逃中最为传统的国际刑事司法合作形式。但是由于各国引渡相关立法对引渡多规定了一些前提条件（如条约前置主义、互惠原则、双重犯罪原则），并受到死刑不引渡、政治犯不引渡等原则的限制，引渡合作往往不能顺利实现。虽然"截至2018年9月，我国已与76个国家缔结司法协助条约、资产返还和分享协定、引渡条约、打击'三股势力'协定及移管被判刑人条约共159项（128项生效），其中包括引渡条约54项（37项生效）"[2]，但是受多种因素影响，与我国缔结引渡条约的多是发展中国家，发达国家较少。而且我国尚未与我国外逃人员主要目的国，如美国、加拿大等签订双边引渡条约（或者还没有生效），这就难以与其开展引渡合作。例如，美国在引渡问题上一直严格坚守引渡的"条约前置主义"（只有在行为人在外国受到指控的犯罪属于针对海外美国国民的暴力犯罪的情况下才可能有所例外），[3]要求开展引渡合作的双方签订有双边引渡条约。加拿大虽然由于1999年《引渡法》的规定，在引渡问题上一定程度上放弃了对于条约前置主义的限制，但是我国和其在引渡问题上至今还没有实质性的突破。在此背景下，习近平总书记提出尽快与外逃目的国签订引渡条约，是推动我国反腐败追逃追赃顺利进展的一项关键性措施，具有非常重要的实践意义，一旦我国与外逃主要目的国签订了引渡条约，将为我国境外追逃扫除立法上的一大障碍。

第二，加强与主要外逃目的国反腐机构和执法机构的合作。习近平总书记指出："由于各国在法律制度等方面存在差异，通过国际合作打击腐

---

〔1〕《在十八届中央政治局常委会第七十八次会议上关于加强反腐败国际追逃追赃工作的讲话》，载中共中央纪律检查委员会、中共中央文献研究室编：《习近平关于党风廉政建设和反腐败斗争论述摘编》，中央文献出版社、中国方正出版社2015年版，第132页。

〔2〕《除引渡第一案 国家监委还有一项"首创"成效颇大》，载 http://news.sina.com.cn/o/2018-11-30/doc-ihmutuec5044019.shtml，最后访问日期：2022年1月5日。

〔3〕参见黄风：《国际刑事司法合作的规则与实践》，北京大学出版社2008年版，第6页。

败犯罪需要解决一些法律技术性问题。这需要有关各方共同探讨解决方案，特别是要加强反腐败机构和执法机构在个案调查和信息交流等方面合作。相信只要有打击腐败的政治意愿，反腐败国际合作一定能够取得更多成果。"[1]由于各国历史文化、法律传统、基本国情不同，各国的法律体系和司法制度也有很大区别，在实践中也存在一些法律技术性问题，这都给追逃追赃司法合作带来很多挑战。对此，习近平总书记提出有关各方应当通过协商进行解决，特别是加强双方反腐败机构和执法机构在个案调查和信息交流等方面的合作，坚持具体问题具体分析，针对不同个案的特点，灵活运用遣返、劝返、引渡、异地追诉等方式，逐一突破。例如，我国和美国不存在于双边引渡条约，法律制度存在较大差异，双方就是通过执法机构之间的合作，逐步确立了固定的追逃合作机制：1998 年 5 月，中美执法合作联合联络小组（JLG）成立，就特定案件进行磋商。2005 年 JLG 反腐败工作组成立。党的十八大之后，特别是 2014 年开展反腐败追逃追赃专项行动以来，中美 JLG 机制逐步成为两国执法合作的主渠道。在中央反腐败协调小组的直接指挥下，中央追逃办通过 JLG 机制与美国有效推动了反腐败执法合作，成功追回了王国强、杨进军、邝婉芳、赵世兰等腐败分子。2015 年 9 月习近平总书记应邀对美国进行国事访问所取得的一个重要成果，就是"双方决定继续以中美执法合作联合联络小组（JLG）为主渠道，进一步落实好两国领导人达成的有关共识，采取切实措施，推进双方共同确定的重大腐败案件的办理。双方同意加强在预防腐败、查找腐败犯罪资产、交换证据、打击跨国贿赂、遣返逃犯和非法移民、禁毒和反恐等领域的务实合作。在追赃领域，双方同意商谈相互承认与执行没收判决事宜。"[2]除了中美以外，国家主席习近平在同其他外逃主要目的国领导人会晤的时候，也分别就加强双方执法合作，推动反腐败追逃追赃的开展达成共识。如 2014 年 11 月 9 日，国家主席习近平在北京会见加拿大总

---

〔1〕 李晓珍、施希茜：《坚持党的领导 总书记在国际上是怎么讲的》，载 http://politics.people.com.cn/n1/2016/0216/c1001-28128730.html，最后访问日期：2022 年 1 月 6 日。

〔2〕《习近平主席对美国进行国事访问中方成果清单》，载《人民日报》2015 年 9 月 26 日，第 3 版。

理哈珀时表示："中国正在加大反腐败斗争，中加双方应该在执法领域包括追逃追赃问题上加强合作。"[1]同年11月17日，习近平在访问澳大利亚同澳大利亚总理阿博特举行会谈时强调："中方重视同澳方加强司法执法、追逃追赃合作，共同打击腐败犯罪。"[2]同年11月20日，习近平在访问新西兰同新西兰总理约翰·基举行会谈时表示："双方要加强防务、执法交流，在打击腐败、追逃追赃等方面开展合作。"[3]在以习近平同志为核心的党中央的部署下，我国与各外逃主要目的国反腐机构和执法机构的双边执法合作机制正在逐步建立、完善，为推动反腐败追逃追赃的全面开展铺平道路。

三、反腐败追逃追赃的国际视野

我们的事业是同世界各国合作共赢的事业。党的十八大以来，面对国际形势的深刻变化和世界各国同舟共济的客观要求，以习近平同志为核心的党中央，统筹国内国际两个大局、统筹发展安全两件大事，坚持独立自主的和平外交方针，推动构建以合作共赢为核心的新型国际关系，打造人类命运共同体，开启了中国特色大国外交新征程。[4]打击腐败是世界各国面临的共同任务，反腐败国际合作是各国反腐败斗争的重要组成部分。习近平总书记指出："没有哪个国家能够独自应对人类面临的各种挑战，也没有哪个国家能够退回到自我封闭的孤岛。"[5]世界上任何国家都无法免受腐败困扰，任何政府都无法单独对抗腐败，反腐败追逃追赃是与他国

〔1〕 赵成、李伟红：《习近平分别会见印度尼西亚总统、加拿大总理、泰国总理和新加坡总理》，载《人民日报》2014年11月10日，第1版。

〔2〕《习近平同澳大利亚总理阿博特举行会谈一致决定建立中澳全面战略伙伴关系 宣布实质性结束中澳自由贸易协定谈判》，载《人民日报》2014年11月18日，第1版。

〔3〕 陈赞、田帆、刘华：《习近平同新西兰总理会谈强调：双方要在打击腐败、追逃追赃等方面开展合作》，载 http://cpc.people.com.cn/n/2014/1120/c87228-26063705.html，最后访问日期：2022年1月6日。

〔4〕 参见中共中央宣传部编：《习近平总书记系列重要讲话读本》，学习出版社、人民出版社2016年版，第260页。

〔5〕 习近平总书记在党的十九大上代表第十八届中央委员会所作的题为《决胜全面建成小康社会 夺取新时代中国特色社会主义伟大胜利》的报告。

合作追回我国外逃人员和外流资金，与其他国家开展国际合作，需要具有国际视野：

（一）坚定不移反对腐败，占据国际道义制高点

我们开展的反腐败追逃追赃国际合作，是我国反腐败斗争的重要组成部分，是针对腐败现象和腐败分子的正义之战，在国际社会上占据了道义制高点，得到了国际社会的广泛支持。习近平总书记指出："我们坚定不移反对腐败，使我们占据了国际道义制高点。""我们主动提出一系列反腐败国际合作倡议，倡议构建国际反腐新秩序，特别是加大对美国等西方国家在反腐败合作方面的压力，要求他们不要成为腐败分子的'避罪天堂'。原来他们认为那些犯罪嫌疑人是他们手中的牌，现在都成了手里的烫山芋。各方面对我们敢于向腐败亮剑是佩服的，我们的反腐行动赢得了国际社会尊重。"[1]得道多助，失道寡助，是永恒不变的真理。我们开展的反腐败追逃追赃行动，对象是腐败分子和被腐败分子贪污的国家和人民的财产，他们伪造国际旅行证件潜逃他国，通过洗钱的手段将巨额资金汇往境外，这些行为不论在世界哪个国家都是严重犯罪，都将得到人民群众的强烈谴责，受到国家法律的严厉惩罚。近年来，我国以零容忍的政策重拳反腐，在国内深得民心党心，回应了人民群众的反腐败期望，赢得了人民群众的高度赞誉。例如，2015 年，国家统计局在 22 个省区市开展的全国党风廉政建设民意调查结果显示，91.5%的群众对党风廉政建设和反腐败工作成效表示满意，比 2012 年提高 16.5 个百分点，90.6%的群众认为当前腐败案件高发势头得到遏制，90.7%的群众对遏制腐败现象表示有信心。[2]在国际社会，我们的反腐斗争引起了广泛关注与充分尊重，反腐败所取得的显著成效引起了国际社会的强烈反响与高度肯定。许多国外专家表示，观察近几年的反贪污、反腐败行动，"中国反腐"展现的定力和毅力让他们吃惊，从掀起国内反腐败高潮到影响国际的反腐败行动，中国展现的高压态势和

[1] 《在第十八届中央纪律检查委员会第六次全体会议上的讲话》，载中共中央文献研究室编：《习近平总书记重要讲话文章选编》，中央文献出版社、党建读物出版社 2016 年版，第 361~362 页。

[2] 参见《吴玉良：去年 91.5%群众对党风廉政建设和反腐败工作成效满意》，载 http://fanfu.people.com.cn/n1/2016/0115/c64371-28057745.html，最后访问日期：2022 年 1 月 6 日。

累累硕果不仅仅显示了大国能量，也塑造了大国形象。[1]欧洲委员会前副主席皮埃尔·德福安在中纪委网站的访谈中表示，他认为严格的程序使“老虎苍蝇一起打”成效显著，中国为公众通过社交网络和网站进行举报提供机会，这对那些受到腐败诱惑的人能够发挥非常有效的震慑作用。2016年，印度中国研究所副主任郑嘉宾认为，空前规模的反腐行动，不仅让中国人民看到了决心，也让世界对中国共产党产生新的期待。[2]我们主动提出的一系列反腐败国际合作倡议，呼吁构建国际反腐新秩序，希望一些国家不要成为腐败分子的“避罪天堂”的提议，也得到了国际社会的广泛支持和积极回应。由此可见，我国当前全面开展的反腐败斗争，为我们的境外追逃追赃提供了坚实的道义基础，我们反腐败越是坚决、彻底，越通过证据充分揭露腐败分子违法乱纪、经济贪婪、生活腐化、作风专横、盗窃国家和人民财产的真实面目，在开展境外追逃追赃工作的时候，越能把握国际道义制高点，越能够理直气壮、底气十足。所以，我们一定要将反腐败斗争坚定不移地推向前进，经常抓、长期抓，以锲而不舍、驰而不息的决心和韧劲，坚决遏制腐败蔓延势头，将反腐败斗争进行到底，直到取得反腐败斗争的压倒性胜利，也只有这样，我们才能在反腐败追逃追赃的国际舞台上，旗帜鲜明、立场坚定，永远占领国际道义制高点，高举“正义”的旗帜，凝聚起一切可以凝聚的力量，牢牢把握主动权和话语权。

（二）倡议构建国际反腐新秩序，在多边框架下加强追逃追赃国际合作

习近平总书记高度重视反腐败追逃追赃工作，倡议构建国际反腐新秩序，搭建全球追逃追赃国际合作平台，得到了世界各国的充分认可和高度肯定。习近平总书记指出：“我们主动提出一系列反腐败国际合作倡议，倡议构建国际反腐新秩序，特别是加大对美国等西方国家在反腐败合作方

〔1〕参见陈定定：《中国反腐收获国际赞誉》，载《中国纪检监察报》2017年8月25日，第4版。

〔2〕参见《“打虎拍蝇猎狐”：铁腕反腐交出沉甸甸的成绩单》，载 http://fanfu.people.com.cn/n1/2016/1022/c64371-28798692.html，最后访问日期：2022年1月6日。

面的压力，要求他们不要成为腐败分子的‘避罪天堂’。”[1]我们“要搭建追逃追赃国际合作平台”“要继续推动在二十国集团、亚太经合组织、《联合国反腐败公约》等多边框架下加强追逃追赃国际合作”[2]。十八大以来，习近平总书记在重大外交活动中近80次就反腐败和追逃追赃发表重要论述，站在构建国家间政治与外交关系的战略高度推动，有效凝聚了国际共识，强调和号召国际社会积极推进国际反腐国际合作，搭建追逃追赃国际平台，使我国与有关国家开展反腐败合作、强化追逃追赃有了坚实的政治基础。[3]例如，2014年11月8日，亚太经合组织（APEC）部长级会议通过了《北京反腐败宣言》，习近平总书记在随后举行的APEC领导人非正式会议发表闭幕辞指出，我们大力推动亚太反腐败合作，建立亚太经合组织反腐败执法合作网络，就追逃追赃、开展执法合作等达成重要共识。[4]2014年11月16日，习近平总书记出席二十国集团（G20）领导人第九次峰会会议时指出，中国坚持有腐必反、有贪必肃，以零容忍态度惩治腐败，加强反腐败国际合作。中方支持二十国集团加强国际追逃追赃务实合作。[5]2016年9月4日至5日，二十国集团（G20）杭州峰会成功召开，习近平总书记在闭幕辞中指出：“我们就继续深化反腐败合作达成多项共识，决心让腐败分子在二十国乃至全球更大范围无处藏身、无所遁形。”[6]在此次会议上，G20各国领导人一致批准通过《二十国集团反腐败

〔1〕《在第十八届中央纪律检查委员会第六次全体会议上的讲话》，载中共中央文献研究室编：《习近平总书记重要讲话文章选编》，中央文献出版社、党建读物出版社2016年版，第361~362页。

〔2〕《在十八届中央政治局常委会第七十八次会议上关于加强反腐败国际追逃追赃工作的讲话》，载中共中央纪律检查委员会、中共中央文献研究室编：《习近平关于党风廉政建设和反腐败斗争论述摘编》，中央文献出版社、中国方正出版社2015年版，第132页。

〔3〕参见窦克林：《占领道义制高点 推动构建国际反腐新秩序》，载《中国纪检监察》2017年第16期。

〔4〕参见《亚太经合组织第二十二次领导人非正式会议上的闭幕辞》，载《人民日报》2014年11月12日，第2版。

〔5〕参见《习近平：中方支持二十国集团加强国际追逃追赃务实合作》，载http://news.sina.com.cn/c/2015-11-17/doc-ifxksqku3158720.shtml，最后访问日期：2022年1月6日。

〔6〕《习近平在二十国集团杭州峰会上的闭幕辞》，载http://politics.people.com.cn/n1/2016/0905/c1001-28692951.html，最后访问日期：2022年1月6日。

追逃追赃高级原则》、在华设立二十国集团反腐败追逃追赃研究中心[1]、《二十国集团2017-2018年反腐败行动计划》等重要反腐败成果。2017年5月14日，习近平总书记出席“一带一路”国际合作高峰论坛开幕式的主旨演讲中强调要加强国际反腐合作，让“一带一路”成为廉洁之路。[2]2017年9月4日，习近平总书记主持金砖国家领导人第九次会晤，与会领导人就加强反腐败合作达成重要共识并写入《金砖国家领导人厦门宣言》，该宣言强调“我们支持加强金砖国家反腐败合作，重申致力于加强对话与经验交流，支持编纂金砖国家反腐败图册。”“我们支持加强资产追回合作。”“我们支持包括通过金砖国家反腐败工作组机制加强国际反腐败合作和追逃追赃工作。”[3]从APEC北京会议，G20杭州峰会，到“一带一路”高峰论坛，再到金砖国家领导人会晤，从《北京反腐败宣言》到《二十国集团反腐败追逃追赃高级原则》，再到金砖国家反腐败图册，我国国际反腐的路径越走越宽，所提出的一系列“中国方案”“中国主张”正引领国际反腐合作向纵深发展，所倡导和引领的国际反腐新秩序正逐渐建立，为进一步拓宽国际反腐合作格局打下了基础。

四、反腐败追逃追赃的配套措施

反腐败追逃追赃工作是一项系统工程，需要在理论研究、舆论宣传等多个方面的配合，对此习近平总书记也进行了深入论述：

（一）加强国际规则研究，深入了解他国立法

如前所述，反腐败追逃追赃应当坚持法治原则，严格依照国际规则和

---

〔1〕 二十国集团反腐败追逃追赃研究中心是在中央纪委支持下于2016年9月23日依托于北京师范大学刑事法律科学研究院成立的，旨在开展G20成员国的反腐败追逃追赃相关问题研究，加强G20国家反腐败追逃追赃合作，促进构建国际反腐败新秩序的学术机构。该研究中心在中国成立，是2016年9月4日至5日在中国杭州召开的G20峰会所取得的重要国际合作成果之一。

〔2〕 参见李忠发、王慧慧、李舒：《习近平：要加强国际反腐合作，让“一带一路”成为廉洁之路》，载http://www.jcrb.com/anticorruption/ffpd/201705/t20170519_1754852.html，最后访问日期：2022年1月6日。

〔3〕 赵林：《〈厦门宣言〉蕴含成果：反腐败国际合作续写新篇章》，载http://www.ccdi.gov.cn/yw/201709/t20170907_106681.html，最后访问日期：2021年9月12日。

有关国家的法律进行，所以必须要加强对于国际规则和有关国家法律制度的研究，对此，习近平总书记从两个方面提出了明确要求：

第一，加强对于国际规则和有关国家法律制度的研究。习近平总书记指出："要加强对国际规则和国际组织情况的研究，深入了解和掌握有关国家的相关法律和引渡、遣返规则。要及时了解和掌握国际反腐败最新动态，提高追逃追赃工作的针对性。"〔1〕知己知彼，方能百战不殆。反腐败追逃追赃是在他国境内追回我国外逃人员和外流资金，需要依据追逃追赃的国际规则和当地的法律制度。如果不对当地法律法规和国际规则了然于胸，追逃追赃根本就寸步难行。所以我们必须加强对于当地法律法规和有关国际规则的研究，比如外逃目的国的引渡法、国际刑事司法协助法、犯罪收益追缴法、刑法、刑事诉讼法、民法、民事诉讼法等国内法；我国与该国缔结的双边引渡条约、国际刑事司法协助条约，犯罪收益分享相关协议等双边国际条约、协议；我国与该国共同参加的国际公约如《联合国反腐败公约》《联合国打击跨国有组织犯罪公约》等。特别是我国腐败分子外逃的主要目的国（例如美国、加拿大、澳大利亚、新西兰、新加坡等）和世界主要国家（如英国、法国、德国等）的相关法律和制度，同时了解和掌握国际社会反腐败追逃追赃的最新立法规定、司法动态，针对他国出现的新情况、新问题提早准备，尽早熟悉，有针对性地开展追逃追赃工作。

第二，加强对于有关国家证据规则的研究。〔2〕习近平总书记指出："中国司法机关在进行反腐败国际合作时，对具体案件都应该提供确凿证据。"〔3〕在追逃追赃国际合作中，想要追回腐败分子和外流资金，必须向对方提供确凿证据证明该外逃人员实施了腐败犯罪，该外流资金是来源于

〔1〕《在十八届中央政治局常委会第七十八次会议上关于加强反腐败国际追逃追赃工作的讲话》，载中共中央纪律检查委员会、中共中央文献研究室编：《习近平关于党风廉政建设和反腐败斗争论述摘编》，中央文献出版社、中国方正出版社 2015 年版，第 101 页。

〔2〕严格来说，证据规则也是外国法律制度的重要组成部分，但由于习近平总书记对于证据问题进行专门论述，而且证据问题在国际合作中具有关键作用，所以这里单独进行论述。

〔3〕李晓珍、施希茜：《坚持党的领导 总书记在国际上是怎么讲的》，载 http://politics.people.com.cn/n1/2016/0216/c1001-28128730.html，最后访问日期：2022 年 1 月 6 日。

腐败行为的赃款赃物。只有提供的证据符合对方法律的要求，对方才可能提供相应的刑事司法协助，为成功追逃追赃奠定基础。实际上，证据问题是我国反腐败追逃追赃合作中的一个重要而且亟须解决的问题。在以往的国际合作中，由于各国司法制度差异较大，对于司法协助请求所要求提供的证据材料不统一，而我国办案机关又多来自基层，对于国际司法合作和不同国家的具体标准欠缺经验，在准备、翻译所需证据和材料方面不太熟练，难以在短时间内提供符合对方要求的证据，从而降低了国际合作的效率。习近平总书记准确地看到了这一点，明确提出要求加强证据规则的研究，在具体案件中提交确凿的证据，反映出习近平总书记对于反腐败追逃追赃不仅从大处着眼，而且从小处入手，对于具体工作提出了明确要求，对于推动追逃追赃工作的开展具有重要的指导意义。

（二）开展舆论宣传，揭露外逃腐败分子真面目

关于反腐败追逃追赃的配套宣传工作，习近平总书记指出："中央媒体要及时发声，揭露外逃腐败分子违纪违法、逃避惩罚的真面目。对一些证据确凿、定性清晰的外逃腐败分子，可以考虑向全世界公布，点名道姓公开曝光，使之在世界任何一个角落都成为过街老鼠、人人喊打。这样震慑力就会更强。"〔1〕这些重要论述，为反腐败追逃追赃的配套宣传工作指明了方向，凸显了媒体宣传对于我们赢得在追逃追赃战争中的舆论战的重要意义。根据习近平总书记的上述论述，我们开展反腐败追逃追赃工作，一定要一边干一边说，加强舆论宣传工作，打好反腐败追逃追赃的舆论战。具体来说，配合追逃追赃工作的开展，要选择合适时机，以适当方式向国际社会揭示腐败分子贪污腐败的违法犯罪事实，让世界知道，这些人员是在中国实施了严重腐败行为的腐败分子，应当为自己的行为承担法律责任。向世界表明，我们的反腐败追逃追赃，是正义之战、法治之战。对于一些证据确凿、违法犯罪性质清晰明确的腐败分子，向世界公布其姓名和可能的藏身地点，让他们成为随时可能被"打"、随时可能遭到举报的

---

〔1〕 中共中央纪律检查委员、中共中央文献研究室编：《在十八届中央政治局常委会第七十八次会议上关于加强反腐败国际追逃追赃工作的讲话》，载《习近平关于党风廉政建设和反腐败斗争论述摘编》，中央文献出版社、中国方正出版社 2015 年版，第 101 页。

过街之鼠、丧家之犬，让腐败分子无处可逃。例如，2015 年 4 月我们公布了“百名红通人员”的主要信息，[1]加大全球追缉力度，[2]得到了媒体的广泛转发和报道。在“百名红通人员”公布两周年之际，也就是 2017 年 4 月，中央反腐败协调小组国际追逃追赃工作办公室又通过媒体发布了 22 名涉嫌职务犯罪和经济犯罪的部分外逃人员藏匿线索，公布举报网址，希望国际社会提供在逃人员线索，积极举报新逃人员，使外逃人员无处遁形，并将根据追逃追赃工作需要，通报更多外逃人员线索。[3]据统计，近年来在追逃追赃中，我们已经及时曝光 100 多名被追回人员涉及的犯罪事实。[4]上述舆论宣传，一方面表明我们对于外逃腐败分子一追到底的决心，无论腐败分子跑到哪里，都将被缉拿归案，另一方面形成全球追逃的氛围，给外逃人员施加压力，形成震慑，促使其早日归案。

第三节 坚决贯彻、落实习近平关于反腐败追逃追赃重要论述

习近平总书记关于反腐败追逃追赃工作的重要论述，集中体现了对国际国内反腐败追逃追赃形势的深刻理解和准确把握，具有很强的理论性、实践性和针对性，是我们在新的历史条件下开展反腐败追逃追赃工作的思想武器和行动指南。

---

〔1〕 具体包括姓名、性别、原工作单位及职务、外逃所持证照信息、外逃时间、可能逃往国家和地区、立案单位、涉嫌罪名、发布红色通缉令时间、红色通缉令号码等十类信息。

〔2〕 参见《“天网”行动重拳出击全球通缉百名外逃人员》，载 http://news.sohu.com/20150422/n411713214.shtml，最后访问日期：2022 年 4 月 15 日。

〔3〕 参见《中央反腐败协调小组国际追逃追赃工作办公室关于部分外逃人员藏匿线索的公告》，载 http://www.ccdi.gov.cn/special/ztzz/ztzzjxs_ztzz/201704/t20170428_98256.html，最后访问日期：2022 年 1 月 7 日。

〔4〕 参见窦克林：《占领道义制高点 推动构建国际反腐新秩序》，载《中国纪检监察》2017 年第 16 期。

一、强化“四个意识”，坚决以习近平关于反腐败追逃追赃重要论述为指导

习近平关于反腐败追逃追赃重要论述是中国特色社会主义理论体系的最新发展，是“四个全面”战略思想的重要组成部分，是社会主义核心价值观的重要体现，是我国反腐败追逃追赃实践的理论升华和指导思想。贯彻习近平关于反腐败追逃追赃重要论述，我们首先要坚持正确的政治方向，不断增强政治意识、大局意识、核心意识、看齐意识：（1）不断增强政治意识。反腐败追逃追赃不仅是法治问题、外交问题，更是政治问题，要将其看作一项重要的政治任务，站在政治的高度来看待、分析和认识。在反腐败追逃追赃工作中坚定政治信仰、把握政治方向、站稳政治立场、严守政治纪律、保持政治清醒和政治定力、提高政治敏锐性和政治鉴别力，切实增强做好反腐败追逃追赃工作的政治责任感和历史使命感。要认识到反腐败国际追逃追赃工作是遏制腐败蔓延的重要一环，是党风廉政建设和反腐败斗争的重要组成部分，是全面从严治党的重要举措，既是法纪问题，更是政治问题。坚持从政治的高度去认识、思考、谋划和推进追逃追赃工作，充分发挥制度优势，将反腐败追逃追赃工作纳入党风廉政建设和反腐败工作总体部署，坚决完成这项神圣而光荣的重要政治任务。[1]（2）不断增强大局意识。习近平总书记强调：“必须牢固树立高度自觉的大局意识，自觉从大局看问题，把工作放到大局中去思考、定位、摆布，做到正确认识大局、自觉服从大局、坚决维护大局。”我们要将反腐败追逃追赃工作放到建设新时代中国特色社会主义的大局中，放到“四个全面”战略布局中，特别是从全面依法治国、全面从严治党中去认识、去定位、去把握。要准确把握反腐败追逃追赃与建设新时代中国特色社会主义、全面依法治国、全面从严治党之间的关系。只有这样才能明确内涵、厘清责任，使我们反腐败追逃追赃的工作更好地服务于建设中国特色社会主义、坚持依法治国和全面从严治党的大局，更好地服务于党风廉政建设

〔1〕 参见杨晓超：《推动反腐败国际合作和追逃追赃向纵深发展——写在“一二·九”国际反腐败日之际》，载《人民日报》2016年12月9日，第11版。

和反腐败斗争的大局。(3)不断增强核心意识。所谓核心意识，就是要坚持中国共产党的领导，坚决听从党中央的决策部署，坚决维护习近平总书记的威信。增强反腐败追逃追赃工作中的核心意识，就是要始终坚持、切实加强党对于反腐败追逃追赃工作的领导，与以习近平同志为核心的党中央保持高度一致，把思想统一到习近平总书记反腐败追逃追赃的重要论述上来，更加扎实地把党中央关于反腐败追逃追赃工作的各项部署落到实处。(4)不断增强看齐意识。习近平总书记强调，必须有很强的看齐意识，经常、主动向党中央看齐，向党的理论和方针政策看齐。无论是坚持政治意识、大局意识，还是增强核心意识，最终都要落脚于看齐意识，在思想上政治上行动上同中央保持高度一致。"群力谁能御，齐心石可穿。"反腐败追逃追赃工作必须要向党中央有腐必反、有贪必肃的鲜明立场态度看齐，向全面从严治党的顽强意志品质看齐，把看齐的要求落到反腐败追逃追赃的实际行动中，坚决保证以习近平同志为核心的党中央的各项部署的贯彻执行。

二、坚持法治反腐，将反腐败斗争进行到底

贯彻习近平关于反腐败追逃追赃重要论述要求坚持我们依法将反腐败斗争进行到底，依法开展追逃追赃。(1)将反腐败斗争进行到底。习近平总书记指出："人民群众最痛恨腐败现象，腐败是我们党面临的最大威胁。只有以反腐败永远在路上的坚韧和执着，深化标本兼治，保证干部清正、政府清廉、政治清明，才能跳出历史周期率，确保党和国家长治久安。"〔1〕我们正在进行的反腐败追逃追赃主要是针对外逃腐败分子和外流腐败资金的，也正因为我们反腐败斗争的正当性，才使得我们的反腐败追逃追赃在国际社会上占据了道义制高点，得到了国际社会的广泛支持。十八大以来，以习近平同志为核心的新一届中央领导集体以巨大的政治勇气和强烈历史担当，加大反腐败斗争力度、严肃查处腐败分子，"老虎""苍蝇"一起打，坚持以零容忍的态度惩治腐败，取得了突出的成绩。但是我们也要

〔1〕习近平总书记在党的十九大上代表第十八届中央委员会所作的题为《决胜全面建成小康社会 夺取新时代中国特色社会主义伟大胜利》的报告。

看到“当前，滋生腐败的土壤依然存在，反腐败形势依然严峻复杂，一些不正之风和腐败问题仍然影响恶劣”[1]，一些领域消极腐败现象仍然易发多发，“一些腐败分子一意孤行，仍然没有收手，甚至变本加厉”。[2]我们必须更加清醒地认识反腐败斗争的长期性、复杂性、艰巨性，“巩固压倒性态势、夺取压倒性胜利的决心必须坚如磐石”[3]，继续“深入推进反腐败斗争，持续保持高压态势，做到零容忍的态度不变、猛药去疴的决心不减、刮骨疗毒的勇气不泄、严厉惩处的尺度不松”[4]。只有持续不断地开展党风廉政建设和反腐败斗争，继续保持惩治腐败高压态势，才能为反腐败追逃追赃提供源源不断的正义之基和道义支持，也只有一个努力实现干部清正、政府清廉、政治清明的中国，才有能力为共同提升打击腐败犯罪的国际合力提供新经验、作出新贡献。[5]（2）坚持法治反腐。反腐败追逃追赃工作对象在国外，但是基础在国内。在追逃追赃国际合作中，能否取得相关国家的支持与配合，一个关键问题在于相关国家对于中国刑事法治制度的评价问题。也就是说，站在对方的视角，目前中国的法治是否符合国际标准，外逃人员回国之后，诉讼权利能否得到充分的保障，能否得到公正的审判。[6]由此，中国自身的法治发展状况，是否严格依法惩治腐败犯罪，将对于中国境外追逃追赃的顺利开展产生重要影响。所以，在反腐败斗争中，我们一定要坚持法治原则，严格遵循法治反腐。对此，习近平总书记强调：“要善于用法治思维和法治方式反对腐败，加强反腐败国家

---

〔1〕 中共中央宣传部编：《习近平总书记系列重要讲话读本》，学习出版社、人民出版社2016年版，第122页。

〔2〕 参见《在中共十八届四中全会第二次全体会议上的讲话》，载中共中央纪律检查委员会、中共中央文献研究室编：《习近平关于党风廉政建设和反腐败斗争论述摘编》，中央文献出版社、中国方正出版社2015年版，第25页。

〔3〕 习近平总书记在党的十九大上代表十八届中央委员会所作的题为《决胜全面建成小康社会 夺取新时代中国特色社会主义伟大胜利》的报告。

〔4〕《在中共十八届四中全会第二次全体会议上的讲话》，载中共中央纪律检查委员会、中共中央文献研究室编：《习近平关于党风廉政建设和反腐败斗争论述摘编》，中央文献出版社、中国方正出版社2015年版，第102页。

〔5〕 参见陈治治：《反腐败国际合作，从“道”与“术”看大势》，载《中国纪检监察报》2016年5月12日，第1版。

〔6〕 参见赵秉志、张磊：《赖昌星案件法律问题研究》，载《政法论坛》2014年第4期。

立法，加强反腐倡廉党内法规制度建设，让法律制度刚性运行。”[1]而且，也只有坚持法治反腐，才是反腐败最有效的手段，才是解决腐败问题的根本方式。要使反腐败取得根本的成效，就应当在法治的框架下，以法治思维和法治方式推进反腐败，使反腐败走向规范化、制度化。[2]只要我们坚持法治反腐，依法充分保障犯罪嫌疑人和被告人的各项诉讼权利，对其进行依法公开审判，公正判决，在遭遇国际社会的质疑和外逃人员的污蔑时，才能够镇定自若、底气十足，向对方提供扎实、充分的证据，彻底揭露他们违法犯罪的真实面目。

三、加强法治建设，推动反腐败追逃追赃良性循环

习近平总书记在党的十九大报告中指出：“全面依法治国是国家治理的一场深刻革命，必须坚持厉行法治，推进科学立法、严格执法、公正司法、全民守法。”[3]贯彻习近平反腐败追逃追赃法治思想，同样需要坚持法治原则，需要积极推进我国刑事法治建设，完善反腐败追逃追赃相关立法，严格依法开展反腐败追逃追赃，具体来说：

1. 完善反腐败追逃追赃相关立法。具体来说包括以下内容：(1) 加快限制和废除腐败犯罪死刑的步伐。当前我国刑法对于腐败犯罪（如贪污罪、受贿罪等）还在立法上保留死刑。而我国外逃人员主要出逃目的国大多已经废除死刑（如加拿大、澳大利亚）或者基本不执行死刑（如美国），并坚持死刑不引渡（遣返）的原则，由此我国不论是引渡还是遣返的请求，都可能被对方以死刑不引渡、不遣返为理由搁置或者拒绝。所以，我们应当顺应世界范围内限制和废除死刑的国际趋势，结合我国国情，切实推进死刑改革进程，尽早废除非暴力犯罪特别是腐败犯罪的死刑，[4]并为最终废除死刑而

---

〔1〕 中共中央国家机关工作委员会编著：《学习习近平同志关于机关党建重要论述》，党建读物出版社 2014 年版，第 111 页。

〔2〕 参见赵秉志：《开启法治反腐新时代》，载《光明日报》2015 年 3 月 15 日，第 6 版。

〔3〕 习近平总书记在党的十九大上代表第十八届中央委员会所作的题为《决胜全面建成小康社会 夺取新时代中国特色社会主义伟大胜利》的报告。

〔4〕 参见赵秉志：《论我国反腐败刑事法治的完善》，载《当代法学》2013 年第 3 期。

努力。在当前我国还不具备完全废除死刑的条件下，如果在引渡、遣返等国际合作中遭遇死刑问题，应当根据案件情况，及时、果断作出并严格信守不判处死刑的承诺，避免死刑成为外逃者的免责盾牌，以尽早将外逃者缉捕归案，切实推动我国境外追逃工作的开展。〔1〕(2) 缔结追逃追赃类双边条约。相对于国际公约来说，双边国际条约能够针对两国的情况进行较为具体的规定，也更能够得到双方的遵守与履行，所以我们应当重视双边条约在反腐败追逃追赃中的作用。除了尽快与外逃目的地国家签署引渡条约之外，我们还应当积极缔结资产追缴类协定，刑事司法协助条约等双边条约、协议，为追逃追赃提供法律依据。在缔结引渡条约之前，则可以采取引渡替代措施进行追逃，或者是通过国际公约和个案协议开展引渡合作。〔2〕(3) 完善其他立法。我们还要积极进行其他追逃追赃配套法规制度建设，“细化违法所得特别没收程序，研究建立刑事缺席审判制度，实现国内法律与国际规则的有效衔接，为国际追逃追赃提供法律保障和制度支撑”〔3〕。

2. 严格依法开展反腐败追逃追赃。具体包括内容：(1) 充分发挥制度的优势。反腐败追逃追赃涉及多个部门，我们应当充分发挥我国的制度优势，在党中央集中统一领导下，落实党的十八届三中全会提出的“改革和完善各级反腐败协调小组职能”的要求，发挥各级反腐败协调小组的组织协调作用，统一部署纪检、组织、政法、外交、金融和立法等机关和部门各司其职、各尽其责，形成上下联动、内外配合、齐抓共管、合成作战的工作机制，把这项跨领域、跨部门的重要工作抓紧抓实。〔4〕(2) 继续深化司法体制改革。我们应当继续深化司法体制改革，严格规范司法行为，优化司法权力配置，更好地尊重和保障人权，不断提高执法办案水平和司

---

〔1〕 参见赵秉志：《关于进一步推动我国境外追逃工作的几点思考——我在美洲人权法院巡回法庭黄海勇引渡案中出庭作证的体会》，载《刑法评论》2016 年第 1 卷（总第 29 卷），法律出版社 2016 年版。

〔2〕 参见张磊：《腐败犯罪境外追逃追赃的反思与对策》，载《当代法学》2015 年第 3 期。

〔3〕《反腐败国际追逃追赃之二 占领道义制高点》，载《中国纪检监察报》2016 年 6 月 13 日，第 1 版。

〔4〕 参见黄树贤：《把惩治腐败的天罗地网撒向全球——深入学习习近平同志关于反腐败国际合作和追逃追赃工作的重要论述》，载《求是》2016 年第 11 期。

法公信力,[1]完善包括量刑承诺制度在内的各项追逃追赃制度建设,[2]全面推进中央所确定的以审判为中心的诉讼制度改革，充分保障犯罪嫌疑人、被告人的诉讼权利，切实减少甚至杜绝刑讯逼供，增强国际社会对于中国刑事法治的认同，奠定我国在境外追逃中的底气。[3]事实一再证明，我国反腐败追逃追赃近年来能够取得突出成绩的一个重要原因就是“我国对通行的国际刑事司法合作规则的采纳和顺应，对先进法治理念和人权保障原则的落实”[4]。(3) 严格依照国际规则和双方法律追逃追赃。在追逃追赃的过程中，严格遵循国际规则和对方法律要求提交司法协助请求和相关证据材料，根据对方要求，在不违背中国法律原则的基础上，慎重而又果断作出外交承诺。[5]在外逃人员回国之后，一定要严格遵循法治程序，充分保障其各项诉讼权利，完全兑现之前我国作出的外交承诺，向他国和国际社会表明，中国政府一诺千金、言而有信、言出必行，增强他国对于我国刑事法治的信心，实现我国反腐败追逃追赃的良性循环。[6]

四、站稳国际平台，引领国际反腐新秩序

反腐败追逃追赃，既是内政又是外交，基础在国内，关键在国外。近年来，习近平在重大外交活动中，数十次就反腐败问题发表重要论述，表明中国共产党坚定不移反对腐败的鲜明态度，呼吁世界各国共同打击跨国腐败犯罪，为反腐败国际合作奠定了坚实政治基础。[7]贯彻习近平关于反

---

〔1〕 参见赵秉志:《中国反腐败刑事法治的若干重大现实问题研究》，载《法学评论》2014年第3期。

〔2〕 参见张磊:《境外追逃中的量刑承诺制度研究》，载《中国法学》2017年第1期。

〔3〕 参见张磊:《反腐败零容忍与境外追逃》，法律出版社2017年版，第186页。

〔4〕 黄风:《境外追逃需宽严相济》，载《人民日报》2013年1月15日，第17版。

〔5〕 实践中的外交承诺主要指承诺不判处死刑或者不执行死刑，同时还包括承诺充分保障外逃人员的诉讼权利，承诺外逃人员不会遭受酷刑等非人道的待遇，承诺外逃人员享有医疗服务等内容。关于外交承诺的详细论述可参见赵秉志、张磊:《黄海勇案引渡程序研究（下）——以美洲人权法院黄海勇的秘鲁案判决书为主要依据》，载《法学杂志》2018年第2期。

〔6〕 参见赵秉志、张磊:《黄海勇引渡案法理问题研究》，载《法律适用》2017年第3期。

〔7〕 参见杨晓超:《推动反腐败国际合作和追逃追赃向纵深发展——写在“一二·九”国际反腐败日之际》，载《人民日报》2016年12月9日，第11版。

腐败追逃追赃重要论述，既要完善本国刑事法治建设，又要积极融入全球治理，加强国际交流，深化多边和双边合作，站稳国际平台，引领国际反腐新秩序。具体来说，包括以下几个方面的工作：

第一，加强以《联合国反腐败公约》等为基础的反腐败追逃追赃合作。《联合国反腐败公约》是旨在预防和打击腐败、加强国际合作、促进跨国流动的腐败资产追回的反腐败国际法律文件，该公约专章规定了国际社会打击腐败犯罪的国际合作和资产追回问题，[1]为我国“逐步解决涉外腐败犯罪案件中的‘调查取证难、人员引渡难、资金返还难’提供了国际法依据”[2]。而且，在缺少双边条约的情况下，我们可以依据该公约与相关国家开展合作，例如李华波遣返案就是我国和新加坡在没有双边条约的情况下依据《联合国反腐败公约》开展国际合作的典型案例。[3]再如，我国和加拿大之间虽然没有双边条约，但是根据加拿大 1999 年《引渡法》关于国际公约也可以成为开展引渡合作的依据之规定，我们可以依据《联合国反腐败公约》与其开展引渡合作。[4]

第二，提高通过国际平台开展国际合作的效率。区域性国际合作平台是我们加强追逃追赃国际合作、倡导国际反腐新秩序的重要平台。展望未来，我们一定积极参与二十国集团反腐败工作组会议，健全交流机制，畅通沟通渠道，推动各国落实《二十国集团反腐败追逃追赃高级原则》与《二十国集团 2017-2018 年反腐败行动计划》的规定，推动 G20 反腐败追逃追赃研究中心[5]的积极运作，为二十国集团反腐败境外追逃追赃理论研究、国际合作、人才培养作出积极贡献；采取各种措施推动《北京反腐

[1] 《联合国反腐败公约》第四章是“国际合作”，第五章是“资产的追回”。

[2] 倪四义、孟娜：《〈联合国反腐败公约〉提请全国人大常委会审议》，载 http://news.xinhuanet.com/politics/2005-10/22/content_3667887.htm，最后访问日期：2019 年 9 月 1 日。

[3] 参见戴佳：《跨国缉贪：逃之夭夭？回头是岸！——李华波案追逃追赃工作纪实》，载《检察日报》2015 年 5 月 10 日，第 1 版。

[4] 参见赵秉志、张磊：《赖昌星案件法律问题研究》，载《政法论坛》2014 年第 4 期。

[5] 二十国集团反腐败追逃追赃研究中心是在中央纪委支持下于 2016 年 9 月 23 日依托于北京师范大学刑事法律科学研究院成立的，旨在开展 G20 成员国的反腐败追逃追赃相关问题研究，加强 G20 国家反腐败追逃追赃合作，促进构建国际反腐败新秩序的学术机构。该研究中心在中国成立，是 2016 年 9 月 4 日至 5 日在中国杭州召开的 G20 峰会所取得的重要国际合作成果之一。

败宣言》的落实，促使亚太经合组织反腐败执法合作网络发挥实质作用；促进“一带一路”国际反腐合作机制的构建，助推“一带一路”成为廉洁之路；加快金砖国家反腐败机制建设，努力提高新兴市场国家和发展中国家在国际反腐败领域的话语权；从而逐步推动中国倡导和引领的国际反腐新秩序的确立，推动中国反腐败追逃追赃的全面开展。

第三，实现与重点国家之间的合作共赢。纵观以往实践，我国反腐败追逃追赃工作的难点主要在于美国、加拿大、澳大利亚、新西兰等若干西方发达国家。我们一定要在用好已经建立的中美执法合作联合联络小组反腐败工作组这个平台的基础上，重点推动建立中加、中澳、中新等双边反腐败执法合作机制，搭建联合调查、信息共享、快速遣返等便捷通道，构建司法执法合作法律体系，[1]在平等互信、包容互鉴的基础上，开展务实合作，实现合作共赢。

五、讲好反腐故事，全面提升中国国际法治形象

落后就要挨打，失语就要挨骂。当前世界范围内的舆论格局总体是西强我弱，西方社会掌握主动权。由于我们的话语体系还没有建立起来，不少方面还没有话语权，甚至处于“无语”或“失语”状态，所以别人就是信口雌黄，我们也往往有理说不出，或者说了也传不开。[2]改革开放以来，我国积极推进社会主义法治建设，确立了依法治国基本方略，基本形成以宪法为核心的中国特色社会主义法律体系，人权得到可靠的法治保障。但是部分西方发达国家对于我国刑事法治建设不断进步，人权保障不断完善的现状置若罔闻、视而不见，极端贬低中国刑事法治制度。[3]在他们眼中，中国并没有完善的刑事法治制度，相关审判缺乏公正性，外逃人员一旦会被引渡（遣返）回国，很可能会受到不公正对待，甚至遭受酷

---

〔1〕参见《反腐败国际追逃追赃之六　深化合作　互利共赢》，载《中国纪检监察报》2016年7月11日，第1版。

〔2〕参见中共中央宣传部编：《习近平总书记系列重要讲话读本》，学习出版社、人民出版社2016年版，第210页。

〔3〕参见赵秉志：《我在加拿大赖昌星案聆讯庭上作证》，载《凤凰周刊》2011年第23期。

刑、死刑等严刑峻法，并且在不同的国际媒体、国际场合中污蔑中国法治制度。部分外逃腐败分子在逃到他国之后，为了抗拒追逃，也往往将中国的依法反腐诬蔑为政治迫害，极力丑化中国的刑事法治制度，这往往使得我们的反腐败追逃追赃工作人员在实践中有口难言，百口莫辩。这都反映出，虽然近年来我国的法治发展取得了重要进展，但是已经取得的法治优势并没有转化为话语优势。所以，我们在开展反腐败追逃追赃工作的同时，一定要加强配套的宣传舆论工作，通过中央媒体、国际媒体等各种媒体主动发声，利用各种平台宣传中国刑事法治的全面进展，宣传中国反腐倡廉的主张，讲好中国反腐败的法治故事，全面展示我们坚定不移反对腐败的理念、做法和成效，驳斥西方社会对于中国法治建设的错误言论，消除国外民众对于中国法治建设的误解与偏见，努力营造有利于反腐败追逃追赃的良好国际舆论环境。

在对反腐败追逃追赃的成绩进行宣传的时候，我们一定要注意报道的专业性、大局性、客观性，在报道成绩的同时，多宣传我国追逃追赃工作在准备证据材料，与当地国政府沟通，严格遵守当地法律和司法主权，切实保障犯罪嫌疑人权利等方面所作出的努力，避免由于过度宣传取得成绩的高效性而引起他国对我国追逃追赃程序是否正当的质疑，影响境外追逃追赃的大局。而在我国对于回国以后的外逃人员进行公正审判以后，特别是在完全兑现了之前对他国作出的外交承诺之后，要对我们如何保障外逃人员的诉讼权利，如何进行公正审判，如何兑现外交承诺的情况进行充分宣传，用铁的事实向国际社会表明，中国政府值得信赖，中国法治值得信赖，提高他国对于我国刑事法治的信心，全面提升中国的国际刑事法治形象。

十八大以来，我国反腐败追逃追赃不断取得新成就，开创新局面，根本就在于以习近平同志为核心的党中央的坚强领导，根本就在于习近平总书记关于反腐败追逃追赃重要论述的科学指导。深入学习、研究和贯彻习近平关于反腐败追逃追赃重要论述，对于全面推进依法治国，建设法治中国具有重要意义；对于推动全球反腐新格局的建立，提升中国法治国际话语权具有重要意义；对于推动新时代中国特色社会主义法学理论创新具有重要意义。深入学习和研究习近平关于反腐败追逃追赃重要论述，要着力全面准确理解基本观点和精神实质，深刻领会把握思想精髓和核心要义。要坚持实事求是，弘扬理论联系实际的作风，强化问题导向、实践导向、需求导向，紧密结合我国反腐败追逃追赃的伟大实践，紧密结合我国反腐倡廉和反腐败斗争的伟大实践，紧密结合我国建设新时代中国特色社会主义的伟大实践，在实践中贯彻落实习近平关于反腐败追逃追赃重要论述。让我们紧紧团结在以习近平同志为核心的党中央周围，高举中国特色社会主义伟大旗帜，以习近平新时代中国特色社会主义思想为指导，锐意进取、团结奋进、攻坚克难，为推动反腐败斗争和追逃追赃事业的顺利进行而努力奋斗，为推动建设法治中国伟大事业的全面开展而努力奋斗。

（本章由北京师范大学刑事法律科学研究院赵秉志教授和本人合著）

第二章 CHAPTER 02 境外追逃典型案例分析之黄海勇引渡案

第一节 黄海勇引渡案概述

一、为什么要关注黄海勇引渡案

黄海勇，男，1963 年 6 月 3 日出生，汉族，大学文化，中国重大走私案首犯。曾任深圳裕伟贸易实业有限公司法人代表、深圳市亨润国际实业有限公司董事、总经理，湖北裕伟贸易实业有限公司法人代表、武汉丰润油脂保税仓库有限公司董事长、香港宝润集团有限公司董事。

1996 年 8 月至 1998 年 5 月期间，黄海勇伙同他人，利用其经办的多家公司与武汉市对外经济贸易发展公司、上海润丰油脂食品有限公司、上海金环国际贸易有限公司、武汉油脂集团公司相互勾结、虚构事实，向海关骗领 3 本《进料加工手册》，并骗取成立武汉丰润油脂保税仓库有限公司，逃避海关监管，共同进口保税毛豆油 10.74 万吨在境内销售牟利，案值 12.15 亿元，偷逃税款 7.17 亿元。案发后，黄海勇于 1998 年 8 月出逃，先后逃至美国、秘鲁等国。2008 年 10 月，黄海勇在秘鲁被秘鲁警方逮捕，后中国政府向秘鲁政府提出引渡黄海勇的请求。2016 年 7 月 17 日凌晨，黄海勇自秘鲁被成功押解回国。[1]至此，被誉为中华人民共和国成立以来最复杂引渡案件的黄海勇引渡案暂告一段落。反思黄海勇引渡案，有以下理由值得我们关注：

---

〔1〕 参见《潜逃十八年走私犯罪嫌疑人被成功引渡押解回国》，载 http://www.gov.cn/xinwen/2016-07/18/content_5092299.htm，最后访问日期：2022 年 1 月 15 日。

首先，本案走私普通货物涉案金额巨大，犯罪嫌疑人滞留境外时间漫长。黄海勇伙同他人涉嫌走私 10.7 万吨毛豆油，偷逃税款 7.17 亿元，涉案金额巨大。他从 1998 年 8 月出逃，到 2016 年 7 月被引渡回国，在境外滞留 18 年，引渡耗时将近 8 年（从 2008 年 11 月到 2016 年 7 月）。在引渡黄海勇的过程中，虽然秘鲁政府一直积极同我国政府开展引渡合作，而且两国之间一直具有良好的外交关系，可为什么双方的引渡程序还耗费将近 8 年时光？值得我们思考。

其次，美洲人权委员会和美洲人权法院介入了本案。引渡黄海勇，是中国和秘鲁政府之间的国际刑事司法合作，可是案件为什么会被提交到美洲人权委员会，并还要由美洲人权法院审理？以后我国和他国再开展类似的引渡合作案件，是否也有可能被提交到国际人权审判机构（如欧洲人权法院）？我们应当如何应对？

再次，本案系中国专家证人首次到国际人权法庭出庭作证。在美洲人权法院审理黄海勇引渡案中，秘鲁政府邀请了三位专家证人出庭作证，其中两位证人来自中国。那么在本案中，为什么会邀请中国专家证人出庭作证？专家证人作证的主要内容是什么？以后类似案件是否还会邀请中国专家证人出庭作证？也值得我们关注。

复次，本案对于以后中国境外追逃具有重要的借鉴意义。2014 年以来，在以习近平同志为核心的党中央的领导下，我国掀起了以“天网”行动为代表的境外追逃追赃风暴，并取得了突出成绩。但是迄今为止，还有一些重要的腐败分子逍遥海外，涉案巨额贪腐资金尚未追回。2016 年 9 月，G20 杭州峰会通过了《二十国集团反腐败追逃追赃高级原则》，开创性地提出对外逃腐败人员和外流腐败资产“零容忍”、国际反腐败追逃追赃体系和机制“零漏洞”、各国开展反腐败追逃追赃合作时“零障碍”的概念，在构建国际反腐败新格局目标下发出清脆嘹亮的“中国声音”。[1]而 2016 年 9 月 23 日在北京师范大学成立的 G20 反腐败追逃追赃研究中心，

〔1〕 参见朱基钗、罗宇凡：《G20 杭州峰会帷幕落下 反腐大网正在拉开》，载 http://www.sd.chinanews.com/2/2016/0907/23601.html，最后访问日期：2019 年 9 月 8 日。

则更是第一个面向 G20 成员开展反腐败追逃追赃研究的机构，不仅为 G20 成员开展相关合作搭建了平台，将来还会为反腐败国际合作规则的制定提供智力支持。[1]在此背景下，作为中华人民共和国成立以来最复杂的引渡案和继赖昌星遣返案以后我国反腐败国际刑事司法合作的又一典型案例，黄海勇的成功引渡对于以后我国开展境外追逃具有重要的借鉴意义，值得我们重点研究。

最后，本案也反映了中国刑事法治发展的进程。黄海勇引渡案的成功，不仅是中秘双方国际刑事司法合作的典范，也是中国近年来刑事法治发展进步的结果，以及中国刑事法治建设同国际接轨和中国刑事法治形象不断完善的结果。对于本案的研究，有利于进一步推动中国刑事法治建设的发展。

基于上述理由，我们选择黄海勇引渡案作为研究对象，试图理清黄海勇引渡案的基本程序和所涉及的法律问题，从中总结经验教训，从而推动我国境外追逃追赃的法治实践及其理论研究的进一步开展。

二、黄海勇引渡案的基本案情

由于黄海勇引渡案不仅涉及秘鲁国内的刑事司法程序，还涉及美洲人权委员会和美洲人权法院的诉讼程序，所以对于本案的基本案情我们分为以下三个阶段进行阐述：

1. 秘鲁国内司法程序

黄海勇 1998 年外逃以后，在一段时间内消失在人们的视野当中。2001 年 6 月，我国公安部通过国际刑警组织针对黄海勇发布了红色通缉令。2008 年 10 月，黄海勇在秘鲁被秘鲁警方逮捕，同年 11 月，我国根据《中秘引渡条约》向秘鲁提出引渡黄海勇的请求。[2]基于中秘双方以往良好的外交与合作关系，并经过中国政府的反复努力，秘鲁政府快速回应我国

---

〔1〕 参见张磊：《二十国集团反腐败追逃追赃研究中心：为反腐败国际合作提供智力支撑》，载《中国纪检监察报》2016 年 9 月 24 日，第 1 版。

〔2〕《中秘引渡条约》第 1 条规定："双方有义务根据本条约的规定，应对方请求，相互引渡在一方境内发现的被另一方通缉的人员，以便对其进行刑事诉讼或者执行刑罚。"

的引渡请求，并积极配合我国开展双边引渡合作。但是，由于秘鲁已经对于普通犯罪废除了死刑（现在只对战争背景下的叛国罪保留有死刑），[1]而且自 1970 年以来一直未执行过死刑，所以当时秘鲁政府要求我国就黄海勇被引渡回国以后不判处死刑作出承诺。2009 年 12 月，经过我国最高人民法院决定，并由外交部代表中国向秘鲁政府作出了对于黄海勇不判处死刑的外交承诺。2010 年 1 月 26 日，秘鲁最高法院判决同意引渡黄海勇。黄海勇不甘心被引渡，聘请专业律师，以回国存在所谓死刑和酷刑风险为由抗拒引渡。秘鲁最高法院判决以后，黄海勇及其律师即向秘鲁宪法法院提出违宪申诉。2011 年 5 月，秘鲁宪法法院认为我国外交承诺不充分，要求秘鲁政府停止引渡程序，并推翻了秘鲁最高法院同意引渡黄海勇的判决，引渡被迫中止。秘鲁政府虽然随后向秘鲁宪法法院提出了重新审查的请求，但是此请求被秘鲁宪法法院于 2013 年 3 月驳回，维持原判。

2. 美洲人权委员会受理案件

在向秘鲁宪法法院申诉的同时，黄海勇及其律师也以“被引渡回国将会面临死刑，其人权将受侵犯”为由向美洲人权委员会提出申诉。2010 年 11 月 1 日，美洲人权委员会正式受理黄海勇诉秘鲁政府案，并一再向美洲人权法院申请给予黄海勇“人身保护令”，阻碍秘鲁政府采取引渡行动。2013 年 7 月，美洲人权委员会作出报告，称秘鲁政府对于黄海勇的超期羁押等措施侵犯了黄海勇的人身权利，有违美洲人权公约。建议秘鲁政府终止引渡、改变或解除对黄海勇采取的临时羁押措施。

3. 美洲人权法院受理案件

2013 年 10 月 30 日，美洲人权委员会将此案提交给美洲人权法院进行审理。2014 年 1 月 29 日，美洲人权法院作出决定，要求秘鲁政府在其作出最后判决之前不得引渡黄海勇。2014 年 9 月 3 日，美洲人权法院巡回法庭在巴拉圭首都亚松森，借用巴拉圭最高法院开庭审理了黄海勇诉秘鲁政府案。2015 年 6 月，美洲人权法院正式作出判决，判定由于引渡黄海勇回

〔1〕参见《各国死刑存废盘点：亚洲最多 我国 55 个死刑罪名》，载 http://mt.sohu.com/20150630/n415902060.shtml，最后访问日期：2022 年 1 月 16 日。

国不存在其被判处死刑和遭受酷刑的风险，所以秘鲁政府可以引渡黄海勇回国。至此，黄海勇引渡案获得重大突破，取得了程序上的最大胜利，奠定引渡法律基础。其后，黄海勇又陆续穷尽了秘鲁国内全部法律救济程序，于2016年7月17日被引渡回中国。

三、黄海勇引渡案引发的法理问题

关于黄海勇引渡案，主要存在以下几个法理问题：

1. 黄海勇回国为什么采取的是引渡，而不是其他追逃措施？当前我国境外追逃有多种措施，我们为什么采取引渡，而没有采取其他措施？中国和秘鲁之间开展引渡的法律依据是什么？

2. 美洲人权委员会和美洲人权法院为什么会介入到黄海勇案件当中？以往我国境外追逃案件都是国与国之间的刑事司法合作，黄海勇引渡案为什么会涉及美洲人权委员会和美洲人权法院？这两个机构的性质和功能是什么？

3. 美洲人权法院的专家证人作证制度是怎样的？为什么黄海勇引渡案会有中国专家证人出庭作证？我国专家证人作证的主要内容是什么，在黄海勇引渡案中发挥了什么作用？

4. 黄海勇的引渡程序是怎样的？作为中华人民共和国成立以来最复杂的引渡案，到底经历了怎样的曲折程序？我国政府又是怎样一步步取得引渡程序的胜利的？

5. 黄海勇在境外的羁押能否折抵国内刑期？从2008年被秘鲁政府逮捕之后到被引渡回国，黄海勇被秘鲁政府羁押了8年，那么这8年羁押期限是否能够在中国法院对于黄海勇判决的刑期中予以折抵？

6. 从黄海勇引渡案中，我们应当吸取的经验教训是什么？研究已经发生的典型案例，是为了更好地警戒未来。黄海勇引渡案是我国最为复杂的引渡案件，具有重大影响，其中既有值得我们反思的教训，更有许多值得我们总结的经验。

四、对黄海勇为什么要采取引渡措施

总结我国以往的境外追逃措施，主要有引渡、非法移民遣返、异地追诉和劝返，[1]其中后三者也被称为引渡的替代措施。虽然引渡是出现最早的追逃措施，但是由于引渡面临着诸多限制，迄今为止我们境外追逃的成功案例多是通过非法移民遣返，异地追诉和劝返所取得，引渡回国的成功案例鲜见。如我们通过非法移民遣返程序追回了赖昌星、[2]邓心志、崔自力、[3]曾汉林，[4]通过异地追诉追回了余振东，[5]通过劝返追回了胡星、[6]高山。[7]特别是劝返，在境外追逃中发挥了越来越重要的作用。来自最高人民检察院反贪污贿赂总局的数据显示，2013 年我国检察机关从境外追捕归案的 16 名贪污贿赂犯罪嫌疑人中，有 12 人系经劝返主动回国投案

〔1〕参见黄风：《境外追逃的四大路径》，载《人民论坛》2011 年第 31 期。

〔2〕赖昌星是中华人民共和国成立以来涉案金额最大的经济犯罪分子，赖昌星遣返案是我国反腐败国际刑事司法合作的成功范例。赖昌星于 1999 年 8 月携家人出逃加拿大，经过中加双方的共同努力，赖昌星于 2011 年 7 月 23 日被遣返回国。

〔3〕2003 年邓心志、崔自力涉嫌合同诈骗罪潜逃到加拿大，后二人的难民申请先后被加拿大方面否决。邓心志于 2008 年 8 月 22 日被遣返回国，是首个从加拿大被遣返的经济犯罪嫌疑人。崔自力于 2010 年 1 月 13 日被遣返回国。

〔4〕1997 年 10 月至 1998 年 8 月，曾汉林涉嫌重大合同诈骗犯罪，并于案发前潜逃至加拿大。曾汉林潜逃后，我国公安机关坚持不懈地对其开展境外追逃工作，迅速向加方提出缉捕、遣返请求，并及时提供曾汉林涉嫌犯罪的相关证据材料。2011 年 2 月 17 日，曾汉林非法移民诉讼审理终结并被加拿大遣返回国。参见邹伟：《经济案疑犯曾汉林潜逃加拿大 12 年被遣返回国》，载 http://news.sina.com.cn/c/2011-02-18/190721977702.shtml，最后访问日期：2022 年 1 月 16 日。

〔5〕2001 年 10 月，涉嫌挪用巨额资金的中国银行开平支行行长余振东潜逃境外。2002 年 12 月，余振东在洛杉矶被美方执法人员拘押，2004 年 2 月因非法入境、非法移民及洗钱三项罪名被美方法院判处 144 个月监禁。根据余振东与美方达成的辩诉交易协议，美国政府把余振东遣送回中国以前，应从中国政府得到关于余振东在中国起诉和监禁的相应保证，即：假如余振东在中国被起诉的话，应当被判处不超过 12 年刑期的有期徒刑，并不得对余振东进行刑讯逼供和判处死刑。2004 年 4 月 16 日，美方将余振东驱逐出境并押送至中国。这是第一个由美方正式押送移交中方的外逃经济犯罪嫌疑人。2006 年 3 月 31 日，江门市中级人民法院以贪污罪、挪用公款罪判处余振东有期徒刑 12 年，并处没收其个人财产 100 万元。

〔6〕胡星是云南省原交通厅副厅长，涉嫌受贿，案发后于 2007 年 1 月 19 日潜逃国外，2 月 18 日被劝返回国。

〔7〕高山是中国银行哈尔滨河松街支行原行长，在伙同商人李东哲骗取客户巨额存款后，于 2004 年 12 月 30 日出逃加拿大。2012 年 8 月，经过中加双方的共同努力，高山自愿回国自首。

自首。[1]而在公安部“猎狐 2014”行动中，截至该年度 10 月 29 日从境外缉捕的 180 名在逃经济犯罪嫌疑人中，有 76 名是被劝返的，占总数的 42.2%。[2]国际刑警组织中国国家中心局于 2016 年 4 月 22 日集中公布的 100 名红色通缉令人员名单中到案的主要方式是劝返、缉拿、遣返等方式，[3]没有一名“百名红通人员”是被引渡回来的。那么在开展引渡存在诸多障碍，我国当下的主要追逃措施并非引渡的前提下，为什么针对黄海勇采取了引渡措施？这就值得我们关注和总结。我们认为，黄海勇案件之所以采取引渡途径，主要是基于以下几点原因：

（一）中秘双方具有开展引渡的法律依据

当前，我国境外追逃之所以很少采取引渡，是因为中国与外逃人员的主要目的地国美国、加拿大等都还没有签署双边引渡条约，而这些国家又都坚持（或者在一定程度上坚持）条约前置主义，即以双边条约关系作为开展引渡合作的前提条件，所以中国和这些国家间很难顺利开展引渡合作。但是这种障碍在中国和秘鲁之间并不存在，中秘两国之间于 2001 年 11 月 5 日就签署了双边引渡条约，该条约第 1 条之规定，双方有义务根据本条约的规定开展引渡合作。在此前提之下，我国在 2008 年 11 月向秘鲁方面提出引渡黄海勇的请求，可谓于法有据，名正言顺，并且得到秘鲁方面的积极回应与配合。

除了中国和秘鲁之间的双边条约之外，两国相关的国内法也是双方合作的重要依据。同时，由于本案又被黄海勇方面提交给美洲人权委员会和美洲人权法院，所以本案引渡的法律依据除了《中秘引渡条约》，中秘国内法之外，本案引渡的依据还有美洲人权委员会和美洲人权法院的相关程序性规定。

---

〔1〕 参见常红、熊如梦：《我国过去 5 年抓获 6694 名外逃贪污贿赂嫌犯》，载 http://news.sina.com.cn/c/2014-10-29/112931063085.shtml，最后访问日期：2022 年 1 月 17 日。

〔2〕 参见《“猎狐”百天：180 人落网》，载 http://www.jiaodong.net/wenfa/system/2014/11/03/012473840.shtml，最后访问日期：2022 年 4 月 6 日。

〔3〕 参见《“百名红通人员”30 人到案 都是怎么追回来的》，载 http://static.nfapp.southcn.com/content/201606/26/c99549.html，最后访问日期：2022 年 1 月 17 日。

1.《中秘引渡条约》

中国与秘鲁于2001年11月5日签订了《中秘引渡条约》(2003年4月5日生效，共计22条)。该条约主要规定了可以引渡的罪行，应当或者可以拒绝引渡的理由，引渡的国内法条件，提出引渡申请的条件和要求，引渡申请的程序、通信和信息渠道等内容。结合黄海勇引渡案，《中秘引渡条约》中有以下内容需要特别关注：(1) 中秘双方具有根据对方请求开展引渡合作的义务，这是双方围绕黄海勇引渡案开展引渡合作的前提。《中秘引渡条约》在第1条就明确规定双方有“根据对方要求引渡境内所有人员，从而对其采取刑事程序或执行判决”的义务。在黄海勇被秘鲁逮捕之后，选择何种途径将黄海勇带回中国是双方必须作出的重要选择，正因为有了《中秘引渡条约》的存在，双方才得以围绕本案开展引渡合作，如果没有《中秘引渡条约》，也许采取的将是其他途径。[1](2)《中秘引渡条约》没有明确规定被请求引渡罪行涉及死刑问题时应该如何处理。本案中，死刑问题是黄海勇能否被顺利引渡的关键，也是黄海勇方面赖以对抗引渡的主要凭据，更是秘鲁司法机关、美洲人权委员会和美洲人权法院关注的重点问题之一，所以判决书中专门提出双边条约中关于死刑问题的规定，为下文围绕死刑问题展开的诉讼程序奠定基础。

2. 中国和秘鲁国内法的相关规定

引渡分为主动引渡和被动引渡。主动引渡，也称为请求引渡或者从外引渡，是指一国请求将犯罪嫌疑人、被告人或被判刑人引渡回国的活动，是请求国的行为。被动引渡也称为被请求引渡或者向外引渡，指一国向请求国引渡犯罪嫌疑人、被告人或被判刑人的活动，是被请求国的行为。[2]在各国国内法关于引渡程序的规定中，一般都包括了主动引渡程序和被动引渡程序，以调整本国分别作为请求国和被请求国与他国所开展的引渡活动。在中秘双方围绕黄海勇引渡案所开展的引渡程序中，中国是请求国，秘鲁是被请求国，双方的引渡合作，就要依据中国法律中的主动引渡程序

〔1〕 当前公认的追逃途径除了引渡之外，还有非法移民遣返、异地追诉和劝返。参见黄风：《境外追逃的四大路径》，载《人民论坛》2011年第31期。

〔2〕 参见黄风：《国际刑事司法合作的规则与实践》，北京大学出版社2008年版，第19页。

和秘鲁法律的被动引渡程序展开。因此，除了双边引渡条约之外，两国国内法律中关于引渡程序的规定也是双方开展引渡合作的法律依据。

第一，中国的主动引渡程序。

中国的引渡程序主要由《中华人民共和国引渡法》（以下简称《引渡法》）所调整，该法共计55条，分为四章，除了第一章总则和第四章附则以外，第二章“向中华人民共和国请求引渡”（调整被动引渡程序）和第三章“向外国请求引渡”（调整主动引渡程序）是其主要内容。在本案中，中国主要适用的是第三章的相关内容，该章共计五条（第47~51条），主要规定向外国提起引渡的国内程序，紧急情况下在提起引渡请求前请求外国先行羁押，引渡请求所需要的文书材料，引渡中的追诉承诺和量刑承诺，被请求引渡人和相关财物的接收等问题。

《引渡法》第47条具体规定了向外国提出引渡请求的一般程序：“请求外国准予引渡或者引渡过境的，应当由负责办理有关案件的省、自治区或者直辖市的审判、检察、公安、国家安全或者监狱管理机关分别向最高人民法院、最高人民检察院、公安部、国家安全部、司法部提出意见书，并附有关文件和材料及其经证明无误的译文。最高人民法院、最高人民检察院、公安部、国家安全部、司法部分别会同外交部审核同意后，通过外交部向外国提出请求。”根据该条之规定并结合中国实践，中国向外国提出引渡程序基本流程如下：（1）具体办理案件的地市一级审判、检察、公安、国家安全或者监狱管理机关（建议引渡机关）向省、自治区、直辖市一级相应机关建议引渡；（2）省、自治区、直辖市一级机关（提议引渡机关）就下一级机关提出的引渡建议经过审核后向中央相应机关提议引渡（或者就自己负责办理的需要引渡的案件直接向中央相应机关提议引渡）；（3）中央相应机关（申请引渡机关）就省、自治区、直辖市相应一级机关的引渡提议审核后向外交部提出申请（或者就其负责办理的需要引渡的案件直接向外交部提出申请）；（4）外交部（提出引渡机关）接到中央机关的引渡请求后报国务院批准；（5）国务院（批准引渡机关）批准后，由外交部向被请求国提出引渡请求；（6）外交部向驻被请求国的使馆转递引渡请求并发出有关指示；（7）中国（请求国）驻被请求国的使馆向驻在国外交部提交引渡请求。

在本案中，负责办理案件的是武汉海关缉私局，由于其直接受中国海关总署缉私局（中国公安部第24局）的垂直领导，所以由该局（提议引渡机关）直接向公安部提出引渡请求，[1]公安部（申请引渡机关）经过审核之后向外交部提出引渡申请，由外交部（提出引渡机关）在报请国务院（批准引渡机关）批准后向秘鲁提出引渡请求。[2]

第二，秘鲁的被动引渡程序。

秘鲁的引渡程序主要由秘鲁《宪法》、秘鲁《刑事诉讼法》等法律规定。在引渡黄海勇过程中，耗时最长的是秘鲁的被动引渡程序，这也是主要障碍。黄海勇引渡案的程序有以下特点值得注意：

（1）秘鲁的被动引渡程序是混合程序，包括司法程序和政治程序（political process）两个阶段。秘鲁《宪法》（2009年9月秘鲁宪法法院颁布）第37条规定："只能由行政部门在得到最高法院同意后，按照法律和国际条约规定及对等原则进行引渡。"[3]所以，秘鲁的被动引渡首先由秘鲁最高法院作出决定，然后再由秘鲁政府作出决定，只有在两者都同意的前提下，才能成功引渡。

（2）引渡合作必须坚持双重犯罪原则和可引渡犯罪原则。双重犯罪（double criminality）原则和可引渡犯罪（extradition offence）原则是各国开展引渡合作的两个重要原则。前者要求引渡请求所指行为依照请求国和被请求国法律均构成犯罪，[4]后者要求引渡所涉及的犯罪必须是可引渡的犯罪，即引渡的犯罪应当达到一定的严重程度（被判处一定刑罚），从而值得对其开展引渡合作。[5]秘鲁《刑事诉讼法》也就引渡的双重犯罪原则和

---

〔1〕在我国，海关缉私局是海关机构的重要组成部分，也是公安机关的一个组成部分，是走私犯罪的侦查机关，同时接受海关和公安机关的领导。

〔2〕严格来说，中国国内的主动引渡程序也是黄海勇引渡程序的重要组成部分，应当是本书的研究对象，但是由于笔者研究资料欠缺，所以本书着重对于中国主动引渡程序的法律规定进行论述，实际操作也应当是严格依法进行的。

〔3〕《世界各国宪法》编辑委员会编译：《世界各国宪法　美洲大洋洲卷》，中国检察出版社2012年版，第223页。

〔4〕参见黄风：《国际刑事司法合作的规则与实践》，北京大学出版社2008年版，第7页。

〔5〕参见黄风：《国际刑事司法合作的规则与实践》，北京大学出版社2008年版，第9页。

可引渡的犯罪进行了规定："引渡申请基于的事实在申请引渡国和秘鲁均不构成犯罪，或者依据两国法律规定，不应当判处最高 1 年或者 1 年以上徒刑的，则对引渡申请予以拒绝。"[1]根据该规定，请求国提起引渡所涉嫌的犯罪必须在请求国和秘鲁均构成犯罪，并且应判处一年以上徒刑，否则应当拒绝引渡。

（3）对于可能被判处死刑的犯罪，在请求国作出不判处死刑的保证之前，应当拒绝引渡。死刑不引渡原则是当前国际社会开展引渡合作时所坚持的一项基本原则，该原则要求对于被引渡人可能判处或者执行死刑情况下拒绝引渡。所以，如果被请求引渡人在请求国可能被判处死刑，在请求国作出不判处死刑的保证之前，秘鲁应当拒绝引渡。对此，秘鲁《刑事诉讼法》也进行了明确规定，被请求引渡人在请求引渡国可能被判处死刑，并且请求国未提供不对其判处死刑承诺的情况下，应当拒绝引渡。[2]

3. 美洲人权委员会和美洲人权法院的相关程序规定

美洲人权委员会和美洲人权法院是根据《美洲人权公约》所建立的美洲人权体系的组成部分，两者构成了美洲国家组织最重要的区域性人权保障机制。[3]本案中，黄海勇及其律师于 2009 年 3 月 27 日向美洲人权委员会提出申诉。美洲人权委员会经过审查后，于 2010 年 11 月通过 151/102 号受理报告受理了黄海勇诉秘鲁政府案。2013 年 10 月 30 日，美洲人权委员会将该案件提交给美洲人权法院，要求美洲人权法院对该报告中所提到的侵权情况进行审查，明确秘鲁政府所应承担的法律责任，并命令秘鲁政府执行该报告中的建议。[4]所以，本案在被提交给美洲人权法院之后，将由该法院居中审判，美洲人权委员会（作为黄海勇的代表）及黄海勇作为原告一方，而秘鲁政府作为被告一方，这是本案当事各方的基本利益框架。

---

〔1〕 秘鲁《刑事诉讼法》第 517 条第 1 款。参见《世界各国刑事诉讼法》编辑委员会编译：《世界各国刑事诉讼法（美洲卷）》，中国检察出版社 2016 年版，第 173 页。

〔2〕 秘鲁《刑事诉讼法》第 517 条第 3 款。参见《世界各国刑事诉讼法》编辑委员会编译：《世界各国刑事诉讼法（美洲卷）》，中国检察出版社 2016 年版，第 173 页。

〔3〕 关于美洲人权委员会和美洲人权法院的详细情况，我们将在下文详述。

〔4〕 美洲人权法院判决书第 4 段。

（二）难以实施其他追逃措施

1. 难以进行劝返

劝返是在逃犯发现地国家司法执法机关的配合下，通过发挥法律的震慑力和政策的感召力，促使外逃人员主动回国接受处理的一种措施，[1]具有追逃国的主导作用、国家强制力为后盾、程序的多样性以及缉拿方式的软柔性、有效性和及时性等特点，劝返强调通过对犯罪嫌疑人说服教育，晓之以理，动之以情，摆明利害关系，促使其心理上发生转变，心悦诚服地随办案人员回国，整个过程没有任何强硬色彩，完全出于犯罪嫌疑人自愿。[2]而在黄海勇引渡案中，黄海勇一直通过各种措施和我国对抗，抗拒被引渡回国。在此前提之下，他显然不会接受劝返回国自首。而且，黄海勇在被秘鲁方面逮捕之后进行羁押，我方并没有太多机会接触黄海勇并对其进行劝说，更降低了劝返的可能性。

2. 没有必要采取非法移民遣返和异地追诉

作为引渡的替代措施，非法移民遣返（也被称为移民法的替代措施）指将不具有合法居留身份的外国入境者遣送回国，是遣返国为维护本国安全和秩序而单方面作出的决定。[3]异地追诉（也被称为刑事法的替代措施）指在难以开展引渡合作的情况下，协助逃犯发现所在国依其本国法律对逃犯提起诉讼的特殊的国际司法合作形式。[4]两者都是双方在无法诉诸正式的引渡程序或者引渡遇到不可逾越的法律障碍的情况下采取的替代性措施。黄海勇引渡案中，一方面，中秘双方已经启动引渡合作，秘鲁方面积极配合中方引渡请求，所以没有必要再采取其他引渡替代措施；另一方面，不论非法移民遣返，还是异地追诉，都需要秘鲁方面启动相应的非法移民程序，或者是刑事诉讼程序，需要中方向秘方提供大量证据，在中方没有向秘方提供这些证据的前提下，秘方也难以启动相应程序。

---

〔1〕参见《“百名红通人员”30人到案 都是怎么追回来的》，载 http://static.nfapp.southcn.com/content/201606/26/c99549.html，最后访问日期：2022年1月19日。

〔2〕参见张磊：《从胡星案看劝返》，载《国家检察官学院学报》2010年第2期。

〔3〕参见赵秉志、张磊：《赖昌星案件法律问题研究》，载《政法论坛》2014年第4期。

〔4〕参见黄风：《引渡问题研究》，中国政法大学出版社2006年版，第120页。

综上，我国当前境外追逃很少采取引渡措施的主要原因是引渡存在法律上的困难，或者犯罪嫌疑人经过劝说愿意投案自首而没有必要再进行引渡。而在黄海勇引渡案中，一方面引渡不存在法律上的障碍，另一方面劝返、非法移民遣返、异地追诉并不现实或者不可能，所以采取引渡是最为有效也是最为现实的措施。

第二节　黄海勇引渡案在秘鲁的诉讼程序及分析

黄海勇在 1996 年 8 月至 1998 年 5 月在中国实施了严重的走私罪行后潜逃境外，2001 年 6 月，中国通过国际刑警组织的红色通缉令对于黄海勇进行全球通缉。2008 年 10 月 27 日上午，黄海勇从美国入境秘鲁，在秘鲁利马市的“豪尔赫·查韦斯国际机场（Jorge Chávez International Airport）”被捕，后秘鲁警方将其移交给秘鲁卡亚俄常设刑事法院（Permanent Criminal Court of El Callao）管辖，黄海勇被关押在秘鲁卡亚俄临时监狱。

秘鲁《刑事诉讼法》中针对外国当局指控人员的羁押规定了“临时逮捕或预引渡”的强制措施。根据该规定，临时逮捕主要是针对两类人员适用：一是相关国家中央机关正式提出引渡申请的人员；二是被他国追捕而试图进入本国的被请求引渡人。正式的逮捕请求都应当提交给国家检察长办公室，由其立即转交具有管辖权的预审法官，同时通知相应的省检察院。只要被指控的犯罪事实在秘鲁也可能构成犯罪，并且会被判处 1 年以上的监禁，就可以签发临时逮捕令。一旦执行临时逮捕，预审法官应当在 24 小时内听取被捕人员的陈述，如果被捕人员未委托可以信任的律师，还可以为其指定官方的辩护律师。[1]另外，《中秘引渡条约》对此也进行了规定：“在紧急情况下，在提出引渡请求前，请求方可以请求临时羁押被请求引渡人。”[2]黄海勇就是根据该临时逮捕制度而被羁押，并由此开始了长达八年的引渡程序。下文笔者将以美洲人权法院黄海勇诉秘鲁政府案

---

〔1〕 秘鲁《刑事诉讼法》第 523 条，参见《世界各国刑事诉讼法》编辑委员会编译：《世界各国刑事诉讼法（美洲卷）》，中国检察出版社 2016 年版，第 175 页。

〔2〕《中秘引渡条约》第 9 条。

判决书（INTER-AMERICAN COURT OF HUMAN RIGHTS CASE OF WONG HO WING V. PERU JUDGMENT OF JUNE 30, 2015，以下简称判决书）[1]中所描述的关于黄海勇的引渡程序为主要依据，[2]对于黄海勇在秘鲁，以及在美洲人权委员会和美洲人权法院的诉讼程序进行研究。本部分将黄海勇在秘鲁的引渡程序分成五个阶段分别进行分析：

一、自黄海勇被逮捕到秘鲁最高法院作出第一次判决（2008 年 10 月至 2009 年 1 月）

（一）黄海勇被逮捕后的各方反应

1. 基本程序[3]

黄海勇被秘鲁警方逮捕之后，黄海勇方面和中国方面都及时作出了反应：

第一，黄海勇方面。在黄海勇被逮捕的第二天即 2008 年 10 月 28 日，卡亚俄刑事法庭对于黄海勇引渡案进行了预审，黄海勇则在律师的陪同下发表声明，声称如果因为被指控的罪行被遣返回中国，他将有可能被执行或适用死刑，所以要求秘鲁当局给予其特殊待遇，以保障其人权，并且要求在秘鲁接受审判。2008 年 12 月 10 日，在卡亚俄刑事法庭举行的公开听证会上，黄海勇及其律师再次提出，本案适用的条款是规定了死刑的中国《刑法》第 151 条，[4]也就是说黄海勇被遣返回国以后有可能被判处死刑。

---

〔1〕美洲人权法院判决书分为十四个部分：案情介绍与争议情况；法院程序；权力；初步反对意见；临时措施；前期考虑；证据；证明的事实；生命，人身安全权利以及与保障权利的义务有关的不遣返原则；与尊重和确保权利义务有关的司法保护和司法担保权；与尊重和保障权利的义务有关的人身自由和人身安全权利；赔偿；判决结果。

〔2〕严格意义上来说，黄海勇的引渡程序从 2008 年 11 月黄海勇被秘鲁警方逮捕开始，一直到 2016 年 7 月黄海勇被引渡回国为止，前后历时近 8 年时间。但是由于本书以美洲人权法院黄海勇诉秘鲁政府案美洲人权法院判决书中所描述的引渡程序为研究对象，所以本书针对的引渡程序是从 2008 年 11 月到 2015 年 6 月美洲人权法院作出判决的将近 7 年时间。2015 年 6 月以后到 2016 年 7 月 1 年多的时间里，黄海勇又陆续穷尽了秘鲁国内的救济程序，但是由于相关资料欠缺，所以本书从略。

〔3〕美洲人权法院判决书第 60~63 段。

〔4〕当时的中国《刑法》第 153 条规定，走私货物、物品情节特别严重的，依照刑法第 151 条第 4 款的规定处罚。第 151 条第 4 款针对该条第 1、2 款规定的犯罪规定了无期徒刑或者死刑，并处没收财产。所以，根据当时的中国《刑法》，走私普通货物、物品罪是可以判处死刑的。只不过该条的死刑由第 153 条和第 151 条共同规定。

第二，中国方面。在黄海勇被秘鲁警方逮捕的7天后即2008年11月3日，中国公安部第24局根据《中秘引渡条约》以黄海勇涉嫌违反中国《刑法》第153、154、191、389和390条，构成走私普通货物罪、洗钱罪和行贿罪为由，[1]向秘鲁方面提出引渡黄海勇的请求，同时要求秘鲁当局采取必要的措施，确保继续羁押黄海勇，以便于此后开展引渡程序。该引渡请求还指出黄海勇涉案金额超过7.17亿元人民币，并且其中的404.8万美元已经被从中国转出，同时还附上了中国《刑法》的相关法条规定、批准逮捕书以及逮捕证等内容。但是判决书也明确指出，在中国的提出引渡请求及其附件中，并不包括中国《刑法》第151条规定的内容，根据该条之规定，黄海勇所涉嫌的走私普通货物罪可能被判处死刑。

2. 法理评析

黄海勇被逮捕之后双方的反应具有以下特点：

第一，在反应时间上。双方都较为迅速，说明之前都作了充分的准备。特别是黄海勇及其律师，在黄海勇被逮捕第二天的听证会上即明确发出声明，对抗引渡。而中方则在黄海勇被捕的7天后即向秘鲁方面提出了引渡请求。虽然中方反应的时间略晚于黄海勇方面，但是考虑到消息的传递、时差、各机关协调配合，准备引渡材料等都需要时间，所以能够在7天之后即将引渡材料准备妥当并提交给秘鲁方面，已经难能可贵。

第二，在声明的内容上。黄海勇方面在第一次声明中就直接抛出死刑问题作为自己的救命稻草，以回国后将有可能被执行或适用死刑为由对抗引渡。不仅如此，在一个月后的引渡听证会上再次明确提出本案所适用的条款是中国《刑法》第151条，这说明其不仅有所准备，而且较为准确地把握住对抗引渡的关键点。在此后的几年中，黄海勇方面就紧紧抓住死刑问题，为双方引渡合作造成了巨大麻烦，大大延缓了引渡程序的进程。相比之下，中方虽然也按照双边条约的要求提交了引渡材料，附上了相关刑法条文的内容和诉讼文书的复印件，但并没有提交关于走私普通货物罪可

[1] 中国《刑法》第153条和第154条，是关于走私普通货物、物品罪的规定，第191条是关于洗钱罪的规定，第389条和第390条是关于行贿罪的规定。

能被判处死刑的中国《刑法》第151条的法律条文。而正是这一点，不仅被判决书明确指出中方提交材料缺少关键性条文，而且（如后所述）也被黄海勇方面作为攻击我方的理由。

（二）秘鲁最高法院的第一次判决

1. 基本程序[1]

2009年1月6日，本案被提交到秘鲁最高法院。2009年1月19日，秘鲁最高法院第二临时刑事法庭就黄海勇引渡案举行了听证会。在听证会上，黄海勇方面和中方围绕死刑问题再次展开了交锋：

第一，中国方面对黄海勇涉嫌的犯罪事实作出进一步的解释。在听证会的当天，法庭收到了中国武汉海关缉私局提交的报告，该报告针对黄海勇在中国所涉嫌的犯罪事实作了进一步解释，指出黄海勇是和他人一同犯罪，并提出了其他同案犯所适用的刑法条文。但判决书还是明确指出，中国武汉海关的报告依然没有提到该罪行可能适用死刑的问题。

第二，黄海勇方面提交了中国《刑法》第151条和第153条的译文。在听证会，黄海勇的律师提交了书面辩词和中国《刑法》第151条和第153条的译文，并向法庭说明，根据中国《刑法》这两条的规定，涉案金额"超过50万元（如本案）的走私罪"，应当根据该法第151条第4段规定予以处罚，而且"情节十分严重的，将被处以无期徒刑或者死刑"。

2009年1月20日，秘鲁最高法院第二临时刑事法庭作出本案引渡程序中首次咨询判决（first advisory decision），主要包括以下内容：

第一，中国针对黄海勇以逃避关税罪（the offenses of evasion of customs，在中国《刑法》中被称为走私普通货物罪）和行贿罪提出引渡请求是正确的，这符合《中秘引渡条约》的规定，同时指出，对于逃避关税罪，引渡仅适用于"中国《刑法》第153条第1段规定"（for the criminal offense established in the first paragraph of article 153 of the Chinese Criminal Code.）的情况下。

第二，中国针对黄海勇以洗钱罪提出引渡是不当的，因为秘鲁《刑

[1] 美洲人权法院判决书第63~64段。

法》中并不存在洗钱罪，这不符合秘鲁引渡所遵循的双重犯罪原则。

2. 法理评析

本阶段中，黄海勇方面和中方在听证会上分别进一步提出自己的主张，秘鲁最高法院在此基础上作出了判决，本阶段有以下特点：

第一，黄海勇方面在之前抛出死刑问题并向法庭指出本案适用中国《刑法》第151条的基础上，本阶段直接向法庭提交了该条文的译文（也就是走私普通货物罪可能被判处死刑的依据），用于证明自己前述的可能被判处死刑的危险。客观来说，黄海勇方面不仅抓住了本案引渡问题的要害，而且一再提交和补充相应的证明材料及其译文，紧紧揪住死刑问题不放，用于支持自己的论点，抗拒引渡。而对比之下，中方在此阶段虽然进一步解释了黄海勇是共同犯罪，其同案犯可能适用的刑法条款，说明黄海勇回国后可能被判处的刑罚，但还是没有针对本案的死刑问题进行直接回应。法庭判决书显然也注意到这一点，明确指出中国武汉海关的报告依然没有提到该罪行可能适用死刑的问题。

第二，秘鲁最高法院的首次咨询判决对于中国的引渡请求进行了评价，在肯定中方以逃避关税罪和行贿罪提出引渡请求的基础上，将围绕走私普通货物罪的引渡限制在不判处死刑的前提下，同时以双重犯罪原则否定了中方就洗钱罪提出的引渡请求。应当说，严格依照中国和秘鲁的法律规定，秘鲁最高法院的判决是比较客观的。因为当时的中国《刑法》的确针对走私普通货物罪规定了死刑，而且如果秘鲁《刑法》中没有规定洗钱罪的话，以洗钱罪为由向秘鲁方面提交引渡请求就有违背引渡的双重犯罪原则之嫌。

二、从秘鲁最高法院第一次判决到其第二次判决（2009年1月至2010年1月）

（一）秘鲁最高法院的第一次判决后双方反应

1. 基本程序〔1〕

在秘鲁最高法院作出第一次咨询判决不到一周后，即2009年1月26

〔1〕 美洲人权法院判决书第65~71段。

日，黄海勇的律师就以“存在侵犯黄海勇生命和人身安全的某种迫在眉睫的威胁”为由，针对秘鲁最高法院第二临时刑事法庭的法官提出第一次人身保护请求，并要求释放黄海勇。其提出请求的主要依据仍然是死刑问题，并明确指出中国“出于恶意，引渡请求没有附上规定了死刑的 中国《刑法》第 151 条对应的译文”。

2009 年 2 月 2 日，中方向秘鲁司法部引渡和被判刑人员移交官方委员会（Official Commission for Extraditions and Prisoner Transfers of the Ministry of Justice）提交了中国公安部的一份说明（第一次外交照会），明确指出：根据请求引渡黄海勇所涉及犯罪的性质和中国《刑法》的规定，不存在对黄海勇判处无期徒刑或死刑的可能，中国将依据法律以及《中秘引渡条约》对黄海勇追究刑事责任。

2009 年 2 月 12 日，秘鲁利马第 56 刑事法庭签发命令，要求在针对黄海勇方面提出的人身保护令的程序作出结论之前，暂时中止引渡程序。但是该命令在 2009 年 4 月 24 日被秘鲁利马高等法院刑事法庭以人身保护令程序中没有关于中止引渡程序的规定为由予以撤销。

2009 年 2 月 19 日，秘鲁司法部被判刑人员引渡和移交官方委员会对引渡请求出具报告指出：“未收到中国《刑法》第 151 条的译文，根据资料的译文，第 153 条第 1 段提到了该条。”根据以上内容认为，需要“获取译文”。2009 年 2 月 24 日，中国驻秘鲁大使馆向秘鲁利马第 56 刑事法庭提交了中国《刑法》第 151、153、154、191、389 和 390 条的译文。

2009 年 4 月 2 日，秘鲁利马第 56 刑事法庭作出判决，包括以下内容：第一，黄海勇方面提出的人身保护请求成立，但是驳回了释放黄海勇的请求；第二，以“不具有足够依据”为由宣布秘鲁最高法院于 2009 年 1 月 20 日的咨询判决无效，即认为该判决所依据的事实没有明确并充分地说明为什么不能因为其犯下的可能适用死刑的犯罪而引渡黄海勇。经过一次上诉之后，2009 年 6 月 15 日该决定得到确认。

2009 年 8 月 25 日，中国驻秘鲁大使向秘鲁最高法院提交了一份外交照会（第二次外交照会），明确指出，与黄海勇引渡案类似的案件在中国被判处了 15 年监禁，所以不存在可能对黄海勇适用死刑的可能。

2. 法理评析

本阶段的程序有以下特点值得关注：

第一，黄海勇提出了人身保护令。人身保护令作为普通法古老的特权令状，是由法院向羁押者签发一份命令，要求羁押者将被羁押者提交法院以审查羁押的合法性。人身保护令在英美法系国家被誉为“大自由令状”。[1]该项制度最早起源于英国，自 1066 年诺曼底公爵征服英国开始，国王为加强司法集权，“要求各地司法机关根据国王的令状并以国王的名义进行审判”，人身保护令制度正是在此基础上发展演变而来的。随着大英帝国的海外扩张，该项制度作为保障人身自由的重要举措被扩展到世界各地特别是当今的普通法系国家。[2]在本案中，黄海勇一直利用人身保护令作为自己的救济手段，一再延缓引渡程序的进展。秘鲁利马第 56 刑事法庭[3]就是审理黄海勇方面提出的人身保护令的法庭。由于该人身保护令是针对秘鲁最高法院的首次咨询判决的，所以该法庭在判决黄海勇方提出的人身保护令成立的同时，还以无充足理由说明黄海勇不能被引渡为依据宣布秘鲁最高法院的首次咨询判决无效。在该判决之后，中国向秘鲁发出外交照会，提交了同类案例没有判处死刑而仅仅判处了有期徒刑的说明，再次表明对于黄海勇不存在适用死刑的可能性。需要注意的是，之前中国提交的黄海勇同案犯的判决情况，以及这次提交的案件情况，都是用相关或者相似的案例说明黄海勇不会被判处死刑，而不是直接针对本案作出不判处死刑的承诺，当然在说明本案不会被判处死刑上的力度上也就不如后者，这也许就是后来秘鲁最高法院明确要求在案件增加中方不判处死刑承诺的

〔1〕 参见薛竑：《人身保护令制度研究》，西南政法大学 2006 年博士学位论文。

〔2〕 参见房国宾、黄承云：《两大法系人身保护令制度比较研究》，载《西部法学评论》2008 年第 5 期。

〔3〕 根据秘鲁法律，当事人可以在秘鲁国内任一法院提出人身保护令，不一定在对于该案具有管辖权的卡亚俄法院提出人身保护令。美洲人权法院判决书中出现的秘鲁利马第 56、42、53 法庭等都是审理黄海勇提出的人身保护令的初级法院（一审），被驳回后，黄海勇还可向利马高院上诉（二审）。如终审再被驳回，黄海勇可向秘鲁宪法法院提出违宪申诉。秘鲁宪法法院的决定是最终裁决。

原因。

第二，中方迟迟没有提交关于中国《刑法》第 151 条及其译文被黄海勇方面诬蔑为恶意。在提起人身保护请求的同时，黄海勇方面将中国方面所提交的引渡请求中没有包含中国《刑法》第 151 条关于走私普通货物罪可以判处死刑的规定及其译文作为攻击中方的理由，将中方推断为“以恶意和隐蔽的方式（in a malicious and covert manner）”，即故意不提交该条文，以便于掩盖可能判处黄海勇死刑的事实。

第三，中国公安部在秘鲁最高法院首次判决之后，提交了黄海勇不会被适用死刑的说明，并明确中国将依据法律和中国秘鲁双边条约的规定追究黄海勇的刑事责任。这也被认为是中国向秘鲁方面提交的第一次外交照会。此时，距离黄海勇被逮捕已经过了将近 4 个月。但需要注意，由于此次提交说明的是中国公安部，并非中国最高人民法院，所以此次提交的说明并不意味着中方正式作出了不判处死刑的承诺。

第四，在秘鲁司法部针对中方提交的报告的回应中，明确强调该报告并没有提交中国《刑法》第 151 条的译文，中方于 5 天之后提交了相应条文的译文。这表明，尽管第一次外交照会就提交了不判处黄海勇死刑的说明，但仍没有达到对方要求，因为缺少该条文的译文。经过对方的再一次要求以后，中方则又提交了译文。此时，比黄海勇方面明确提交关键性法条及译文已经晚了 1 个月左右。而且秘鲁司法部的反馈也说明，提交关键法条的译文是此次引渡必不可少的程序。这说明，中方在对所提交引渡程序材料的把握上，还有待进一步提高。

（二）第二次人身保护令与中方不判处死刑的承诺

1. 基本程序〔1〕

2009 年 10 月 2 日，秘鲁最高检察院的检察官通知秘鲁最高法院：表明不赞成秘鲁最高法院同意引渡黄海勇的首次咨询裁决。

2009 年 10 月 5 日，秘鲁最高法院常设刑事庭举行听证会，命令将资料退还给卡亚俄高级法院刑事法庭，让该法庭“附上已经提交（或者已经

〔1〕 美洲人权法院判决书 72~77 段。

请求提交）在被判处死刑之后不执行死刑的担保，并且重新及时举行听证会”。

2009 年 10 月 12 日，黄海勇的律师以“对黄海勇的生命与人身安全存在某种迫在眉睫的威胁”为由，针对秘鲁最高法院常设刑事庭法官提交了第二份人身保护请求。2010 年 1 月 5 日，秘鲁利马第 53 刑事法庭经过审理认为该请求不当，因为其提出的请求已经在 2009 年 4 月 2 日的判决中进行了分析，后上诉后又被驳回。

2009 年 12 月 9 日，秘鲁最高法院常设刑事庭举行引渡听证会。2009 年 12 月 11 日，中国驻秘鲁大使馆通知该刑事庭（中方发出的第三次外交照会）：中国最高人民法院已经决定，如果黄海勇先生被引渡回国并判刑，将不对其执行死刑，“即便根据法律其罪行足以判处死刑”。

2009 年 12 月 15 日，秘鲁最高法院常设刑事法庭进行公开审理，宣布 10 月 5 日的听证会无效，双方当事人可以围绕中国所提交外交承诺发表自己的观点。

2009 年 12 月 21 日，秘鲁最高法院常设刑事庭重新举行引渡听证会，法庭命令在案件卷宗中添加中国《刑法》第 151 条的译文，以及 2009 年 12 月 11 日中国驻秘鲁大使馆公文中提到的最高人民法院的承诺。2009 年 12 月 29 日，中国重新提交了《刑法》第 151 条的译文（中方发出的第四次外交照会）。

2. 法理评析

本阶段诉讼程序具有以下特点：

第一，由于秘鲁最高检察院也不赞成秘鲁最高法院的首次咨询裁决，秘鲁最高法院将案件退给了卡亚俄高等法院，要求其附上中国不执行死刑的担保，这说明迄今为止，虽然中方已经提交了数个关于本案不会适用死刑的说明，但是一直没有明确作出不判处死刑的承诺。对此，中方在两个月后的 2009 年 12 月 11 日向秘鲁最高法院正式提交了不判处死刑的承诺。这也促使秘鲁最高法院在 4 天后也就是 12 月 15 日宣布撤销把案件退回卡亚俄法院的裁决，让双方围绕中国提交的不判处死刑的承诺发表自己的观点。这也进一步证明，中国作出充分的不判处死刑的承诺是本案的关键环节，如果没有该承诺，诉讼程序就会继续搁置，如果有了承诺，诉讼程序就会顺利推进。

第二，黄海勇方面再次以其生命受到威胁（也就是死刑问题）为由提出了人身保护令请求，但是后来被驳回。这应该是黄海勇方面的诉讼策略，其一再提出人身保护令，是其拖延诉讼程序的重要战术，不论最终结果如何，都会造成诉讼程序的耽搁。

第三，在秘鲁最高法院临时刑事法庭继续举行引渡听证会的时候，中国提交了本国最高人民法院所作出的不判处死刑的承诺。这是中国正式根据中国《引渡法》第 50 条之规定〔1〕就本案作出不判处死刑的承诺，向对方明确表示，即使根据黄海勇的罪行依法应当被判处死刑，其最终也不会被判处死刑。事实上，根据当时的中国《刑法》第 151 条之规定，并结合黄海勇的涉案事实，他客观上是存在被判处死刑的可能的。而中方不判处死刑承诺的作出，则正式表明，不论原本依照立法是否应当判处死刑，黄海勇最终都不会被判处死刑。

第四，秘鲁最高法院引渡听证会上还要求在法庭卷宗（case file）中添加中国《刑法》第 151 条的译文，以及 2009 年 12 月 11 日中国驻秘鲁大使馆公文中提到的中国最高人民法院的承诺。这表明，在本案法庭卷宗中并没有这两份案件材料。中国最高人民法院的承诺由于是刚刚提交，尚未存入卷宗当中可以理解，但是为什么在 2009 年 2 月中方已经提交给秘鲁方面的中国《刑法》第 151 条的译文尚未纳入到卷宗当中，美洲人权法院判决书没有说明。笔者理解，是因为当时提交给的是秘鲁利马第 56 刑事法庭，而并非秘鲁最高法院，所以卷宗当中没有。即便如此，中方在得到秘鲁方面的要求之后，即在 8 天之后再次提交了该条的译文。

---

〔1〕 中国《引渡法》第 50 条规定："被请求国就准予引渡附加条件的，对于不损害中华人民共和国主权、国家利益、公共利益的，可以由外交部代表中华人民共和国政府向被请求国作出承诺。对于限制追诉的承诺，由最高人民检察院决定；对于量刑的承诺，由最高人民法院决定。在对被引渡人追究刑事责任时，司法机关应当受所作出的承诺的约束。"

三、从秘鲁最高法院第二次判决到秘鲁宪法法院作出判决（2010年1月至2011年6月）

（一）秘鲁最高法院的第二次咨询判决

1. 基本程序[1]

2010年1月27日，秘鲁最高法院常设刑事庭发布第二次咨询判决，包括以下内容：（1）批准关于中国《刑法》第153、154、389和390条规定的逃避关税罪和行贿罪产生的引渡请求。（2）虽然逃避关税罪规定有死刑，但是2009年12月8日中国最高人民法院已经作出了不判处死刑的承诺，所以应当认为黄海勇不存在被判处死刑的风险。（3）以不符合双重犯罪原则宣布中方以洗钱罪提出引渡的请求无效。（4）秘鲁最高法院判决引渡黄海勇的条件是，中方作出不会判处其死刑的承诺；在对被引渡人作出判决时将判决内容通知秘鲁政府。

2010年2月9日，黄海勇的律师针对秘鲁总统、司法部和外交部提交了第三份人身保护请求，后被秘鲁利马第42专业刑事法庭宣布无效，上诉后于4月14日被驳回，理由是在引渡期间，总统、司法部和外交部没有发布任何侵权或威胁黄海勇的决定，也没有对其造成任何侵害。黄海勇的律师随后又提出违宪上诉，2011年5月24日该上诉得到了秘鲁宪法法院的支持。

2011年2月22日中国驻秘鲁大使通知秘鲁司法部（第五次外交照会），除了不判处死刑的承诺以外，中国政府正式承诺将邀请秘鲁政府派遣观察员参加黄海勇被引渡回国后的审判，并对判决的执行情况进行监督。2011年2月25日中国通过了《中华人民共和国刑法修正案（八）》（以下简称《刑法修正案（八）》）（2011年5月1日生效），中国方面2011年4月6日将《刑法修正案（八）》获批的情况通知了秘鲁宪法法院。

2. 法理评析

本阶段诉讼程序有以下特点：

第一，秘鲁最高法院作出了第二次判决：（1）批准了针对逃避关税罪

[1] 美洲人权法院判决书78~80段，第93段。

（走私普通货物罪）和行贿罪的引渡申请，但基于不符合双重犯罪原则，拒绝了针对洗钱罪提出的引渡申请；（2）虽然根据走私普通货物罪可能判处死刑，但是基于中国最高人民法院已经作出的不判处死刑的承诺，秘鲁最高法院相信，黄海勇被引渡回国之后不会被判处死刑；（3）明确黄海勇被引渡回国的条件是：中方作出不会判处其死刑的承诺，而且中方在对黄海勇作出判决时，应当将判决内容通知秘鲁政府。

第二，中方承诺邀请秘鲁方面监督黄海勇回国后的审判。在秘鲁最高法院作出第二次判决一年后，中国向秘鲁方面发出了第五次外交照会，向秘鲁方面承诺，将邀请秘鲁方面派员参加在黄海勇被引渡回国之后的审判，并且对于判决执行情况进行监督。这一方面作出了除了不判处死刑承诺之外的新的外交担保，即邀请秘鲁方面进行监督，而且这也是对于秘鲁最高法院第二次判决中所要求的引渡黄海勇的条件的一个回应。但是，这种回复似乎有点晚，因为是在秘鲁最高法院作出判决将近一年之后才予以回应。

第三，中方及时向秘鲁方面通知最新立法进展。中国立法机关通过《刑法修正案（八）》废除了包括走私普通货物罪在内的13种经济性、非暴力犯罪的死刑，占死刑全部罪名总数的19.1%；同时原则上免除了审判时已满75周岁老年人死刑的适用。这是中国踏上废除死刑征途步伐的一个起点和迈出的一大步，标志着法学界呼吁已久的限制、废除死刑的主张正式获得了国家立法机关的认可，并进入立法操作层面。〔1〕中国及时将该消息通知了秘鲁方面，从而从立法上明确说明，即使中国未对秘鲁作出不判处死刑的承诺，由于中国刑法的修改，中国法院也不可能对于黄海勇判处死刑。

（二）秘鲁宪法法院的判决及其修正

1. 基本程序〔2〕

秘鲁最高法院作出判决之后，黄海勇及其律师向秘鲁宪法法院提起违

〔1〕参见高铭暄、陈璐：《〈中华人民共和国刑法修正案（八）〉解读与思考》，中国人民大学出版社2011年版，第3页。

〔2〕美洲人权法院判决书81～84段，第200段。

宪申诉，后秘鲁宪法法院经过审判于 2011 年 5 月 24 日作出判决，包括两个方面的内容：(1) 认为中国提供的外交担保不足以保证不会对黄海勇执行死刑。理由是根据联合国的标准，中国死刑的适用存在法外执行、即审即决或任意处决（extrajudicial, summary or arbitrary executions.），而且其死刑适用受到公众舆论影响过大。(2) 中国虽然提交了《刑法修正案（八）》有关的资料，但是该资料并没有通过秘鲁的正式外交程序递交，也没有提到《中华人民共和国宪法》（以下简称《宪法》）是否承认刑法对于被告人有利的溯及力问题。因此也不能被理解为不适用死刑的担保。在此基础上，秘鲁宪法法院宣布黄海勇的人身保护请求是正当的，并且命令秘鲁政府放弃将黄海勇引渡回中国。

秘鲁宪法法院的判决作出以后，秘鲁司法部和外交部的公共辩护律师申请秘鲁宪法法院针对已经作出的判决作出进一步的解释。2011 年 6 月 9 日，秘鲁宪法法院作出决定，明确指出，关于为什么在判决中认为中国提供的外交担保不充分，是因为在作出判决时案件卷宗中并没有公诉人所提到的外交担保，而只包括了关于第八次刑法修正案废除走私罪死刑的情况，但这“不能构成外交担保”。[1]外交担保的材料是在判决作出以后的 2011 年 7 月 7 日才纳入到卷宗当中的。[2]因此，法院没有机会对于走私普通货物罪死刑的废除是否适用于本案，和中国所提供的外交担保进行评估。[3]考虑到以上情况，秘鲁宪法法院认为，判决中的第 9 条和第 10 条依据存在实质性的错误，因此，对其进行如下修改：“9. 中国提供的外交

---

〔1〕 On June 9, 2011, the Constitutional Court issued a decision in which it indicated that, "regarding the request to clarify the reasons why it had considered that the diplomatic assurances offered by the People's Republic of China were insufficient, [it recalled] that at the time the [judgment] was delivered, the case file did not contain any of the diplomatic assurances referred to by the public attorneys who were requesting the clarification". 参见美洲人权法院判决书第 84 段。

〔2〕 The diplomatic assurances were incorporated into the case file following the delivery of this judgment on July 7, 2011. 参见美洲人权法院判决书第 84 段。

〔3〕 Thus, the Constitutional Court was unable to assess either the annulment of the death penalty for the offense of smuggling ordinary merchandise and it applicability to Wong Ho Wing's situation, or the subsequent diplomatic assurances provided by the People's Republic of China, which this Court has been able to assess. 参见美洲人权法院判决书第 203 段。

担保不足以保证不会对黄海勇先生执行死刑。这是因为案件材料中没有中国提供给秘鲁政府的任何外交担保〔1〕……10. 由于本案卷宗中没有外交担保，本庭认为，不能证明中国已经为维护黄海勇先生的生命权提供了必要和充分的担保。”〔2〕同时，法庭还认为，虽然法庭在判决之后才了解中国外交担保的内容，但是这并不能改变已经通过的判决，因为其已经获得了宪法上的既判力。〔3〕

2. 法理评析

从上面的程序可知，秘鲁宪法法院首先作出了判决，然后又通过决定对于作出该判决的理由进行了修改。具体来说，秘鲁宪法法院在 2011 年 5 月 24 日作出的判决中，认为中国死刑适用存在法外执行和任意处决，受到舆论影响较大，中国提交的《刑法修正案（八）》不仅没有通过秘鲁的正式外交程序递交，也没有说明在溯及力上是否适用于黄海勇引渡案，所以中国提供的外交担保不能够保证对黄海勇不适用死刑，进而拒绝引渡黄海勇。而经过秘鲁司法部等要求作出进一步解释之后，秘鲁宪法法院对于之前判决的主要依据修改为“作出判决之时，外交担保并被纳入到案件卷宗当中”。事实上如前所述，中国早在 2009 年 12 月 11 日就将不判处死刑的承诺提交给秘鲁最高法院常设刑事庭。但是关于该外交担保为什么在 2011 年 5 月 24 日作出判决之前没有被纳入秘鲁宪法法院的案件卷宗，直到 2011 年 7 月 7 日才被纳入，判决书并没有明确说明。

---

〔1〕 [The diplomatic assurances offered by the People's Republic of China are insufficient to ensure that the death penalty will not be imposed on Wong Ho Wing] . This is because, since the case file does not contain any diplomatic assurances provided to the Peruvian State by the Republic of China, it has not been proved that real protection of the right to life has been ensured. 参见美洲人权法院判决书第 84 段。

〔2〕 Bearing in mind the inexistence of diplomatic assurances in the case file, this Court finds that it has not been proved that the People's Republic of China has granted the necessary and sufficient guarantees to safeguard the right to life of Wong Ho Wing. 参见美洲人权法院判决书第 84 段。

〔3〕 美洲人权法院判决书第 200 段。

四、从秘鲁宪法法院作出判决到美洲人权法院作出判决（2011 年 6 月至 2013 年 10 月）

（一）基本程序[1]

按照秘鲁《刑事诉讼法》规定的引渡程序，在司法程序结束之后引渡程序进入行政程序。在秘鲁宪法法院作出判决之后，秘鲁司法部数次提出违宪上诉，要求对秘鲁宪法法院的判决作出解释。但是 2013 年 3 月 12 日，秘鲁宪法法院裁定，要求对黄海勇先生作出的判决进行解释的请求无效。自此以后，双方对于对秘鲁宪法法院的判决（2011 年 5 月 24 日）和秘鲁最高法院的第二次咨询判决（2010 年 1 月 27 日）都没有提出新的上诉，因此两个判决同时有效，即认为应当支持引渡的判决和秘鲁宪法法院放弃引渡的判决同时存在。从那时起，秘鲁司法部一直在办理程序，没有作出最终决定。

1. 中方又发出三次外交照会

第六次外交照会。2011 年 6 月 10 日（秘鲁宪法法院对其判决作出解释的第二天），中国向秘鲁司法部发出第六次外交照会，提交了中国《刑法》第 12 条（关于刑法溯及力问题）的译文，证明《刑法修正案（八）》将适用于黄海勇先生一案。

第七次外交照会。2011 年 12 月 22 日，中国驻秘鲁大使馆向秘鲁外交部发出了第七次外交照会，提交了对于中国《刑法修正案（八）》所适用的案件的解释，解释中明确了以下内容：根据中国《刑法》第 12 条第 1 段规定，对于中国《刑法》的追溯效力应当遵循根据行为当时的法律进行判决的原则和从轻判决的原则。对于中国《刑法》生效之前已经宣判的罪行，如果行为当时的法律和现行法律没有变化，适用行为当时的法律。中国《刑法修正案（八）》（2011 年 5 月 1 日生效）修改了中国《刑法》第 153 条第 1 段之规定，黄海勇的罪行发生于该修正案生效之前，但是经该修正案修改后该罪的刑罚轻于修改前的刑罚，所以根据从旧兼从轻原则，对本案应适用中国《刑法修正案（八）》。2009 年 12 月中国作出的不判

---

〔1〕 美洲人权法院判决书第 86~91 段，第 93 段，第 108~114 段。

处死刑的承诺继续有效，即对黄海勇不适用死刑。

第八次外交照会。2014 年 8 月 19 日，中国大使馆向秘鲁外交部发出第八次外交照会，包括以下内容：（1）承诺黄海勇不会遭受酷刑等不人道的待遇。作为《禁止酷刑和其他残忍、不人道或有辱人格的待遇或处罚公约》的缔约国，在 2009 年作出不判处黄海勇承诺的基础上，中国政府确保黄海勇将不会受到酷刑或其他残忍、非人道或有辱人格的待遇和处罚。中国方面将遵守这一承诺。（2）保障黄海勇的诉讼权利。根据中国《刑事诉讼法》和《律师法》，保障黄海勇聘请律师为其辩护，并可以在不受监视的情况下与其律师会面的权利。中国司法机关应当对黄海勇的审判和预审进行同步录音录像，并可应秘鲁方面的要求供其使用。允许具有执业资格证、可以在中国从事经营的独立的社会医疗机构为黄海勇提供医疗服务。（3）保障秘鲁方面随时了解和监督黄海勇在中国的诉讼程序。保证秘鲁方面可以了解黄海勇在中国的羁押地点，派遣外交或者领事官员与黄海勇座谈；秘鲁方面可以派遣其外交官员或领事官员旁听对于黄海勇的公开审判；在黄海勇羁押期间，为其提供视频设施，方便秘鲁官员与黄海勇联系。

2. 黄海勇又提出三次人身保护令

第四次人身保护令。2011 年 11 月 16 日，黄海勇的律师向秘鲁司法部和卡亚俄高等法院提交了第四份人身保护令申请，将黄海勇临时羁押的材料提交给了司法部，但是随后没有提交给卡亚俄高等法院。2012 年 5 月 30 日，秘鲁利马第 30 刑事法庭宣布不予受理，因为这并没有对于黄海勇的宪法权利造成任何损害。

第五次人身保护令。2012 年 3 月 13 日，黄海勇的律师针对秘鲁最高法院开庭审理本案提出第五次人身保护请求。根据 2014 年 12 月 1 日秘鲁政府的通知，该程序尚未有结果。[1]

第六次人身保护令。2013 年 4 月 26 日，黄海勇的律师又提交了第六

〔1〕 Cfr. 2014 年 12 月 1 日秘鲁政府的书面材料（背景资料，第 1159 页）。人身保护请求于 2013 年 4 月 29 日得到认可。Cfr. 2013 年 4 月 29 日批准美洲人权法院判决书（证词，第 8517~8520 页）。

份人身保护令，申请要求立即释放黄海勇，并要求黄海勇不受任何限制。2013 年 11 月 20 日，黄海勇再次提出改变对自己的羁押状况的要求。2014 年 3 月 10 日，卡亚俄第七刑事法庭针对律师的该要求作出裁决指出，黄海勇被剥夺自由的时间超过了合理的期限，因此应当改变为较轻的刑事强制措施，但要能够确保其留在秘鲁，直至行政机关对引渡请求作出终审判决。因此，法庭命令将其变为由其弟弟对其监视居住（house arrest），〔1〕并于 2014 年 3 月 24 日开始执行。有鉴于此，接受黄海勇第六份人身保护令申请的法院也于 2014 年 10 月 24 日作出裁决，以黄海勇已经变为监视居住，而且该案件已经提交给美洲人权法院为由驳回申请。

（二）法理评析

在秘鲁宪法法院作出判决之后，秘鲁司法部虽然数次提起违宪上诉，但是最终还是被驳回。之后，司法部一直没有就引渡程序作出最终裁决。但是中方继续通过外交照会的形式推动引渡程序的开展，而黄海勇方面则通过人身保护令的方式要求释放黄海勇，延缓引渡程序的进行。

第一，中国方面。中方首先在秘鲁宪法法院对于判决作出解释的第二天就提交了中国《刑法》第 12 条的译文，然后又于四个月后再次就中国《刑法修正案（八）》的溯及力问题进行了解释。后又在美洲人权法院开庭审理黄海勇案件（2014 年 9 月 3 日）的前夕，即 2014 年 8 月 19 日向秘鲁外交部作出了进一步的外交承诺，包括保证黄海勇不遭受酷刑等不人道的待遇的承诺，保证其各项诉讼权利的承诺，以及保证秘鲁方面了解各项诉讼进程并和黄海勇保持联络的承诺。这说明，虽然死刑问题是本案的核心，中国作出不判处死刑承诺是本案的关键问题，但是除此之外，不遭受酷刑，保证其诉讼权利，保证秘鲁的监督权，也是秘鲁重点关注的问题。中国方面所作出的这些的承诺，向秘鲁和美洲人权法院全面展现中国刑事司法的进步，表明中国对黄海勇进行公正审判的决心，为美洲人权法院作出有利于中国的判决奠定基础。

---

〔1〕 The Court ordered “house arrest… in the custody of his brother.” 参见美洲人权法院判决书第 113 段。当然，这里的“house arrest”能否翻译为“监视居住”还有待于进一步研究，本书暂且将其翻译为“监视居住”。

第二，黄海勇方面。人身保护令，是黄海勇延缓引渡程序的重要措施。秘鲁宪法法院判决之后，黄海勇又多次申请人身保护令或者提出人身保护请求。对于不合理的请求，秘鲁相应司法机关予以驳回。但是对于一些合理的请求，秘鲁法院也及时作出处理。应当说，由于本案涉及程序复杂，黄海勇自 2008 年 11 月被捕以来一直被羁押，客观上的确存在超期羁押的问题。也正因为如此，在黄海勇提出改变对自己的羁押要求之后，卡亚俄刑事法庭将对其强制措施改变为监视居住。根据判决书，到 2015 年 6 月判决书作出时，黄海勇已经被羁押 5 年 4 个月，监视居住 1 年 3 个月。根据秘鲁《刑事诉讼法》第 272 条之规定，审前羁押不得超过 9 个月，案情复杂的，不得超过 18 个月。所以，虽然在此期间秘鲁政府一直在推进相应的诉讼程序，但是超期羁押的客观事实是存在的。那么，对此是否能够在黄海勇回国接受审判后所判处的刑期中予以折抵，就值得关注。

第三节 黄海勇引渡案在美洲人权委员会和美洲人权法院的诉讼程序及分析

在秘鲁最高法院作出同意引渡黄海勇的首次咨询判决之后，黄海勇方面还将案件提交到美洲人权委员会，并最终提交给美洲人权法院，这两个区域性人权机构在黄海勇引渡案件中具有重要地位。

一、美洲人权委员会和美洲人权法院

（一）美洲人权委员会

美洲人权委员会是美洲国家组织[1]系统中两个促进和保护人权的机

〔1〕 美洲国家组织（Organization of American States—OAS）最初是由美国和拉美国家于 1890 年建立的美洲共和国国际联盟。1948 年在波哥大举行的第九次美洲会议通过了《美洲国家组织宪章》，联盟遂改称为“美洲国家组织”。该组织的宗旨是加强美洲大陆的和平与安全；确保成员国之间和平解决争端；成员国遭到侵略时，组织声援行动；谋求解决成员国间的政治、经济、法律问题，消除贫困，促进各国经济、社会、文化合作；控制常规武器；加速美洲国家一体化进程。现在有正式成员 35 个。参见中华人民共和国外交部网站，https://www.mfa.gov.cn/web/gjhdq_676201/gjhdqzz_681964/lhg_683190/jbqk_683192/，最后访问日期：2022 年 4 月 8 日。

构之一。1959 年在智利首都圣地亚哥举行的第五届外交部长协商会议（Consultation of Ministers of Foreign Affairs）上通过决议，决定依照《美洲国家组织宪章》选举成立美洲人权委员会。1960 年，美洲国家组织常设委员会批准《美洲人权委员会规约》，标志着美洲人权委员会的正式成立。1978 年 7 月，《美洲人权公约》生效，并在其第 7 章中确认了美洲人权委员会履行《美洲人权公约》的职责。1980 年，《美洲人权委员会程序规则》通过。因此，美洲人权委员会实际上行使的是《美洲国家组织宪章》《美洲人权公约》两个公约的职能。除了这两个国际公约以外，美洲人权委员会的组织机构和职能，还由《美洲人权委员会规约》和《美洲人权委员会程序规则》进行了详细规定。

根据上述国际公约之规定，美洲人权委员会根据对象的不同具有不同的职权：（1）对于美洲国家组织的成员国，该委员会的职能主要有：发展人权意识；向各成员国政府提出改进保护人权措施的建议；要求成员国提交关于人权问题的报告；向成员国提供咨询等。〔1〕(2) 对于《美洲人权公约》的缔约国，除了（1）中的职权之外，还有针对公约规定的申诉和来文采取行动；就依据公约所提起的案件在美洲人权法院出庭；对尚未提交美洲人权法院的案件，如认为必要可以要求法院采取它认为适当的临时措施；等等的职能。〔2〕(3) 对于非《美洲人权公约》的缔约国，该委员会的职能除了（1）中列举的职权外，还包括对于《美洲人的权利和义务宣言》相关条款〔3〕所涉及的人权保护情况给予特别注意；对于来文以及其他相关信息加以审查并在认为合适的时候提出建议；等等。〔4〕秘鲁既是美洲国家组织的成员国，也是《美洲人权公约》的缔约国，所以美洲人权委员会可以针对秘鲁实施上述（1）和（2）规定的职权。

美洲人权委员会共有 7 名委员，由美洲国家组织大会从成员国政府所提名的候选人中选出，以个人身份任职，不代表任何国家。委员会成员从

---

〔1〕《美洲人权委员会规约》第 18 条。

〔2〕《美洲人权委员会规约》第 19 条。

〔3〕《美洲人的权利和义务宣言》第 1、2、3、4、18、25、26 条。

〔4〕《美洲人权委员会规约》第 20 条。

当选之日起享有外交人员的特权与豁免权。[1]美洲人权委员会设有秘书处，协助和支持美洲人权委员会的各项工作。[2]

（二）美洲人权法院

美洲人权法院是除美洲人权委员会外美洲人权区域保护的另一个重要机构，其职能是根据《美洲人权公约》管辖美洲国家（实际上主要是拉美国家）有关人权的案件和相关法律事务。美洲人权法院的成立也与《美洲人权公约》的生效有密切关系，1978年7月《美洲人权公约》生效后，美洲人权法院正式建立。随后，分别于1979年10月通过了《美洲人权法院规约》（以下简称《规约》），于1980年8月通过了《美洲人权法院程序规则》，前者规定了法院的管辖权和组织结构，后者规定了法院审理案件的具体程序，从而奠定了该法院运行的法律基础。《规约》第1条明确规定了法院的性质和目的："美洲人权法院是一个法律自主机构，其目的是适用和解释《美洲人权公约》。该法院根据《美洲人权公约》和《规约》的规定行使职权。"美洲人权法院规模较小，仅由7名法官组成。法官必须是美洲国家组织成员国的国民，但是仅以个人身份当选，不得有两名法官为同一国家的国民。[3]

美洲人权法院的主要职能，是通过行使诉讼管辖权和咨询管辖权等方式来实施《美洲人权公约》：（1）诉讼管辖权。该法院的诉讼管辖权是指审理和裁决有关成员国是否侵犯人权的权力，该法院的诉讼管辖权分为两种，即对缔约国间控告的管辖权和对个人申诉的管辖权。不论是缔约国还是个人提出控告，诉讼管辖权的被告只能是国家。该法院诉讼管辖权的特点是其仅接受成员国或者人权委员会提交的案件，个人无权直接向其提交申诉，由美洲人权委员会作为受害者个人的代表在法庭上出现。对于国家间指控的案件，该委员会也应当出庭。[4]而且，在美洲人权法院行使诉讼

---

〔1〕《美洲人权公约》第34、36条。

〔2〕《美洲人权公约》第40条。

〔3〕参见赵海峰、窦玉前：《美洲人权法院——在困难中前进的区域人权保护司法机构》，载《人民司法》2005年第12期。

〔4〕参见赵海峰、窦玉前：《美洲人权法院——在困难中前进的区域人权保护司法机构》，载《人民司法》2005年第12期。

管辖权之前，需要穷尽《美洲人权公约》所规定的美洲人权委员会的有关指控程序。也就是说，该法院行使诉讼管辖权的前提是美洲人权委员会的审查程序已经结束，诉至法院的指控和申诉必须首先经过美洲人权委员会的审查，只有在委员会无法解决的情况下才提交给法院。（2）咨询管辖权。咨询管辖权主要是澄清人权文件的法律标准，以及判定国家的法律和实践与这些标准是否相符，咨询管辖权的提请主体包括美洲国家组织的成员国和《美洲国家组织宪章》第10章所载的机关。

虽然美洲人权法院成立初期面临管辖权缺乏普遍性、美洲的政治机构对该法院的支持不够、法官素质不高等问题，但是自成立以来，该法院在监督各国实施公约、采取临时措施、监督判决的执行等方面都做了很多工作，对于拉美各国人权保护的发展也起到了重要作用。正如美洲人权法院院长、秘鲁前司法部长暨前外交部长迭戈·加西亚-萨扬所说，“泛美人权法庭的法律体系已经在诉讼和解决拉美地区人权保护的不同方面占据着重要位置……促进和推动了保障人权的国内诉讼程序，使法律手段更加民主化，在具体案件处理中，也不再仅仅只是追求令受害人满意，而是为推动维护权利的基本改革，为消除侵犯人权的行为而斗争，为人类的逐渐进步而斗争”〔1〕。与此同时，美洲人权法院还致力于开展文化的多样性，政府信息公开、对于弱势群体的保护等工作的开展，对于美洲尤其是南美人权的保护产生了积极的影响。〔2〕

（三）秘鲁与美洲人权委员会、美洲人权法院的关系

秘鲁不仅是美洲国家组织的成员国，也是《美洲人权公约》的缔约国，所以对于秘鲁发生的违反《美洲人权公约》的相关案件，这两个区域性人权组织都有权进行管辖。这也是黄海勇及其律师能够以个人名义将秘鲁政府诉至美洲人权委员会，美洲人权委员会经过审查之后，又将案件提交给美洲人权法院的原因。

---

〔1〕［秘］迭戈·加西亚-萨扬：《泛美人权法庭的实践》，载《光明日报》2010年10月21日，第7版。

〔2〕参见《泛美人权法庭庭长：推动文化多样性的保护》，载 http://www.cnr.cn/2010tfzt/rqlt/st/201010/t20101019_507193156.html，最后访问日期：2022年1月20日。

（四）美洲人权法院的专家证人制度

黄海勇引渡案件的一个亮点是中国专家证人到美洲人权法院作证，为成功引渡黄海勇发挥了重要作用。而中国专家证人出庭作证的依据，就是美洲人权法院的专家证人作证制度，该制度主要是由《美洲人权法院程序和证据规则》（以下简称《程序规则》）规定的。根据《程序规则》之规定，"专家证人（expert witness）"是指拥有特定的科学、艺术、技术或实践知识或经验，可以依其特定领域的知识或经验向法院就争议问题提供信息的人。《程序规则》对于担任专家证人的资格并没有进行明确规定，但却明确规定了取消专家证人资格的理由。[1]根据《程序规则》，缔约国和美洲人员委员会、受害人及其代理人以及被告国都可以提出专家证人，同时必须提交专家证人的简历、联系信息和作证的目的。一方提出专家证人名单以后，该法院需要将该名单发送给另一方，另一方如果有异议应当在10日以内提出。首席法官应当将异议通知给专家证人，让专家证人对此发表评论。法院在收到一方符合要求的变更专家证人的请求后，在征求另一方意见以后可以接受变更请求。

在专家证人出庭作证的庭审程序中，首先由美洲人权委员会宣读起诉书，然后由首席法官传唤作证者到庭。在法庭确定专家证人的身份以后、进行询问之前，专家证人应当宣誓，保证其将诚实和认真地履行其职责。对于专家证人的询问首先由提供专家证人的一方进行，然后由另一方询问。

为了保护专家证人，各国不能因其对法庭作出的陈述、意见或法律抗辩而起诉专家证人，也不能对他们的家人施加压力。专家证人应当出庭作证，如果被传唤出庭的专家证人无正当理由没有出庭或者拒绝作证，或者法院认为其行为违反了之前的宣誓，法院应当通知对专家证人有管辖权的

〔1〕如，与一名受害人是四代以内直系或者旁系血亲或收养关系；在国内层面或者美洲促进与保护人权机制内与案件事实相关的程序中，曾为一名受害人的代理人；与提供自己作为专家证人的一方有密切联系或曾经为其下属，法院认为可能影响公正；曾经为美洲人权委员会工作人员，了解争议案件的情况；曾经在争议案件中作为被告方的代理人；以前以任何身份在任何机构参与过争议案件等。

国家，以便于该国依照国内法对其采取措施。

在得知美洲人权法院将要开庭审理黄海勇引渡案件以后，秘鲁政府积极准备应诉，并与中国政府沟通，希望中方提出专家证人人选，到美洲人权法庭出庭作证。同时要求相关专家证人应当具有独立身份，避免对外产生中国政府直接介入的印象。中国政府经过认真筛选，最终确定由北京师范大学刑事法律科学研究院教授赵秉志，时任外交部境外追逃与国际执法合作特别协调员孙昂参赞（后曾任中国驻印度尼西亚棉兰总领馆总领事、中国驻安提瓜和巴布达特命全权大使）和中国社会科学院国际法研究所研究员柳华文作为专家证人，得到秘鲁政府的许可和美洲人权法院的批准。

2014 年 9 月 3 日，美洲人权法院在巴拉圭首都亚松森的巴拉圭共和国最高法院开庭，审理中国政府向秘鲁政府提出引渡申请的涉嫌走私普通货物罪的中国公民黄海勇引渡案。赵秉志教授、孙昂参赞和秘鲁前司法部长托马博士作为秘鲁政府邀请的 3 位专家证人到庭作证，并分别承担了不同的作证任务：

赵秉志教授的作证及各方对其盘问主要围绕与本案相关的中国刑事司法程序和实体问题以及赵秉志教授曾出庭作证的中加遣返赖昌星案件的有关情况而进行。赵秉志教授首先围绕个人简况、与本案相关的中国刑事诉讼程序和中国《刑法修正案（八）》进行了自我陈述，然后依次接受了秘鲁政府方面、美洲人权委员会代表、黄海勇的律师的盘问以及法庭的发问，各方共计向赵秉志教授提出 61 个问题，[1]包括黄海勇案件可能涉及的我国刑事诉讼程序，我国《刑法修正案（八）》的主要内容，我国死刑问题，赖昌星遣返案件的相关问题等，涵盖我国刑事法治发展状况的多个方面。

孙昂参赞的作证及各方对其的盘问则主要围绕中国引渡法制与实践以及中加遣返赖昌星的外交承诺而进行。孙昂参赞首先围绕中国对外开展引渡合作的三种方式，中国引渡合作中的不判处死刑的外交承诺等问题进行

〔1〕 其中秘鲁政府律师雷阿尼奥先生的问题 11 个，黄海勇的律师路易斯·拉马斯普丘先生的问题 16 个，美洲人权委员会专员詹姆斯·路易斯·卡夫罗里先生的问题 16 个，法庭 5 位法官的问题 18 个。

了自我陈述，然后依次接受了秘鲁政府方面、黄海勇的律师、美洲人权委员会代表的盘问以及法庭的发问，各方共计向孙昂参赞提出问题52个，[1] 涉及中国的引渡制度，中国不判处死刑外交承诺的作出，中国外交承诺的执行状况，赖昌星遣返案中的外交承诺等问题。

秘鲁前司法部长托马博士的作证及各方对其的盘问主要围绕与本案相关的《中秘引渡条约》和秘鲁相关国内法律问题而进行。

秘鲁政府邀请的另一位中方专家证人中国社会科学院国际法研究所研究员柳华文作为未出庭的专家证人，经美洲人权法院同意提交了有关中国人权法律保护状况的书面证词。该证词主要涉及中国人权政策的制定、中国人权白皮书中关于司法工作中人权保障的规定、中国在人权领域与联合国的合作、中国在调查和惩处酷刑行为方面的新进展、中国对于被羁押人的人权保障等问题。

二、黄海勇在美洲人权委员会和美洲人权法院的基本程序[2]

（一）在美洲人权委员会的诉讼程序（2009年3月至2013年10月）

2009年3月27日，黄海勇首次向美洲人权委员会提出请求。2010年11月，美洲人权委员会通过151/102号受理报告接受了该案。2013年7月18日，根据《美洲人权公约》第50条，美洲人权委员会通过第78/13号背景报告（以下称《背景报告》），就本案得出了一系列结论，认为秘鲁政府侵犯了黄海勇的人身自由权、生命权、人身安全权利、司法保障与司法保护的权利，具体包括三部分：（1）自2008年10月27日被秘鲁羁押后，任意和过度地剥夺黄海勇的自由，涉嫌超期羁押；（2）在引渡程序中，部分违规行为侵犯了黄海勇的人身安全；（3）2011年5月24日，秘鲁宪法法院已经命令秘鲁行政机关放弃引渡黄海勇，但并没有得到执行，违反了司法保护权。

---

〔1〕 其中秘鲁政府律师多奈雷斯女士的问题16个，黄海勇的律师路易斯·拉马斯普丘先生和米格尔·安赫尔·索里亚·富尔特先生的问题共计14个，美洲人权委员会专员詹姆斯·路易斯·卡夫罗里先生和西尔维亚·塞拉诺·古斯曼女士的问题共计11个，法庭5位法官的问题11个。

〔2〕 美洲人权法院判决书第2~14段。

在此基础上，美洲人权委员会还向秘鲁政府提出了一系列建议：(1) 采取必要的措施尽快根据秘鲁《刑事诉讼法》终止引渡程序，严格遵守2011年5月24日秘鲁宪法法院的判决对引渡申请作出的裁决，同时，秘鲁政府应当确保其主管机构均不得延误履行该判决。(2) 对黄海勇的临时逮捕措施进行审查。特别要指出的是，与黄海勇人身自由相关的所有司法决定的执行，均应当严格遵守《背景报告》描述的例外性、必要性和相称性原则。

2013年7月30日，美洲人权委员会将《背景报告》发送给秘鲁政府，给予其两个月的时间对履行建议的情况进行通报。2013年9月30日，秘鲁政府提交了一份报告，介绍了为履行这些建议而采取的措施。

（二）在美洲人权法院的诉讼程序（2013年10月至2015年6月）

2013年10月30日，美洲人权委员会将本案提交给美洲人权法院，[1] 要求美洲人权法院对《背景报告》中所包含的侵权情况，以及对秘鲁政府所应承担的责任得出结论，另外还要求秘鲁政府执行该报告中的建议。2013年12月9日，美洲人权法院将该案件被提交的情况通知了秘鲁政府和黄海勇的律师。

2014年2月5日、6日和9日，黄海勇的律师向美洲人权法院提交了申请书、辩词和证词。2014年5月6日，秘鲁政府向美洲人权法院提交其初步反对意见书、向美洲人权委员会提交关于本案的答复、向黄海勇方面提交申请书和辩词的意见。在向美洲人权委员会的答复中，秘鲁政府以“尚未走完内部程序”为由提出了初步反对意见：(1) 在2009年3月黄海勇首次向美洲人权委员会提出申请的时候，黄海勇案件并没有用尽国内上诉程序，所以秘鲁政府的所谓超期羁押并非没有缘由。(2) 在美洲人权委员会决定受理本案时，并没有考虑到黄海勇所提出的人身保护要求正在办理手续的程序中。也就是说，黄海勇的“引渡程序正在办理”，秘鲁行政机关到现在都没有作出决定。对此，美洲人权委员会认为，秘鲁政府应当

〔1〕 美洲人权法院审理该案的有6名法官：Humberto Antonio Sierra Porto（审判长）；Roberto F. Caldas（副审判长）；Manuel E. Ventura Robles（法官）；Alberto Pérez Pérez（法官）；Eduardo Vio Grossi（法官），Eduardo Ferrer Mac-Gregor Poisot（法官）。

对受理期间未用尽内部上诉程序的例外情况提交说明。黄海勇的律师也认为，行政机关的决定“超过四年”都未有结果，因此，存在“引渡决定不合理拖延”的情况。美洲人权法院经过审议，驳回了秘鲁政府的初步反对意见。

2014年7月28日，美洲人权法院审理本案的审判长签发命令，召集秘鲁政府、黄海勇的律师和美洲人权委员会举行听证会，听取各方的意见。2014年9月3日，美洲人权法院在巴拉圭首都亚松森市举行了听证会，[1] 2014年10月3日，当事人与美洲人权委员会分别提交其书面最终辩词和意见。2015年6月24日，法院开始考虑作出判决。

2015年6月30日，美洲人权法院就本案作出判决，包括以下内容：（1）如果秘鲁引渡黄海勇，黄海勇不存在被适用死刑的可能性以及遭受酷刑的危险，秘鲁也不会因为违反《美洲人权公约》第4、5条和《美洲地区预防和惩治酷刑公约》第13条第4段规定的相关义务而承担责任。（2）秘鲁政府对于黄海勇的羁押措施超出了合理期限，侵犯了黄海勇的人身自由权，为此应当在接到本判决书1年之内，赔偿黄海勇3万美元，同时支付黄海勇的律师2.8万美元费用。并强调，支付给律师的费用也是赔偿的一部分，因为黄海勇基于秘鲁政府应当承担国际责任的行为而在国内和国际采取的行为都应当获得赔偿。（3）秘鲁政府因为没有尽到应尽职责而导致引渡程序拖延至今，秘鲁必须尽快在引渡程序中作出最终决定。（4）自本判决通知之日起，秘鲁政府应当在6个月之内发布本判决书，并在1年内向美洲人权法院提交介绍其为执行判决而采取的措施的报告。（5）关于原告方的其他主张，不予支持。[2]

---

〔1〕 出席听证的有：a）美洲人权委员会：James Louis Cavallaro, Commissioner and Silvia Serrano Guzmán and Erick Acuña, Advisers of the Executive Secretariat；b）受害人方：Luis Lamas Puccio, Miguel Ángel Soria Fuerte, c）秘鲁政府：Luis Alberto Huerta Guerrero, Special Supranational Public Prosecutor, Agent, and Sofía Janett Donaires Vega and Carlos Miguel Reaño Balarezo, lawyers of the Special Supranational Public Prosecutor's Office.

〔2〕 美洲人权法院判决书第329、302、306、307、317、322、323段。

三、法理评析

（一）美洲人权法院最终作出有利于中方的判决

在经过1年8个月（从2013年10月30日至2015年6月30日）的漫长审理之后，美洲人权法院对于本案作出了判决。判决书第329段对于本案的问题作出了最终处理，该条虽然分为17个部分，分别对于相关问题作出了最终裁决，但是其核心主要包括3部分内容：（1）如果秘鲁方面判决将黄海勇引渡给中国，黄海勇不存在被判处死刑或者遭受酷刑等不公正待遇的风险，秘鲁政府也不会为此承担相应的国际责任。这里需要注意的是，美洲人权法院的判决书并不是直接判决秘鲁是否引渡黄海勇，而是针对黄海勇回国后可能面临的情况作出裁判，最终是否引渡的裁判还将由秘鲁方面作出。（2）裁判秘鲁方面需要对黄海勇的超期羁押承担责任，秘鲁政府应当在接到判决书1年内承担相应的赔偿责任。具体来说，由于超期羁押侵犯了黄海勇的人身自由权，秘鲁政府需要赔偿黄海勇3万美元，同时支付给黄海勇的律师2.8万美元费用。并强调支付给律师的费用也是赔偿的一部分，因为黄海勇是基于秘鲁政府的不当行为而聘请律师采取诉讼行为的。（3）由于秘鲁政府没有尽到应尽职责，致使引渡程序拖延至今，所以命令秘鲁必须尽快在引渡程序中作出最终决定。

从该判决我们可以看出，美洲人权法院一方面围绕死刑、酷刑等问题进行评估，认可了中方作出的包括不判处死刑在内的外交承诺；另一方面，也指出秘鲁政府的超期羁押客观存在，秘鲁政府应当为此承担相应的责任，并督促秘鲁政府尽快作出判决。这也反映出，为了配合中国的引渡请求，秘鲁方面的确付出了巨大代价。该判决的作出，标志着中国在黄海勇引渡问题上取得了实质性的胜利，虽然之前秘鲁宪法法院针对中国的外交承诺问题提出了质疑，但是美洲人权法院最终认可了中国的外交承诺，从而为秘鲁方面最终作出有利于中国的判决奠定了基础。此后虽然黄海勇方面依然心有不甘、不屈不挠地继续利用秘鲁国内程序对抗引渡，但最终还是被引渡回国。

（二）中国专家证人的证言对于作出有利于中方的判决起到重要作用

在本案的审理中，专家证人发挥了重要作用，判决书也进行了专门描述："法院还收到了黄海勇以及证人 Kin Mui Chan 与 He Long Huang 在公证人面前作出的声明，以及 Carmen Wurst de Landázuri、Ben Saul 和 Geoff Gilbert、Huawen Liu 和 Jean Carlo Mejía Azuero 专家的意见。对于听证会期间获得的证据，法院听取了专家赵秉志、孙昂和 Víctor Oscar Shiyin García Toma 的意见。"[1]这些专家证人特别是中方专家证人的证言，对于本案判决的作出发挥了重要作用。

第一，对于专家证人证言的肯定。

判决书中多次引用中方专家证人的证言，对于最终作出有利于中方的判决作出了贡献。

中国刑法学研究会会长赵秉志教授的证言对于证明黄海勇不会被判处死刑发挥了重要作用。判决书曾经 3 次引用专家证人赵秉志教授的证言：（1）强调黄海勇不可能被判处死刑。"如根据中国刑事法专家赵秉志的说法，在《刑法修正案（八）》出台之前，根据黄海勇的罪行，对其的量刑为第三档即 10 年以上有期徒刑至无期徒刑或死刑。但是，《刑法修正案（八）》于 2011 年 5 月生效以后，就不可能针对黄海勇所涉嫌的走私普通货物罪判处死刑"[2]；而且"由于他的同案犯被判处了 13 年有期徒刑，因此，法庭在对其量刑时，将考虑其同案犯适用同种的刑罚和相同幅度的量刑"[3]。（2）向法庭解释中国《刑法》第 12 条的溯及力问题，强调《刑法修正案（八）》可以适用于黄海勇案件。"根据专家证人赵秉志在听证会上的解释，以及德国马克斯—普朗克研究所的司法报告[4]和标准

---

〔1〕美洲人权法院判决书第 37 段。

〔2〕美洲人权法院判决书第 147 段。

〔3〕美洲人权法院判决书第 148 段。

〔4〕根据上述报告，"合法性原则（法无明文不为罪，罪刑法定原则），中国刑法承认：根据《刑法》第 12 条第 1 节，第 12 条第 1 段禁止在一项新的刑法规定中进行追溯应用，除非新规定所包含的处罚更有利（温和法律原则）。换言之，如果新的规定更有利，则必须强制执行"。同时解释称，目前，"根据中国刑法，黄海勇先生一案不适用死刑，因为没有一项罪行是引渡中所通缉的"。《中国刑法专家对黄海勇先生洗钱、行贿、走私和海关欺诈一案的报告》（背景资料，第 820 页）。

内容，中国《刑法》第12条规定了有利于被告人的刑事追溯原则"，[1]这就意味着，对于黄海勇可以适用《刑法修正案（八）》的规定。(3) 关于外交担保，"赵秉志专家强调，《刑法修正案（八）》之后，即使未提供不判处死刑的外交担保，也不会对走私普通货物罪判处死刑。"[2]

来自中国外交部条约法律司的专家证人孙昂参赞的证言对于说服法庭相信中国提供的外交担保的拘束力问题卓有成效："法院注意到专家证人孙昂的意见，他说，根据中国《引渡法》第50条，在中国外交部提供外交担保之后，这些担保对中国所有司法机构都是有效力的。法庭认为，在本案的特殊情况下，担保以及提供的监测方法是充分的。"[3]由此可见，对于说服美洲人权法院巡回法庭相信中国外交担保的效力或拘束力，孙昂参赞的证言功不可没。

中方另一位没有出庭的来自中国社会科学院国际法研究所的专家证人柳华文教授所提交的书面证言，对于法庭排除黄海勇回国后遭受酷刑或残忍、非人道或有辱人格折磨的危险的可能也发挥了重要作用。如判决书提到："秘鲁政府在卷宗中所提供的中国专家柳华文的意见，强调了在维护酷刑与其他残忍、非人道或有辱人格虐待禁令，以及排除严刑逼供方面的改善情况，或是新的控制、通报和监管情况，以及在中国羁押人员受到的待遇情况。"[4]

而反观黄海勇所提供的专家证人 Geoff Gilbert、CarmenWurst 和 Ben Saul 的证言，判决书几乎没有提到，这也再次说明，在专家证人方面，秘鲁政府方面的证人特别是来自中方的证人证言，对于说服法庭最终作出有利于引渡的判决起到了至关重要的作用。

第二，对于对方专家证人意见的反驳。

虽然本案中专家证人的证言起到了重要作用，但双方也都对于对方专家证人的证言进行了质疑，这些质疑对于我们以后进一步改进专家证人作

[1] 美洲人权法院判决书第149段。

[2] 美洲人权法院判决书第151段。

[3] 美洲人权法院判决书第186段

[4] 美洲人权法院判决书第175段。

证有一定的借鉴意义。如秘鲁政府则要求驳回黄海勇方面 Geoff Gilbert、CarmenWurst 和 Ben Saul 的专家意见。秘鲁政府认为：(1) 专家 Geoff Gilbert 从专业背景和经验上都不足，另外，还反对采纳该专家对黄海勇先生一案使用的背景资料。(2) 质疑 Carmen Wurst 的专家意见，秘鲁政府对其使用的方法提出异议，怀疑报告的质量及其应有的科学的严谨性。(3) 对于 Ben Saul 的专家意见，秘鲁政府对其报告所使用的背景资料、分析论证方法以及尚未答复秘鲁方面任何问题的情况表示质疑。对于秘鲁政府的质疑意见，法院也表示将在评估本案背景证据时适当考虑这些意见。[1]

第四节　对于黄海勇走私普通货物案判决的评价

2019 年 6 月 12 日，武汉市中级人民法院对黄海勇案作出一审判决："被告人黄海勇犯走私普通货物罪，判处有期徒刑十五年（刑期从判决执行之日起计算。判决执行以前先行羁押的，羁押一日折抵刑期一日，即自 2008 年 10 月 30 日起至 2023 年 10 月 29 日止）。"黄海勇提出上诉后又撤回上诉，判决遂生效。至此，中国最为复杂的这起引渡案终于落下帷幕。通过研究黄海勇案的判决，我们发现有以下亮点值得研讨和肯定：

一、将黄海勇在秘鲁被羁押的期限予以折抵具有重要意义

（一）关于黄海勇在境外的羁押期限应否折抵其国内刑期

在本案中，黄海勇于 2008 年 10 月被秘鲁警方逮捕后即被羁押（2014 年 3 月被改为监视居住）。也就是说，从其被逮捕直到 2016 年被引渡回国，黄海勇已经被羁押了将近 8 年。那么，黄海勇在秘鲁被羁押的 8 年能否折抵他被引渡回国以后被判处的刑期？这个问题就值得研究。

我国《刑法》中有犯罪嫌疑人先行羁押期限折抵刑期的规定，但是要以被告人被判处有期自由刑为前提。如果被告人被判处无期徒刑，由于无期徒刑的性质而无法进行刑期折抵。我国《刑法》第 41、44、47 条具体

---

[1] 美洲人权法院判决书第 51 段。

规定了有期自由刑的折抵问题。根据该规定，判决以前先行羁押的，羁押1日折抵管制刑期2日，折抵拘役或有期徒刑1日。虽然我国《刑法》上述规定中的“先行羁押”没有明确是否包含“域外先行羁押”的情况，但作为中国《刑法》的规定，一般理解是该规定应当只适用于在中国国内的羁押。关于域外羁押期限能否折抵回国后判处的有期自由刑的问题，我国《刑法》、《刑事诉讼法》和《引渡法》中都没有明确规定，理论上和实务中都有对此予以否定的主张。但在赵秉志教授准备到美洲人权法院出庭作证而进行相关问题研究的过程中，我们就主张，从法理上来讲，对于秘鲁方面基于我国请求而对黄海勇进行的域外羁押，应当折抵其回国后被判处的有期自由刑。我们持此一主张的主要理由如下：

（1）黄海勇被秘鲁警方羁押是基于我国的引渡请求而被采取的剥夺其人身自由的强制措施

我国《引渡法》第14条规定：“请求国请求引渡，应当作出如下保证……请求国提出请求后撤销、放弃引渡请求，或者提出引渡请求错误的，由请求国承担因请求引渡对被请求引渡人造成损害的责任。”该条规定实际上体现了“引渡请求国应当承担被请求国根据本国引渡请求所采取的一切措施的法律后果”的精神实质，那么，基于中国请求而采取的羁押等刑事强制措施所产生的法律后果，自然也应当由中国承担。黄海勇案件中，武汉海关走私犯罪侦查局于2001年3月16日对黄海勇签发逮捕证，同年6月26日中国海关总署通过国际刑警组织签发红色通报，希望各成员国逮捕黄海勇并引渡给中国。2008年10月27日，秘鲁警方根据该红色通报逮捕黄海勇，黄海勇随后被羁押。所以，黄海勇在秘鲁被执行的羁押实际上是中国以引渡为目的而请求秘鲁所采取的刑事强制措施，中国应当承认并承担该羁押所产生的相应法律后果。

（2）符合罪刑法定原则有利于被告人的实质内涵

作为刑法的基本原则，罪刑法定原则是资产阶级反对封建刑法的罪刑擅断中产生的，它以保障公民自由、限制国家刑罚权的行使为己任，其基本内容是法无明文规定不为罪，法无明文规定不处罚，其实质内涵是行为时法无明文的即“不定罪、不处罚”。时至今日，罪刑法定原则已成为当代各国刑法乃至国际刑法规范中被普遍认可和广泛采纳的第一基本原则，并对整个刑事法治具有纲举目张的作用，其地位和功能不容挑战。在刑事诉讼当中，罪刑法定原则的基本精神体现为“有利于被告人”，这不仅因为罪刑法定原则自身的终极目标就是保护人权，而且也由被告人在刑事诉讼中的弱势地位所决定。罪刑法定原则的派生原则如禁止类推、从旧兼从轻原则、禁止不定期刑等，均体现了有利于被告人的精神内涵。在本案中，黄海勇在域外已经被羁押将近 8 年，虽然羁押的执行者是秘鲁政府，但是秘鲁政府是基于中国的引渡请求而将黄海勇羁押，黄海勇也是因为自己涉嫌在中国所实施的走私犯罪而被羁押，这种羁押与其在中国被逮捕而进行的羁押并没有实质的区别。从罪刑法定原则“有利于被告人”基本精神出发，应当将其在秘鲁的将近 8 年的羁押期限在其被判处的刑期中予以折抵。

（3）在国际条约中有域外羁押期限折抵所判处刑期的立法先例可资借鉴

虽然我国国内立法中迄今尚没有关于境外羁押能否折抵国内刑期的相关规定，但是我国同他国签订的双边引渡条约中却已有类似规定，这样的规定分为两类：①明确规定境外羁押时间应当折抵回国后被判的刑期。如《中华人民共和国和突尼斯共和国引渡条约》第 14 条“移交被请求引渡人”中明确规定：“如果同意引渡，缔约双方应商定移交的地点、时间，被请求方应通知请求方被请求引渡人受到羁押的时间，以便折抵该人的刑期。”②虽然没有明确规定，但是暗含着境外羁押时间可以折抵回国后被判处的刑期。如《中秘引渡条约》第 11 条“移交被引渡人”规定：“如果被请求方同意引渡，双方应当商定执行引渡的时间、地点等有关事宜。同时，被请求方应当将被引渡人在移交之前已经被羁押的时间告知请求方。”这种规定虽然没有明确说明境外羁押时间可以折抵回国的刑期，但是却要求双方在移交被引渡人的时候“被请求方应当将被引渡人移交之前已经被羁押的时间告知请求方”，这本身就说明，被请求方有义务将其已经羁押被引渡人的时间告诉请求方，请求方也有义务了解被请求人已经被羁押的时间，以便后续的相关诉讼程序作为参考，而参考的一个重要内容就应当是能否折抵被判处的刑期。

综上，我们认为，黄海勇回国后如果被判处有期自由刑，他在秘鲁被羁押期限应当考虑折抵其回国后所判的有期徒刑刑期，这是合乎法理与情理的，其具体折抵方法可以参考中国《刑法》第41、44、47条之规定；当然，如果黄海勇被判处的是无期徒刑，则没有刑期折抵问题。

（二）一审判决将黄海勇在秘鲁被羁押的刑期予以折抵具有重要意义

关于上述刑期折抵问题，武汉中级人民法院2019年6月12日作出的判决认定："……判决执行以前先行羁押的，羁押一日折抵刑期一日，即自2008年10月30日起至2023年10月29日止"。如前所述，2008年10月30日正是黄海勇在秘鲁被逮捕的时间，此后黄海勇一直处于秘鲁警方的羁押和监管之下，2016年7月13日黄海勇被秘鲁政府引渡给我国，同年7月17日，被武汉海关缉私局押解回中国被执行逮捕。黄海勇被我国公安机关执行逮捕后羁押的时间，根据我国《刑法》规定应当在被判决的刑期内予以折抵。但是对于被秘鲁警方逮捕后予以羁押将近8年的期限（2008年10月至2016年7月）是否能够折抵，我国国内法中并没有明确规定。对此，我们已在前文中从多个角度论证了黄海勇在秘鲁被羁押的时间应当折抵国内刑期的法理依据。

武汉市中级人民法院能够在我国国内法律没有明确规定的前提下，根据法理最终判决对于黄海勇在秘鲁的羁押时间予以折抵，具有重要的意义：（1）创制了境外羁押期限折抵国内判决刑期的先例。黄海勇案是我国第一个对于境外羁押期限进行折抵的案件。随着我国境外追逃案件的日益增多，我国会有更多的案例面临境外羁押期限能否折抵国内刑期的问题，本案的判决将为此后的类似案件创制先例。（2）推动我国刑法关于刑期折抵问题的完善。我国刑法没有规定境外羁押期限能否折抵国内判决刑期，随着时代的发展，这种规定越来越不能适应司法实践的需要。虽然如前所述，我国所缔结的部分双边条约中也有折抵刑期的规定，但这些双边条约仅仅适用于缔约国之间，并不具有普遍的适用意义。本案的判决是一个重要契机，将为我国修改刑法，明确规定境外羁押期限可以折抵我国国内判决的刑期奠定实践基础。（3）充分体现罪刑法定原则有利于被告人的精神内涵。如前所述，罪刑法定原则的一个基本精神内涵是“有利于被告人”。本案中秘鲁根据中方的引渡请求，基于黄海勇在中国所实施的走私犯罪，对其执行逮捕并羁押近8年时间，从罪刑法定原则“有利于被告人”的基本精神内涵出发，将黄海勇在秘鲁的羁押期限折抵其在国内被判处的刑期，向世界昭示着我国刑事法治充分尊重与保障犯罪嫌疑人和被告人的各项权益，对国内法律没有明确规定的问题，将作出有利于被告人的裁决。(4) 鼓励在境外被羁押的外逃人员尽早回国自首。随着我国追逃追赃国际合作的全面展开，将有更多的犯罪嫌疑人基于我国的请求而被他国逮捕、羁押，进而被引渡回国，那么这类犯罪嫌疑人在境外被羁押的期限（引渡程序一般都较为漫长）如果能折抵其回国后被判处的刑期，将有利于鼓励更多犯罪嫌疑人及时回国自首，从而有利于提高我国境外追逃的效率。

二、对于黄海勇走私犯罪金额的认定应当与同案犯潘子牛的判决保持一致

对于黄海勇涉案的犯罪金额，本案判决认定：“公诉机关指控被告人黄海勇犯走私普通货物罪的犯罪事实成立，但指控的犯罪数额有误，应按照湖北省高级人民法院对同案犯潘子牛走私普通货物案终审判决确定的走私金额认定。”根据上述认定，黄海勇的涉案金额有两种说法，分别是公诉机关武汉市人民检察院的指控金额710 645 040.44元和武汉市中级人民法院最终的认定金额379 524 829.28元。本案中，同案犯潘子牛是黄海勇的下属，两人涉嫌共同实施走私犯罪，之前我国法院对于潘子牛的涉案罪行已经作出生效判决。黄海勇犯罪金额的认定，与该判决中所认定的潘子牛的犯罪金额具有密切关系。

对于潘子牛走私普通货物案，武汉市中级人民法院于2012年10月17日作出一审判决，认定潘子牛犯走私普通货物罪，偷逃国家税款人民币710 645 040.44元，判处潘子牛有期徒刑13年。后潘子牛不服，提出上诉。2014年8月15日，湖北省高级人民法院就该案作出二审判决，认为一审判决所认定的部分犯罪事实不清，证据不足，所认定的犯罪金额有误，潘子牛涉嫌走私偷逃应缴税款应为379 524 829.28元，最终二审判决维持一审判

决中对潘子牛的定罪部分以及财物处置部分，撤销一审判决中对上诉人潘子牛的量刑部分，判决潘子牛犯走私普通货物罪，判处有期徒刑10年。

本案中，黄海勇和潘子牛两人在涉案的五家公司分别担任董事长、总经理或董事等职务，两人都应对涉案单位所实施的全部走私犯罪负刑事责任。在潘子牛的犯罪事实已经由湖北省高级人民法院作出终审判决的前提下，应当以该判决所认定的事实为准。所以本案公诉机关以潘子牛案一审判决中所认定（并且已经被二审判决所改变的）的潘子牛的犯罪金额作为指控黄海勇的犯罪金额，并不妥当。武汉市中级人民法院将湖北省高级人民法院对潘子牛走私普通货物案终审判决确定的走私犯罪金额379 524 829.28元，认定为黄海勇的犯罪金额，我们认为是正确的。

三、对于犯罪单位的刑事责任不再追诉并不能免除犯罪自然人的刑事责任

我国《刑法》第31条规定："单位犯罪的，对单位判处罚金，并对其直接负责的主管人员和其他直接责任人员判处刑罚。"据此，我国《刑法》对于单位犯罪实行双罚制，不仅依法追究犯罪单位的刑事责任，还要依法追究单位中相关自然人即直接负责的主管人员和其他直接责任人员的刑事责任。在黄海勇案件中，涉案的若干公司均由黄海勇担任董事长兼法人代表（或董事、总经理），黄海勇应当对这些公司所实施的走私犯罪行为承担刑事责任。正如一审判决所认定的：深圳市亨润国际实业有限公司、深圳裕伟贸易实业有限公司、深圳市裕伟实业发展有限公司、湖北裕伟贸易实业有限公司和武汉丰润油脂保税仓库有限公司未经海关许可并且未补缴应缴税款，擅自将批准进口的进料加工保税毛豆油在境内销售牟利，偷逃应缴税款共计人民币379 524 829.28元，其行为均构成走私普通货物罪，且数额特别巨大。被告人黄海勇作为上述单位直接负责的主管人员，应对上述单位所犯走私普通货物罪承担罪责，其行为已构成走私普通货物罪，且犯罪情节特别严重。

基于我国《刑法》对于单位犯罪的双罚制，上述涉案公司和黄海勇都应当对走私行为承担相应的刑事责任。鉴于上述涉案单位均因为被吊销营

业执照而不复存在，对其无法追究刑事责任，因此一审判决依法对上述涉案单位不再追诉。但是，对于单位不再追究刑事责任，并不能免除黄海勇作为单位直接负责的主管人员所应当承担的刑事责任，所以一审判决依然依法追究了黄海勇的刑事责任。

四、具有坦白的法定情节并不意味着一定要从轻处罚

量刑情节是指在某种行为已经构成犯罪的前提下，法院对犯罪人裁量刑罚时应当考虑的据以决定刑罚轻重或者免除刑事处罚的各种情况。量刑情节根据不同标准分为不同种类，以刑法是否作出明文规定可以分为法定量刑情节和酌定量刑情节，以情节对量刑轻重产生的影响可以分为从宽情节和从严情节。对于不同量刑情节的适用，在具体案件中应当综合进行考量。本案中，黄海勇虽然具备坦白的法定可以从宽情节，但由于其又同时具备犯罪情节特别严重等酌定从严情节，法院经过衡量最终对其不予以从轻处罚。

我国《刑法修正案（八）》增设了《刑法》第 67 条第 3 款："犯罪嫌疑人虽不具有前两款规定的自首情节，但是如实供述自己罪行的，可以从轻处罚；因其如实供述自己罪行，避免特别严重后果发生的，可以减轻处罚。"根据该款之规定，坦白成为法定的从宽情节，犯罪嫌疑人虽然不具有自首情节，但只要如实供述自己的罪行，就可以对其从轻处罚。由于如实供述自己罪行而避免特别严重后果发生的，可以减轻处罚。本案中，黄海勇归案后认罪坦白，符合坦白的成立条件，可以从轻处罚。而具体是否从轻处罚，就要综合考虑本案的其他情节。事实上，黄海勇虽然具备坦白的情节，但其偷逃应缴税额达到 3 亿多元，案发以后潜逃至境外 18 年，这些都是酌定的从严情节。审判机关在综合考虑黄海勇案的法定从宽情节和酌定从严情节之后，最终对其不予以从宽处罚，符合我国刑法的相关规定及其立法精神。

第五节　黄海勇引渡案的经验与反思

从黄海勇2008年10月被羁押，到美洲人权法院2016年7月被引渡回国，黄海勇案件跌宕起伏，历尽波折。经过我国和秘鲁政府的不懈努力，终于促使美洲人权法院作出有利于我方的判决，最终将黄海勇引渡回国，这是我国引渡合作史上的里程碑，具有重大标志性意义。对于此案我们可以得出以下启示：

一、咬定青山不放松，持之以恒开展境外追逃

黄海勇引渡案，境外追逃18年，引渡程序8年，其间不仅经过了秘鲁地方法院、秘鲁最高法院、秘鲁宪法法院，而且被提交到美洲人权委员会和美洲人权法院。在此过程中，黄海勇及其律师一再利用死刑问题、人身保护令等措施为引渡设置障碍。中秘两国相关部门为引渡的顺利进行付出了艰辛努力：（1）中国方面。在中国国家领导人亲自过问、批示和与秘鲁国家领导人商谈下，中方由中央纪委、外交部、中国驻秘鲁使馆、海关总署、司法部、最高人民法院、最高人民检察院、武汉海关以及有关高等院校的专家证人组成工作团队，共同努力，坚持不懈，攻坚克难，不屈不挠，将案件一点点推向前进，为本案的胜利奠定了基础。（2）秘鲁方面。秘鲁政府与中国具有良好的外交关系，在中方的争取和沟通下，秘鲁各相关部门一直对于引渡合作持支持态度。秘鲁总理府、外交部、司法部、内政部、监狱管理局、警察总局等政府部门，最高法院、利马高等法院、卡亚俄高等法院等司法机构，秘鲁宪法法院、国家检察院等独立机构，秘鲁利马机场管理局等相关机构都曾参与此案，期间秘鲁经历了2届政府，5任外长，4任最高法院院长，11任司法部长，12任内政部长，这些部门和中方一道精诚合作，接续努力，共同开展黄海勇案的引渡工作，其间的曲折与漫长远远超乎想象。

反思引渡黄海勇的过程，我们可以发现，在很多情况下，包括引渡在内的境外追逃说到底就是中方和外逃人员之间的一场毅力的较量，谁能够

坚持到最后，胜利就会属于谁。所以，我们在开展境外追逃工作的时候，一定要对于境外追逃的曲折和漫长有着足够的心理准备。2014年以来，中国开展了以“天网”行动、“猎狐”行动为代表的境外追逃追赃专项行动，取得了突出的成绩，其中包括境外追逃中最难啃的硬骨头——“百名红通人员”，[1]截止到2023年1月15日也被追回了61名，表面上看来都是在短短几年内取得的成绩，但是每一个追回的外逃人员都凝聚了中国追逃机构和人员的大量心血，都是中国同他国多年来开展国际合作的结果。特别是与国外合作开展非法移民遣返、异地追诉和引渡合作的案件，一般都不是短时间内能够成功的。如赖昌星案件，从赖昌星1999年出逃到2011年历经12年才被追回。[2]所以在境外追逃中，我们一方面要妥善采取各种措施，努力在短时间之内将外逃人员尽早缉拿归案，但同时也应当抱着打持久战的决心，特别是对于外逃美国、加拿大、澳大利亚等西方经济、法治发达国家的犯罪嫌疑人，以咬定青山不放松的精神，百折不挠，锲而不舍，有针对性地解决境外追逃中的一个个法律难题，一步步推进案件的进行，直到将犯罪嫌疑人缉拿归案。

二、积极推进死刑改革，化解对方对于我国死刑问题的误解

死刑问题几乎是我国每一个涉严重犯罪引渡案件都不可回避的问题。作为国际刑事司法合作中的一项基本原则，死刑不引渡是现代引渡制度的产物，并随着人权观念的兴起逐步形成和发展起来。黄海勇所涉嫌的走私普通货物罪，虽然已经于2011年由《刑法修正案（八）》废除了死刑，但死刑问题仍然是黄海勇及其律师用来对抗引渡的主要借口之一，也是美洲人权法院关注的重点问题之一。在美洲人权法院的巡回法庭上，赵秉志教授作为专家证人被询问的61个问题中，涉及死刑的有22个（占了三分之一还多），主要包括黄海勇是否会被适用死刑，中国就黄海勇案件所作

〔1〕参见张磊：《从“百名红通人员”归案看我国境外追逃的发展》，载《北京师范大学学报（社会科学版）》2017年第3期。

〔2〕关于赖昌星案件的详细内容，请参见赵秉志、张磊：《赖昌星案件法律问题研究》，载《政法论坛》2014年第4期。

出的不判处死刑的外交承诺，以及中国死刑适用的罪名、数量、执行方式等三方面的问题。孙昂参赞被询问的52个问题中，涉及死刑的也有10个(占了将近五分之一)，涉及中国以往不判处死刑的外交承诺是否得到了履行，保证不判处死刑承诺履行的机制等问题。而且，即使在明确了黄海勇所涉嫌的走私普通货物罪已经被《刑法修正案（八）》废除了死刑之后，美洲人权法院各方还就中国死刑的适用对赵秉志教授、孙昂参赞进行了详细询问，更加说明了死刑问题在黄海勇案件，乃至在涉中国的其他引渡案件中的重要地位。围绕死刑问题，我们需要注意以下几个方面的问题：

1. 积极推进死刑改革

近年来我国努力推进死刑改革，加快限制和废除死刑的步伐，通过《刑法修正案（八）》和《刑法修正案（九）》〔1〕先后废除了13种和9种罪名的死刑，但是我国现在还对包括贪污罪、受贿罪在内的46种犯罪保留死刑，对于贪污罪、受贿罪的死缓犯还配置了不得减刑、不得假释的终身监禁制度。当前我国正在全面开展反腐败境外追逃工作，腐败犯罪的死刑问题将是我们无法回避的问题。我们应当顺应世界范围内限制和废除死刑的国际趋势，结合我国国情，切实推进死刑改革进程，尽早废除非暴力犯罪特别是腐败犯罪和经济犯罪的死刑，并为最终废除死刑而努力。在当前我国还不具备完全废除死刑的条件下，如果在引渡、遣返等国际合作中遭遇死刑问题，应当根据案件情况，及时、果断作出并严格信守不判处死刑的承诺，避免死刑成为外逃者的免责盾牌，以尽早将外逃者缉捕归案，切实推动我国境外追逃工作的开展。

2. 直面死刑问题

黄海勇涉嫌的走私普通货物罪，在《刑法修正案（八）》通过之前的《刑法》第153条和第151条中是规定有死刑的，这是客观事实。但是在中国向秘鲁方面提交的引渡请求和随后的各种说明中，却迟迟没有明确提供该条文之规定和相应的译文。例如，在2008年11月黄海勇被逮捕之后，

〔1〕 全称为《中华人民共和国刑法修正案（九）》，以下简称为《刑法修正案（九）》。

中方在前三次向秘鲁方面提交的引渡材料或者说明中，[1]均没有提到《刑法》第151条之规定，直到2009年2月19日秘鲁司法部明确要求提供《刑法》第151条及译文之后，中方才于5天后的2月24日提交了该条的规定及译文。而反观黄海勇方面，在黄海勇被逮捕后的第二天就提出中国《刑法》对走私普通货物罪规定的死刑问题，在两周后举行的听证会上，黄海勇方面再次直接提出本案适用的条款是中国《刑法》第151条，并在2009年2月19日秘鲁最高法院的引渡听证会上提交了该条文及译文。中方对死刑问题的延缓与迟疑（没有及时提交该条的规定及译文），也被黄海勇首次提出人身保护请求的时候，污蔑为“出于恶意而隐瞒”。事实上，不论中方是否提供关于死刑的规定，以及何时提交，都不能掩盖该罪规定有死刑的事实。而且即使中方不明确提出，也会被对方直接提出。所以，既然死刑问题在我国境外追逃中无法回避，那么我们就应当直接面对，在向对方提交的材料中明确说明该罪可能被判处死刑的情况，而不应该忽略甚至有意回避此问题，因为我方的任何疏忽或者回避，都可能被外逃人员直接提出，并被对方国家或者国际人权机构理解为故意甚至恶意掩盖对于外逃人员判处死刑的可能性，从而影响我国司法形象，降低追逃成功的可能性。

3. 全面澄清死刑问题

境外追逃中的死刑问题不仅包括死刑立法问题，还包括实践中死刑的实际适用状况。秘鲁宪法法院2011年5月24日判决拒绝引渡黄海勇的理由之一，就是怀疑中国法律中的死刑还可能存在法外执行和任意处决，死刑的适用受到舆论影响较大。所以境外追逃中的死刑问题，并不仅限于某种犯罪是否规定有死刑，还在于中国死刑在实践中的适用状况问题，如死刑适用有没有法外执行，死刑的适用是否存在法外因素等。而这些问题，都和国际社会对于中国司法制度的不了解和误解颇有关系。近年来，国际社会中部分国家对于我国刑事法治建设不断进步、人权保障不断完善的现

[1] 这三次分别是：2008年11月3日中方首次向秘鲁方面提供请求引渡黄海勇的材料；2009年1月中方向秘鲁最高法院提交关于黄海勇犯罪事实的进一步解释；2009年2月2日中方公安部提交给秘鲁司法部的说明。

状视而不见，认为中国根本没有基本的刑事法治制度，犯罪嫌疑人一旦会被引渡（遣返）回国，很可能会遭受酷刑、死刑乃至法外执行等严刑峻罚。即使我们把相关法律和案例摆到他们面前，证明中国法治状况的进步与公正，他们还是会执拗地认为法律规定不足以说明问题，司法实践和立法规定存在较大差距，相关案件背后受多种非法律因素的控制与制约。〔1〕实际上，近年来我国刑事法治取得了突破性的进展，我国死刑的适用都是严格依照法律进行，没有任何法外执行。现实中，虽然公众舆论的确对于死刑适用有一定的影响，但也是在法律允许的限度之内。针对这种可能存在的误解乃至曲解，我们在向被请求国提出的引渡材料中，不仅要对于法律是否规定有死刑，是否依法可能判处死刑进行说明，还可以向对方提供证明中国死刑实践中的适用状况、死刑适用标准的说明，以尽量减少对方对于我国死刑制度的误解。当然，这在根本上还要靠我国刑事法治的进步和对于这些进步的适当宣传，以增强国际社会特别是被请求国对于中国的了解。〔2〕

三、加强自身刑事法治建设，完善国际刑事法治形象

在国际刑事司法合作中，引渡能否顺利进行的一个重要因素，就是被请求国是否认同和信任请求国的刑事司法制度。因此，能否增强国际社会对于我国刑事司法制度的了解与信心，将是我国能否顺利开展引渡合作的关键。在黄海勇案件中，黄海勇及其律师用来对抗引渡的主要理由，除了死刑之外，就是声称黄海勇回国之后很可能会面临酷刑以及非公正的待遇。在美洲人权法院的法庭上，赵秉志教授被询问的涉及中国刑事司法制度的问题有 13 个（占所有问题的五分之一），具体包括黄海勇被引渡回国之后的刑事诉讼程序，中国无罪判决的比例，中国刑事诉讼是否存在酷刑，中国刑事诉讼中律师的参与程度，引渡程序中特定性原则的适用等。孙昂参赞被询问的涉及中国引渡制度和被引渡人回国之后刑事诉

〔1〕 参见赵秉志：《我在加拿大赖昌星聆讯庭上作证》，载《凤凰周刊》2011 年第 23 期。
〔2〕 参见张磊：《反腐败零容忍与境外追逃》，法律出版社 2017 年版，第 187 页。

讼程序的问题有 23 个（占其所有问题的将近二分之一），具体包括中国外交承诺的作出与履行、中国引渡相关程序、中国和他国开展引渡合作的情况等。

美洲人权法院对于中国刑事诉讼程序问题的关注，直接关系到其对于中国刑事司法制度公正性的评价，即中国刑事司法制度是否符合美洲人权法院所认可的国际人权标准，黄海勇在被引渡回中国后能否获得公正的审判和人道的待遇，诉讼权利能否得到充分的保障。近年来，在中央的领导下，我国刑事法治建设取得了长足进展，“国家尊重和保障人权”被写入宪法，人权保障的刑事法治理念逐步得到确立，中国特色社会主义法律体系已经形成，国际社会对于中国刑事法治的了解与信任明显提升，这也是中国近年来境外追逃工作取得突出成绩的重要原因之一。但是客观来说，中国刑事法治建设还有一些需要改进的地方，所以，我们应当积极推进中央所确定的以审判为中心的诉讼制度改革，完善刑事法律制度，保证刑事审判的公开、公平、公正，充分保障犯罪嫌疑人、被告人的诉讼权利，进一步增强国际社会对于中国刑事法治的认同与信心，奠定我国在境外追逃中的自信与底气。

需要注意的是，当前国际社会对于中国刑事司法制度不信任的原因，还在于他们对中国刑事法治发展的状况不完全了解。在赵秉志教授等赴美洲人权法院作证之前，就得知该法庭因为不知道中国已经于 2011 年废除了走私普通货物罪的死刑而对中国能否遵守不判处黄海勇死刑的承诺信心不足。而在赵秉志教授在美洲人权法院作证接近尾声之时，美洲人权法院的庭长谢拉法官也明确表示：“您所讲的与我们原来所了解的有很大不同，我们将认真研究。”这都反映出美洲人权法院对于中国刑事法治状况的了解不够，进而也增加了他们对引渡中国犯罪嫌疑人的担心与疑虑。所以，我们在加快我国刑事司法改革、推进刑事法治建设的同时，还要积极加强同外部世界的交流与宣传，使国际社会能够及时而全面地了解我国的社会进步状况，特别是我国刑事法治建设的卓越成就，利用各种机会澄清国际社会对于我国法律和司法制度的误解与偏见，从而推动海外追逃工作的顺利开展。

四、妥善运用已有成功案例，推动境外追逃的顺利开展

在赵秉志教授、孙昂参赞等人于2014年4月接到将赴美洲人权法院作证的任务的时候，就获知此次作证的一个重要方面就是介绍赖昌星遣返案件的相关情况。这一方面是因为赵秉志教授曾经于2001年8月和10月两次应加拿大政府邀请作为事实证人（实质上是作为专家证人对待）赴加拿大出席了审理赖昌星案件的法庭聆讯并发表了证言，孙昂参赞当时作为中国外交部条约法律司的官员也直接接触了赖昌星案件的材料并参与了有关工作；另一方面是由于两案有极大的相似性，黄海勇案件是美洲人权法院审理的首个涉中国引渡案件，赖昌星遣返案件是该法庭审理黄海勇案件的重要参考。在准备作证的过程中，赵秉志教授在中纪委、外交部等中央部门的指导和帮助下，在北京师范大学刑事法律科学研究院几位年轻学者的协助下，[1]有针对性地回忆、整理了他所参与的赖昌星遣返案件的有关情况。在美洲人权法院审理黄海勇案件过程中，法庭各方询问赵秉志教授关于赖昌星案件的问题共有10个，询问孙昂参赞的关于赖昌星案件的问题也有10个，包括加拿大为什么同意遣返赖昌星、赖昌星的定罪量刑、赖昌星案件中的外交承诺、黄海勇案件与赖昌星案件的相似性等。后续的实践证明，我国在赖昌星案件中及时作出并严格遵守不判处死刑的外交承诺，依法对赖昌星进行公正审判，充分保障赖昌星的诉讼权利，允许加方在赖昌星服刑后前去探视等事实，都向美洲人权法院表明，中国具有较为完善的刑事司法制度，中国政府信守承诺、言出必行，对于美洲人权法院作出引渡黄海勇的裁决具有积极的促进作用。

所以，在国际引渡、遣返合作中，我们要妥善运用以往的成功案例，积极宣传外逃人员回国以后所受到的公正待遇、宽大处理，向国际社会和外逃人员表明，中国具有公正的司法制度，完善的诉讼程序，完全能够保证外逃人员的合法权益和诉讼权利，从而一方面增强他国对于中国刑事法

---

〔1〕 2014年4月接到出庭作证的任务以后，因为时间紧、作证又涉及多个方面，为了保证圆满完成作证任务，赵秉志教授约请他所在的北京师范大学刑事法律科学研究院的三位青年教师（张磊教授、袁彬教授和何挺教授）和他一起组成作证工作小组，协助他进行前期资料准备工作。

治的信心，积极与中国开展引渡合作；另一方面促进外逃人员思想的转变，提高其自觉接受引渡乃至回国自首的可能性。

五、遵守国际法律规则，提供符合对方要求的证据材料

在法庭上，美洲人权委员会的律师曾经向赵秉志教授询问关于中国向秘鲁提出引渡申请中为什么没有附上证实黄海勇构成犯罪的证据和中国相关法律条文的西班牙文文本的问题。这两个问题，赵秉志教授由于不了解我国向秘鲁提出引渡请求的具体内容，而都如实作了“不了解”的回答。虽然就该问题对方律师并没有纠缠下去，该问题对于整个案件也没有发生实质性影响，但是也反映出引渡合作中被请求方对于引渡提交证据和材料的重视。事实上引渡合作当中，被请求国或者引渡双边条约中都规定了提出引渡请求所需的文件（如《中秘引渡条约》〔1〕中就有相关规定）。但是，由于基层办案机关对国际法律与制度的不熟悉，对于引渡工作的具体标准欠缺经验，在准备、翻译证据和材料方面不熟练，以及嫌疑人出逃后不能及时有效取证等因素，我国往往难以提供符合对方要求的证据材料，一个突出的表现就是引渡请求中关于犯罪事实的描述过于简单，请求材料不包含必要的线索和信息，这样的请求很容易被搁置乃至拒绝。对此来自国际刑事司法合作一线的实务工作人员有过明确论述：在我国引渡请求实践中，因请求书的制作质量和译文质量不高，以及向被请求国提供的相关证据材料不符合被请求引渡国的证据标准，而影响引渡的顺利开展的情况客观存在。主要原因包括：各国法律制度和司法制度差异较大，各国对于引渡请求所附加的证据材料、证据标准有不同要求，没有统一、专业的翻译机构等。〔2〕也有实务工作者称，在相关技术细节上，由于很多案件来自基层，他们对国际司法协作和不同国家的具体标准欠缺经验，在准备、翻

〔1〕《中秘引渡条约》第7条规定：“一、引渡请求应当以书面形式提出，并且包括或者附有：……（三）有关案情的说明，包括犯罪行为及其后果的概述；（四）有关该项犯罪的刑事管辖权、定罪和刑罚的法律规定……”

〔2〕郭明聪：《关于刑事司法协助几个问题的探讨》，载“‘10.7’专案引渡工作研讨会”会议资料。

译所需证据和材料方面不太熟练。另外，有些嫌疑人出逃后，办案单位难以短时间内有效取证。这都严重影响了境外追逃的效率。例如，2005 年 5 月意大利佛罗伦萨上诉法院裁决拒绝引渡中国公民高明亮的一个理由，就是中方提供的支持引渡请求的证据过于薄弱，不符合基本的证据规则。[1] 2015 年 7 月，加拿大温尼伯法院判定程慕阳司法复核成功，将程慕阳的难民申请发回难民署重新考虑和决定的主要原因，也是中方向加方提供的相关证据不全面或者这些证据过于模糊。[2]

客观来说，遵守国际法律制度，提供符合对方要求的证据材料，是刑事司法协助中的技术性问题，只要给予足够重视和充分准备，应该能够克服。所以，我们一定要认真研究引渡被请求国的国际刑事司法合作法律规范和制度，提前做好充分准备，一旦需要，一次性及时提出符合要求的引渡请求和包括翻译文本在内的所有证据材料，减少对方因为证据材料问题搁置乃至拒绝我国引渡请求的可能性，从而降低境外追逃追赃中的技术性障碍。

六、全面提交案件材料，根据要求果断作出外交承诺

美洲人权法院判决书显示，从黄海勇被羁押，到宪法法院作出判决，中方共计提出了八次外交照会，这些外交照会中，除了引渡请求之外，还涉及黄海勇与他人共同犯罪的事实，同案犯的判刑情况和所适用的法律及判处的刑罚等。但是，其中有数次所提交信息都是在对方要求或者提醒之下才提交的。比如，前述的提交中国《刑法》第 151 条法条及其译文的问题和中国《刑法》第 12 条的溯及力说明问题，都是在对方提醒之后提交的。这种在对方提醒甚至是数次提醒下提交材料的情境，往往使得中国在引渡程序中处于被动（起码从美洲人权法院判决书的行文上来看是如此）。所以，我们在以后境外追逃向对方提交材料的过程中，可以考虑将有关材

〔1〕 参见黄风主编：《中国境外追逃追赃：经验与反思》，中国政法大学出版社 2016 年版，第 133 页。

〔2〕 参见陈雷：《如何破解程慕阳案国际执法合作困局》，载《法制日报》2015 年 7 月 21 日，第 10 版。

料进行打包一次性予以提交，防止在材料的提交上被对方一再提醒补充，甚至被外逃人员提前提交材料而占了先机而处于被动。具体来说，应当提交的要求引渡的材料可以包括三个部分：

第一，双方法律规定的案件材料、翻译文本和相关案件事实。应当根据双边引渡条约规定以及被请求国引渡法律之规定提交引渡材料，[1]一般包括被请求引渡人的基本情况、相关案情说明、相关法律条文、诉讼文书、证据材料以及相应的翻译文本，特别是相关规定有死刑的法律条文，一定要如实提交。同时要注意根据对方要求提供相应的翻译文本（如秘鲁是西班牙语，就应当提交西班牙文本，需要的话还可以附上英文文本）。相关案件事实包括行为人共同犯罪事实，共同犯罪人在中国的诉讼程序，以及判刑情况，向对方说明，在中国根据同案犯的情况不会被判处死刑，诉讼权利会得到充分的保障。当然，引渡程序和刑事司法合作的情况是多变的，也不可能一次提交所有的材料，更不可能一次提交的所有材料均符合对方的标准，但是我们应当尽早全面做好准备，即使遇到不符合对方要求或者缺少相应材料的情况，也应当快速反应，在第一时间补充相关材料，从而在国际合作中处于主动，彰显中方对于该案的重视程度，提高国际司法合作的效率。

第二，外交承诺。从黄海勇案我国向秘鲁方面陆续作出的三个包含有外交担保的外交照会（分别为2009年12月，2011年2月22日，2014年8月19日）可以看出，在开展引渡合作的过程中，被请求国所关注的关键问题除了犯罪嫌疑人是否会被判处死刑之外，还包括犯罪嫌疑人是否会遭

---

〔1〕 如《中秘引渡条约》第7条就规定："一、引渡请求应当以书面形式提出，并且包括或者附有：(一) 请求机关的名称；(二) 被请求引渡人的姓名、年龄、性别、国籍、身份证件、职业、住所地或者居所地等有助于确定被请求引渡人的身份和可能所在地点的资料；如有可能，有关其外表的描述、该人的照片和指纹；(三) 有关案情的说明，包括犯罪行为及其后果的概述；(四) 有关该项犯罪的刑事管辖权、定罪和刑罚的法律规定；(五) 有关追诉时效或者执行判决期限的法律规定。二、除本条第一款规定外，(一) 旨在对被请求引渡人进行审判的引渡请求还应当附有请求方主管机关签发的逮捕证的副本；(二) 旨在对被请求引渡人执行刑罚的引渡请求还应当附有已经发生法律效力的法院判决书的副本和关于已经执行刑期的说明。三、经适当签署和（或者）盖章的引渡请求及所需文件应当附有被请求方文字的译文。四、根据本条第三款提交的文件免于任何形式的领事认证。"

受酷刑等残忍和非人道的待遇，诉讼权利能否得到充分保障，请求国能否保证被请求国对于案件进展的知情权和监督权等问题。这说明，引渡合作中的外交担保不仅包括不判处死刑或者不执行死刑的承诺，而且包括承诺不会遭受酷刑等非人道的待遇，承诺保障外逃人员享有充分的诉讼权利，承诺外逃人员在执行刑罚的时候享有医疗服务，承诺在案件审判的时候邀请对方参加庭审，对于案件执行情况进行监督，等等。虽然外交担保一般是基于对方的要求作出承诺或者担保，〔1〕而不宜在对方未提出请求的情况下主动承诺，甚至一次性打包承诺。但是我们同样要尽早准备，与国内有关部门提前做好沟通工作，力争做到“提前充分准备，按需及时承诺”，一旦对方要求，各部门快速行动，精诚合作，尽早作出恰当的承诺和担保，以推动引渡程序的顺利开展。

第三，刑法修正案的溯及力问题。秘鲁宪法法院在2011年5月的判决中，拒绝中国引渡请求的一个理由是“没有提到中国《宪法》是否承认刑法对于被告人有利的溯及力问题”。由于《刑法修正案（八）》生效于2011年5月，而黄海勇的相关犯罪主要实施于1996年至1998年间，确实存在中国《刑法修正案（八）》是否适用于本案的问题。客观来说，根据中国《刑法》第12条，中国刑法在溯及力问题上采取的是从旧兼从轻原则，所以《刑法修正案（八）》当然可以适用于黄海勇案件，即不判处死刑。这虽然在我国刑事法领域是一个常识性问题，但是对于并不熟悉中国刑法规定的美洲国家来说，却是陌生的。如果中国刑法不坚持从旧兼从轻原则，即使《刑法修正案（八）》废除死刑，对于黄海勇依然可以适用死刑。所以，虽然中国已经于2009年12月向秘鲁作出了不判处黄海勇死刑的承诺，也已经于2011年4月就将《刑法修正案（八）》对于走私普通货物罪死刑的废止情况通知了秘鲁方面，但如果没有提到该修正案的溯及力问题，那么秘鲁宪法法院对于中国是否判处黄海勇死刑的问题存在疑惑

〔1〕 比如，秘鲁最高法院在2010年1月作出第二次咨询判决的时候，就提出黄海勇的引渡条件之一是“在对黄海勇作出判决的时候，将判决的内容通知秘鲁政府”，此后的2月22日中方通过外交照会向秘鲁司法部承诺邀请秘鲁政府派遣观察员参加对于黄海勇的审判，并对判决执行情况进行监督。

也在情理之中。所以，我方在秘鲁宪法法院作出判决之后的2011年12月，即通过外交照会的形式向秘鲁方面进一步解释了中国《刑法》第12条关于溯及力的规定。总之，在以后的境外追逃的司法协助中，在向对方提交关于相关犯罪死刑废除材料的时候，不仅要提交相关刑法修正案的材料，还要注意提交关于修正案的溯及力问题的材料，以便对于已经废除了死刑的修正案的溯及力问题进行明确说明。

七、保持客观公正，如实向国际社会证明中国刑事法治的进步

如前所述，美洲人权法院审理本案的一个突出特点是专家证人出庭作证，特别是中方的专家证人，在法庭上的表现在判决书中得到了专门赞许，为法庭最终作出有利于我方的判决发挥了重要作用。我们也可以预见，在以后的境外追逃案件中，会有更多的外逃犯罪嫌疑人在穷尽所在国司法程序之后，为了拖延诉讼程序，很有可能将案件提交给区域性人权机构进行审理，也会有更多的专家证人走向国际法庭，捍卫我国的司法尊严和法治声誉。所以，从本案专家证人出庭作证的实践中汲取有益经验，对于以后我国专家证人到国际人权机构出庭作证具有重要意义。具体来说，总结本案专家证人作证，有以下两点值得注意：（1）所选取的专家证人一定要具有丰富的相关司法经验和阅历。根据《美洲人权法院程序和证据规则》之规定，“专家证人（expert witness）”是指拥有特定的科学、艺术、技术或实践知识或经验，可以依其特定领域的知识或经验向法院就争议问题提供信息的人。在美洲人权法院的法庭上，秘鲁政府反驳黄海勇方专家证人证言的一个主要理由，就是对方专家不具有与其作证相关的专业背景和实践经验。所以，所选取的专家证人一定要具备与作证相符合的良好的专业背景、充分的知识储备和丰富的实践经验，从而在资质上提高其证言的可信性。（2）充分做好各种准备。在秘鲁政府对于对方证人的质疑当中，还包括了对于对方所提交报告所使用的案例、其分析方法，以及没有回答秘鲁政府所提出的所有问题等。也就是说，在法庭上，专家证人可能遇到对方对自己的各种质疑。所以，专家证人在作证时，应当有充分的准备，不论对方问题如何刁钻，都要不卑不亢，予以适当的回答。

八、做好充分准备，妥善应对引渡中的程序性意外

美洲人权法院判决书显示，在本案诉讼程序中至少出现过两次由于缺少案件材料而影响程序进行甚至判决结果的情况：第一次是2009年12月21日，秘鲁最高法院常设刑事法庭在引渡听证会上，要求在案件卷宗中增加中国《刑法》第151条的译文。[1]但如前所述，中国早在2009年2月24日，就通过驻秘鲁使馆向利马第56刑事法庭递交了包括中国《刑法》第151条在内的相关刑法条文的译文。[2]第二次是2011年6月9日，秘鲁宪法法院针对该法院2011年5月24日的判决所做出的解释，指出基于在本案卷宗中没有中方向秘鲁作出的不判处死刑的外交承诺的相关材料，认为不能证明中国已经作出了不判处黄海勇死刑的担保。[3]同样如前所述，中国早在2009年12月11日，即向秘鲁最高法院刑事法庭提交了中方的量刑承诺。关于在这两种情况下，为什么案件卷宗中没有中方之前已经提交的材料和文件，美洲人权法院判决书中并没有说明，也没有相关资料佐证，所以笔者也无从得知。[4]但至少说明，在引渡程序中，不论是基于何种原因，任何技术性甚至程序性问题都可能影响案件的程序进程甚至最终判决。所以，在不了解甚至不充分熟悉对方司法体系和诉讼程序的前提下，我们对于境外诉讼的困难和复杂应当有足够的心理预期，在可能的情况下，应及时了解并提醒对方司法机关将案件材料向相关机关予以转交。同时，每次提交案件材料之时，都准备多份材料作为备用，以便在由于对方司法机关之间交流不畅而导致案件卷宗中缺少相关材料的时候，予以及时补充，从而保证诉讼程序不间断并能够高效进行。

---

〔1〕 the Chamber ordered that the translation of article 151 of the Criminal Code of the People's Republic of China should be requested and added to the case file，参见美洲人权法院判决书第77段。

〔2〕 美洲人权法院判决书第69段。

〔3〕 美洲人权法院判决书第84段。

〔4〕 笔者只能推断为，在第一种情况下，中方提交译文的对象是利马第56刑事法庭，而不是秘鲁最高法院刑事庭，所以该庭的案件卷宗当中并没有该译文。在第二种情况下，中方之前的外交担保是提交给了秘鲁最高法院，而不是秘鲁宪法法院，所以秘鲁宪法法院的案件卷宗当中没有该外交担保。

九、积极同西方国家缔结双边条约，为境外追逃追赃提供法律依据

双边条约和协定是我国开展国际刑事司法协助的重要依据。中国和秘鲁之所以能够顺利引渡黄海勇，《中秘引渡条约》是一个重要的法律基础。但是与我国外逃犯罪分子的主要目的国加拿大、美国等西方发达国家都没有签订专门的引渡条约。中国、加拿大、美国虽然都是《联合国反腐败公约》的缔约国，根据加拿大 1999 年《引渡法》，国际公约也可以成为开展引渡合作的依据，但是中加之间尚没有通过国际公约开展引渡合作的先例。美国则拒绝利用国际公约作为开展引渡合作的依据。所以，依据国际公约开展引渡合作还存在一定障碍。在此背景下，积极发展同发达国家的合作关系，争取缔结双边条约，将是推动我国国际刑事司法协助的重要渠道。

令人振奋的是，此后中国和加拿大之间在双边条约和协定的缔结方面有了突破性进展。2016 年 9 月 22 日，在李克强总理访问加拿大期间，中加两国外长正式签署了《中华人民共和国政府和加拿大政府关于分享和返还被追缴资产的协定》（以下简称《协定》），这是我国就追缴转移到境外的犯罪所得同他国缔结的第一项专门协定，是我国深化司法领域国际合作的重要举措，〔1〕也是中加双方刑事司法执法合作的一个重要里程碑。事实上，关于赃款赃物的查找、冻结、没收和移交问题，1994 年中加之间签订的《中华人民共和国和加拿大关于刑事司法协助的条约》第 17 条即进行了规定，〔2〕但这些规定过于原则，实践中的可操作性不强。而此次《协

---

〔1〕参见徐宏：《中加签署合作协定，跨境追赃新添利器》，载 http://pic.beelink.cn/html/201609/content_305405.htm，最后访问日期：2019 年 11 月 8 日。

〔2〕《中华人民共和国和加拿大关于刑事司法协助的条约》第 17 条“赃款赃物”规定：“一、一方可以根据请求，尽力确定因发生在另一方境内的犯罪而产生的赃款赃物是否在其境内，并将调查结果通知该另一方。为此，请求方应向被请求方提供据以确认赃款赃物在被请求方境内的情况和资料。二、被请求方一旦发现前款所述赃款赃物，则应采取其法律所允许的措施对赃款赃物予以冻结、扣押或没收。三、在法律允许的范围内，被请求方可以根据请求方的请求将上述赃款赃物移交给请求方。但此项移交不得侵害与这些财物有关的第三者的权利。四、如果上述赃款赃物对被请求方境内其他未决刑事案件的审理是必不可少的，被请求方得暂缓移交。五、双方应在各自法律允许的范围内，在向被害人进行补偿的有关诉讼中相互协助。”

定》则对于中加双方返还和分享被追缴的犯罪资产提供了更为详细、具体和具有操作性的依据。《协定》的内容主要包括分享和返还两个方面，规定对于被转移到他国的犯罪所得是应当返还还是分享，要根据该犯罪所得是否能够认定合法所有人分别予以认定：如果一方（资产流入国）的法院认定犯罪所得属于另一方（资产流出国）或其境内的企业、个人合法所有，犯罪所得将依法返还给另一方。如果无法认定犯罪所得的合法所有人，一方没收后可依法与另一方分享没收资产，分享比例根据另一方提供的协助大小确定。除了对于分享和返还的对象进行明确规定外，《协定》还详细规定了资产分享和返还的具体程序和途径。〔1〕这些规定为两国在返还和分享犯罪所得方面提供了具有操作性的法律依据，对于提高资产流入国配合资产流出国开展追赃国际合作的积极性具有重要意义。

除了追赃国际合作之外，中加之间在追逃国际合作方面也取得了重要进展。据媒体报道，加拿大总理办公室网站上的一份联合公报显示，加拿大已经同意与中国进行协商，签署一份双边引渡条约。而长久以来，加拿大一直对此类条约持抵制态度。〔2〕随着近年来中加双方人员流动更加频繁，交往更为密切，双方开展引渡合作的愿望更加迫切。在此背景之下，中加双方在引渡谈判上有了重大转机，对于中加国际刑事司法合作的开展来说，无疑是一个重大利好消息。据媒体称，在接下来的几个月里，双方将就引渡条约进行深入的讨论，当前两国不存在重大的政治和法律障碍，并且已经建立了良好的合作基础。〔3〕

《协定》的签订，是中加国际刑事司法合作的一个重要进展，完全符合两国的共同愿望和共同利益。我们期待，以该《协定》的签订为契机，中加能够在《引渡条约》《移管被判刑人条约》等双边条约的签订上尽快取得实质性进展，并以中加合作为范本，推动我国与其他外逃人员主要目

〔1〕 参见汪闽燕：《中加签订关于分享和返还被追缴资产的协定》，载《法制日报》2016 年 9 月 23 日。

〔2〕 参见《美媒：加拿大同意与中国协商引渡条约　转变抵制态度》，载 http://www.cankaoxiaoxi.com/china/20160922/1312576.shtml，最后访问日期：2022 年 4 月 8 日。

〔3〕 参见《美媒：加拿大同意与中国协商引渡条约　转变抵制态度》，载 http://www.cankaoxiaoxi.com/china/20160922/1312576.shtml，最后访问日期：2022 年 4 月 8 日。

的国（如美国、澳大利亚、新西兰等西方发达国家）在类似协定、条约的谈判和签订上取得突破，从而进一步完善我国司法执法对外合作体制，推动我国境外追逃追赃的全面开展。

十、加强对于国际人权法庭规则的了解，做好充足的应诉准备

黄海勇引渡案被称为中国最复杂的引渡案件，该案不仅历经了秘鲁最高法院和宪法法院等国内司法系统，而且还被黄海勇及其律师申诉至美洲人权委员会，并最终提交至美洲人权法院进行审理。美洲人权委员会和美洲人权法院是根据《美洲人权公约》建立的泛美人权体系的两个主要的人权机构，分别有自己的人权保护机制和程序规则，两个机构特别是美洲人权法院的裁决，将对于引渡黄海勇具有决定性意义。因此，对于这两个国际组织的机构设置、程序规则的了解，对我们成功引渡黄海勇具有重要意义。

我国的专家证人之所以能够在美洲人权法院的巡回法庭上，面对各方的问题沉着冷静，妥善回答，就因为他们在接到作证任务以后，就在外交部等部门的指导、帮助下，查阅了大量的关于美洲人权委员会、美洲人权法院、秘鲁司法体系的相关资料，提前进行熟悉了解，为法庭作证的顺利进行奠定了基础。近年来，越来越多的外逃人员将人权问题作为对抗引渡和遣返的理由，除了向在逃国家的司法系统提起诉讼以外，还将案件提交到区域性人权机构，如美洲人权法院、欧洲人权法院等。我们应当全面了解区域性人权机构的性质、运作和程序规则，做好充分的应诉准备，才能在未来境外追逃中，知己知彼，百战不殆。

黄海勇引渡案的成功，归根到底是我国国内刑事法治发展和人权保障进步的结果。我国每一个引渡案件的开展，都是对我国法治发展程度和人权保障进程的综合检验，也将对我国今后引渡合作的开展产生示范性影响。黄海勇引渡案是美洲人权法院成立以来首次就引渡逃犯案件作出判决，是秘鲁首次同非欧洲国家开展引渡，是我国首次在国际人权法院出庭并首战告捷，也是我国首次从拉美国家成功引渡犯罪嫌疑人，将会对我国今后在拉美国家的追逃工作产生直接影响，并可能在一定程度上影响我国

在欧洲方向的追逃工作，具有重要的标志性意义。经过中纪委、外交部、海关总署等多个部门8年来乃至更长时间持续不懈的共同努力，黄海勇终于被成功引渡回国。但是黄海勇案件并没有结束，在后续对黄海勇的刑事诉讼程序中，我们一定要严格遵循法治程序，充分保障黄海勇的各项诉讼权利，兑现之前我国作出的外交承诺，用铁的事实向秘鲁政府、美洲人权法院乃至整个国际社会表明，中国政府值得信赖，中国法治值得信赖，中国刑事司法制度能够充分保障犯罪嫌疑人的权益，从而提升中国的国际刑事法治形象，增强国际社会对于中国刑事法治的信心，实现我国国际刑事司法合作工作的良性循环。相信黄海勇案件必将成为今后他国与我国开展引渡合作所“遵循的先例”，在我国乃至全球国际刑事司法合作实践中留下光辉的一页。

（本章由北京师范大学刑事法律科学研究院赵秉志教授和本人合著）

第三章
CHAPTER 03

境外追逃典型案例分析之“百名红通人员”归案

2015年4月，国际刑警组织中国国家中心局集中公布了针对100名涉嫌犯罪的外逃人员的红色通缉令。从此，追逃“百名红通人员”成为我国境外追逃的亮点，引起社会各界的广泛关注。红色通缉令是由国际刑警组织发布的国际通报，其通缉对象是有关国家法律部门已发出逮捕令、要求成员国引渡的在逃犯。红色通缉令因通报左上角的国际刑警徽为红色而得名，[1]属最高级别的紧急快速通缉令。[2]从2015年4月至截稿（2023年1月15日），“百名红通人员”共有61人归案（其中2015年归案18人，2016年归案19人，2017年归案14人，2018年归案5人，2019年归案4人，2022年归案1人），[3]成绩斐然。本书拟对“百名红通人员”归案情况进行分析，从中总结经验教训，提出若干建议，以期尽快追回其他在逃红通人员，推动我国境外追逃的全面开展。

第一节 国际刑警组织公布“百名红通人员”的内容

对于此次公布“百名红通人员”，中央纪委国家监委反腐败追逃追赃专题网站（以下简称“中纪委网站”）进行了报道：“按照‘天网’行动

〔1〕其余六种分别为蓝色、绿色、黄色、黑色、橙色和紫色。

〔2〕参见桂田田、赵萌：《“海外追赃第一案”当事人李华波被遣返回国》，载《北京青年报》2015年，第A05版。

〔3〕参见《中央追逃办：“百名红通人员”孙锋被遣返回国》，载https://news.cctv.com/2022/05/20/ARTIqtoxTuHJKuQPJtmstNzM220520.shtml，最后访问日期：2023年1月16日。

统一部署，国际刑警组织中国国家中心局近日集中公布了针对100名涉嫌犯罪的外逃国家工作人员、重要腐败案件涉案人等人员的红色通缉令，加大全球追缉力度。……这次集中公布的100人包括外逃国家工作人员和重要腐败案件涉案人，都是涉嫌犯罪、证据确凿的外逃人员，已经由国际刑警组织发布红色通缉令，正在全球范围追捕。……这次公布的只是其中一部分，今后对于涉嫌犯罪的外逃人员，依然要发现一起、通缉一起。"〔1〕所公布的主要信息有100名外逃人员的姓名、性别、原工作单位及职务、外逃所持证照信息、外逃时可能逃往国家和地区、立案单位、涉嫌罪名、发布红色通缉令时间、红色通缉令号码等十类信息。具体来说，此次公布的"百名红通人员"有以下特点需要注意：

第一，公布的背景。公布百名外逃人员的红色通缉令，是在"天网"行动的统一部署下进行的。"天网"行动是中央反腐败协调小组部署开展的针对外逃腐败分子的重要行动，从2015年4月开始，"综合运用警务、检务、外交、金融等手段，集中时间、集中力量抓捕一批腐败分子，清理一批违规证照，打击一批地下钱庄，追缴一批涉案资产，劝返一批外逃人员"〔2〕。从"天网"行动启动的时间可以看出，公布百份红色通缉令，是"天网"行动启动后的一个重要举措。

第二，公布的对象。此次公布的对象，是国际刑警组织已经发布的100份红色通缉令。也就是说，此次集中公布的"百名红通人员"全部都已经由国际刑警组织发布了红色通缉令，正在全球范围内追捕。其中最早发布红色通缉令的是梁锦文（1997年12月1日），总之，此次集中公布，只是向全社会公开这100份已经发布的红色通缉令的信息，向全球曝光，而并非刚刚针对这些外逃人员发布通缉令。

第三，公布的目的。关于公布这100份红色通缉令的目的，中纪委网站发布的消息只强调是"加大全球通缉力度"，并没有作进一步的说明。但是，

〔1〕《"天网"行动重拳出击全球通缉百名外逃人员》，http://fanfu.people.com.cn/n/2015/0423/c64371-26890391.html，最后访问日期：2022年4月15日。

〔2〕《国际追逃追赃启动"天网"行动》，载http://politics.people.com.cn/n/2015/0326/c70731-26756070.html，最后访问日期：2022年4月12日。

时任中央纪委国际合作局局长傅奎在接受记者采访时表示，此时公布100份红色通缉令，一是为了表明我们对于外逃腐败分子一追到底的决心，无论腐败分子跑到哪里，都将被缉拿归案；二是为了形成全球追逃的氛围。[1]

第四，公布人员的身份。关于所公布红色通缉令人员的身份，中纪委网站所使用的措辞是“包括外逃国家工作人员和重要腐败案件涉案人，都是涉嫌犯罪、证据确凿的外逃人员”[2]。这些人员中有男性77人，女性23人，其中近90%是职务犯罪人员，10%是重要腐败犯罪涉案人员，在党政机关和企事业单位担任“一把手”的48人，其余各类人员还包括支队民警、公司会计、办公室出纳和银行信贷员等。[3]也就是说，这100名人员的身份要么是国家工作人员，要么是重要腐败犯罪涉案人，“百名红通人员”主要是针对腐败犯罪分子的追逃。与此同时，这些外逃人员所涉嫌的犯罪都已经证据确凿，这说明对于这些人员的国内侦查工作已经比较充分。

第五，此次公布是首次集中公布，以后还会继续公布。对此，中纪委网站发布的消息称“这次公布的只是其中一部分，今后对于涉嫌犯罪的外逃人员，依然要发现一起、通缉一起”。这说明此次公布只是首次集中公布，以后在恰当的时机还要继续“公布”其他通缉令，表达我方将坚定追逃的坚强决心，压缩外逃人员的生存空间。

第二节　从已经归案的“百名红通人员”看我国境外追逃的特点

到截稿为止（2023年1月15日），“百名红通人员”已经有61名归案。分析已经归案的红通人员的情况，我们可以看出“百名红通人员”追逃具有以下特点：

---

〔1〕参见《我国发布红色通缉令缉拿百名外逃人员（表）》，载http://world.people.com.cn/n/2015/0423/c1002-26892788.html，最后访问日期：2022年4月15日。

〔2〕《我国发布红色通缉令缉拿百名外逃人员（表）》，载http://world.people.com.cn/n/2015/0423/c1002-26892788.html，最后访问日期：2022年4月15日。

〔3〕参见《一图读懂：红色通缉令上的100名外逃人员名单》，载http://fanfu.people.com.cn/n/2015/0423/c64371-26890400.html，最后访问日期：2022年4月15日。

一、"百名红通人员"追逃难度远远大于其他外逃人员

境外追逃是在经济全球化，大量犯罪嫌疑人携款外逃的背景下，为了将犯罪嫌疑人缉拿归案所采取的追诉措施。任何犯罪，只要犯罪嫌疑人逃往境外，都可能涉及境外追逃问题。所以，境外追逃本身与腐败犯罪并没有必然联系，境外追逃也不可能严格限制适用哪一种类的犯罪嫌疑人。现有的追逃措施，都可以适用于各类犯罪嫌疑人。但是由于腐败犯罪嫌疑人所具有的国家工作人员身份，反腐败境外追逃在难度上就远远大于其他犯罪嫌疑人的境外追逃，这在"百名红通人员"〔1〕追逃上表现尤为明显：

第一，出逃准备更为周密。在潜逃境外之前，腐败犯罪嫌疑人多进行了较长时间的准备和较为周密的计划，出逃前已经向境外转移了大量非法资产。如"百名红通人员"二号嫌犯李华波，在出逃前的一年左右，就开始准备移民新加坡，并和妻子在新加坡大华银行开立数个银行账户，通过洗钱手段，将其利用担任江西省鄱阳县财政局经济建设股原股长的职务便利所骗取鄱阳县财政局基建专项资金人民币 9400 万元中的 2700 万元转移到妻子在新加坡大华银行的个人账户，同时还将其中的赃款 249 万元转移到新加坡用于办理移民手续和购买房产。〔2〕而其他犯罪嫌疑人多是在案发后仓皇出逃，没有太多时间筹划和准备。

第二，出逃前获取能够长期滞留境外的旅行证件。〔3〕腐败犯罪嫌疑人在出逃前多利用职权或者非法手段办理了旅行证件，办理移民手续，甚至已经取得了移民身份，从而可以"合法"长久滞留境外。如在高山劝返案中，中国银行哈尔滨河松街支行原行长高山在伙同他人骗取客户巨额存款后，于 2004 年 12 月 30 日出逃加拿大。在潜逃之前，高山就为全家移民加拿大做准备。他先安排妻子到爱尔兰留学，然后以妻子为主要申请人向加

〔1〕 以下针对腐败犯罪境外追逃的特点的分析并非都是针对"百名红通人员"，但是这些特点也适用于"百名红通人员"。

〔2〕 关于李华波案的详细情况，请参见黄风主编：《中国境外追逃追赃：经验与反思》，中国政法大学出版社 2016 年版，第 151~172 页。

〔3〕 参见黄风：《建立境外追逃追赃长效机制的几个法律问题》，载《法学》2015 年第 3 期。

拿大当局申请技术移民，随后一家三口获得加拿大永久居住权，这为我国追回高山造成了巨大障碍。[1]其他人员由于出逃之前没有及时准备，多持有短期旅行签证逃往境外，在签证过期以后，即为非法移民，可以根据情况直接针对其启动非法移民遣返程序。

第三，多逃往发达国家。腐败犯罪嫌疑人出逃地点往往选择美国、加拿大、澳大利亚、新西兰、新加坡、欧洲等发达国家。这些国家经济条件优越，法治较为发达，对于入境人员的保护规定了较为繁琐的法律程序和制度。如梳理“百名红通人员”所可能逃往的国家（地区）可以发现，除了 13 个人[2]以外，其余 87 个人均逃往美国、加拿大、澳大利亚、新西兰、英国、新加坡等发达国家。其中逃往美国的最多，为 40 人，逃往加拿大的次之，为 26 人。[3]

第四，更容易以政治避难来抗拒追逃。由于自身具有国家工作人员身份，并且所涉嫌的犯罪与腐败、职务相关，所以腐败犯罪嫌疑人在发达国家抗拒遣返、引渡中，更倾向于在所在地国提出政治避难请求，将我国追诉其罪责的行为诬蔑为遭受政治迫害。“百名红通人员”所涉嫌的犯罪主要是职务犯罪，其或者为重要腐败犯罪涉案人员，其中涉嫌贪污和受贿的比例超过总人数的 60%。其他人员涉嫌的犯罪包括挪用公款、合同诈骗、职务侵占、虚开增值税专用发票、诈骗、滥用职权、骗取贷款、徇私舞弊和非法吸收公共存款等，[4]犯罪的实施也多和行为人的职务有关。因此，这些人员就更容易以政治迫害为由抗拒追逃。如“百名红通人员”头号嫌犯杨秀珠，在美国就以遭受到政治迫害为由申请政治庇护，抗拒遣返。而其他犯罪嫌疑人，由于多涉及普通刑事犯罪，提出政治庇护的可能较小。

---

〔1〕 关于高山劝返案的详细情况，请参见张磊：《从高山案看我国境外追逃的法律问题——兼与赖昌星案比较》，载《吉林大学社会科学学报》2014 年第 1 期。

〔2〕 分别是孙新、付耀波、张清曌、吴权深、裴健强、孔广生、赵汝恒、任标、周静华、顾震芳、周骥阳、钱增德和蒋洪洲。

〔3〕 参见《一图读懂：红色通缉令上的 100 名外逃人员名单》，载 http://fanfu.people.com.cn/n/2015/0423/c64371-26890400.html，最后访问日期：2022 年 4 月 15 日。

〔4〕 参见桂田田、张伟：《国际刑警组织中国国家中心局首次公布百份红色通缉令 其中涉贪和涉受贿超六成》，载《北京青年报》2015 年，第 A06 版。

第五，多拥有丰厚资金，并请律师提供法律服务。腐败犯罪嫌疑人由于出逃之前进行了较为充分的准备，向境外转移了大量资金作为支持，而且具有较高的法治意识，所以在遭遇追逃的时候，多会聘请律师为自己提供法律服务，穷尽当地的救济程序，以延缓引渡或者遣返时间。如厦门特大走私案主犯赖昌星在逃往加拿大之后，就聘请据称是加拿大最为厉害的人权律师（David Matas）作为自己的代理律师，利用各种手段拖延遣返时间，在境外滞留 12 年。〔1〕

总之，相对于其他犯罪嫌疑人来说，腐败犯罪嫌疑人特别是“百名红通人员”的追逃，将遭遇更为复杂的环境，面临更多的挑战，任务更为艰巨，对于腐败犯罪嫌疑人的追逃，一般来说要比其他犯罪嫌疑人的境外追逃更为艰难。“百名红通人员”中每一个都是我国境外追逃当中的“硬骨头”，每追回一人，都需要耗费我国同他国长时间艰苦的合作与努力，在六年多的时间里追回 61 人，更为难能可贵。

二、为我国境外追逃创设若干标志性案例

从表面上来看，境外追逃发生于我国和被请求国之间，但是相关案例却会受到整个国际社会的关注，也将成为我国以后与其他国家开展国际合作的重要参考和借鉴。〔2〕例如在黄海勇引渡案中，审理该案件的美洲人权法院的一个重要参考就是中国和加拿大之间的赖昌星遣返案。〔3〕所以，境外追逃的每一个成功案例的取得，特别是经过双方较长诉讼程序而成功的案例，都将会为以后我国和他国开展追逃合作创设可以借鉴的范例。在已经归案的“百名红通人员”中就有一些的典型案例，对于总结我国境外追逃的经验，推动以后的境外追逃具有标志性意义：

第一，杨秀珠劝返案。作为“百名红通人员”的头号嫌犯，杨秀珠归

---

〔1〕 关于赖昌星遣返案的详细情况，请参见赵秉志、张磊：《赖昌星案件法律问题研究》，载《政法论坛》2014 年第 4 期。

〔2〕 参见张磊：《境外追逃中的量刑承诺制度研究》，载《中国法学》2017 年第 1 期。

〔3〕 参见赵秉志：《关于进一步推动我国境外追逃工作的几点思考——我在美洲人权法院巡回法庭黄海勇引渡案中出庭作证的体会》，载《刑法评论》2016 年第 1 卷（总第 29 卷），法律出版社 2016 年版。

案具有重要意义，该案被时任中央纪委国际合作局局长刘建超誉为我国反腐败国际追逃追赃工作的重大胜利，彰显了以习近平同志为核心的党中央对外逃腐败分子一追到底的鲜明立场和坚定决心，释放出“腐败分子逃到天涯海角也要追回来绳之以法”的强烈信号。[1]该案中，我国不仅确定了“劝返、遣返、异地追诉”三管齐下、以劝返为主的追逃策略，[2]还采取了类似于针对周永康的由外而内，由下而上的围剿方式，[3]先将外围那些与杨秀珠同流合污的官员杨胜华[4]（杨秀珠的司机）和杨进军[5]（杨秀珠的弟弟）拿下，然后逐步压迫杨秀珠在境外的生存空间，一步步推动其放弃正在美国进行的非法移民遣返程序，自愿回国自首，为我国境外追逃积累了非常珍贵的经验。

第二，李华波遣返案。作为“百名红通人员”的二号嫌犯，李华波遣返案集追逃、追赃、异地追诉于一体，是中国和新加坡双方依据《联合国反腐败公约》、践行《北京反腐败宣言》开展追逃追赃合作的成功案例，也是我国检察机关侦查人员在境外刑事法庭出庭作证、检察机关和人民法院开创性地运用 2012 年《中华人民共和国刑事诉讼法》所增加的违法所得没收程序追缴潜逃境外腐败分子涉案赃款的第一起案例，被誉为“海外

〔1〕 参见《“百名红通人员”头号嫌犯杨秀珠从美国回国投案自首》，载 http://www.ccdi.gov.cn/special/ztzz/ztzzjxs_ ztzz/201611/t20161117_ 89717.html，最后访问日期：2022 年 2 月 20 日。

〔2〕 参见滕抒、窦克林：《从“百名红通”头号嫌犯杨秀珠归案看制度优势》，载 http://www.xinhuanet.com//politics/2016-12/09/c_ 129397671.htm，最后访问日期：2022 年 4 月 10 日。

〔3〕 参见《中纪委掀翻周永康“五大外围战”：嫡系最先被查》，载 http://sc.sina.com.cn/news/m/2014-11-29/detail-iavxeafr5545106-p1.shtml，最后访问日期：2022 年 4 月 10 日。

〔4〕 杨胜华，曾任温州市现代城市建设发展有限公司法定代表人，在杨秀珠庇荫下涉嫌腐败犯罪，2003 年 11 月出逃德国，后来一直流亡海外。2011 年 6 月，杨胜华回国向检察机关投案自首。2012 年 8 月 10 日，温州市中级人民法院经过审理认定杨胜华为自首，可以从轻处罚，从而判决杨胜华犯贪污罪、挪用资金罪，判处其有期徒刑十六年，并处没收个人财产人民币 30 万元。参见《国企老总贪 2700 万外逃 8 年 回国自首获从轻判决》，载 http://news.sohu.com/20121224/n361384358.shtml，最后访问日期：2022 年 4 月 13 日。

〔5〕 杨进军，原温州市明和集团公司法人代表，2015 年 9 月 18 日，在中央反腐败协调小组国际追逃追赃工作办公室的统筹协调下，中美两国司法执法和外交等部门密切合作，将潜逃美国 14 年的贪污贿赂犯罪嫌疑人杨进军强制遣返回中国。参见《第一女巨贪弟弟杨进军被从美国强制遣返回中国》，载 https://www.chinanews.com.cn/tp/hd2011/2015/09-18/564650.shtml，最后访问日期：2022 年 4 月 3 日。

追赃第一案"[1]，为我国违法所得特别没收程序的试金石，具有鲜明的示范效应和震慑作用。李华波案的相关办案经验，完全可以成为今后追逃追赃工作复制的经验范本。[2]

三、缉捕作为一种独立追逃措施的地位正在凸显

在以往的境外追逃措施种类的相关媒体报道中，一般认为包括引渡、非法移民遣返、异地追诉和劝返四种，[3]这种观点也得到了中纪委网站相关报道的明确肯定。[4]虽然也有观点认为驱逐出境也是境外追逃的一种方式，[5]但并没有得到较多的回应和认可。[6]实际上，除了上述四种措施之外，缉捕作为一种追逃措施的地位正在逐步凸显。虽然很少有观点将其和其他四种措施一道评价为一种独立的追逃措施，但是该措施也经常在媒体报道中提及，在实践中也客观存在。特别是在公安部的"猎狐"行动中，多次出现缉捕的提法。如"猎狐 2014"行动从境外缉捕犯罪嫌疑人 290 名，[7]"猎狐 2015"行动缉捕归案 477 名。[8]在检察机关的职务犯罪国际追逃追赃专项行动中，也曾经采用缉捕一词，并将其与遣返、劝返相并列

[1] 桂田田、赵萌：《"海外追赃第一案"当事人李华波被遣返回国》，载《北京青年报》2015 年 5 月 10 日，第 A05 版。

[2] 参见刘武俊：《"海外追赃第一案"的范本意义》，载 http://fanfu.people.com.cn/n/2015/0518/c64371-27017023.html，最后访问日期：2022 年 2 月 12 日。

[3] 参见《揭秘中国海外追逃追赃 主要途径有四种方式》，载 http://news.sohu.com/20150403/n410743892.shtml，最后访问日期：2022 年 2 月 13 日。

[4] 参见《"天网"到底是一张什么样的网?》，载 http://news.cctv.com/2016/04/22/ARTIy6r8n5XNYXZg74d85pl2160422.shtml，最后访问日期：2022 年 4 月 12 日。

[5] 参见《境外追逃国际合作的五种主要方式》，载 http://www.cssn.cn/fx/fx_rdty/201411/t20141127_1418360.shtml，最后访问日期：2019 年 11 月 24 日。

[6] 虽然在媒体报道中，也曾经使用过在境外"抓获"犯罪嫌疑人多少人，或者"追回"多少人的提法，但是这"抓获"和"追回"更多强调的是将犯罪嫌疑人采取措施追逃归案，是一种对各种追逃措施的概称，并非具体的追逃措施。

[7] 参见廉颖婷：《最高检通报职务犯罪国际追逃追赃专项行动成果 追逃追赃网络初步构建》，载 http://www.jcrb.com/prosecutor/important/201501/t20150121_1470622.html，最后访问日期：2022 年 2 月 13 日。

[8] 参见刘欢：《"猎狐 2015"抓获外逃人员 857 名》，载《人民日报》2016 年 1 月 29 日，第 14 版。

使用。[1]而在中纪委网站中对于“百名红通人员”归案的历次相关报道中，对外逃人员归案的方式分别使用了劝返（自首）[2]、遣返[3]和缉捕[4]，这再次说明，缉捕作为一种追逃措施的地位不容忽视。在境外追逃的实践中，缉捕完全不同于以往的四种措施，[5]其是由我国执法人员参与外逃人员所在国的执法行动，配合该国对犯罪嫌疑人进行缉拿，然后将犯罪嫌疑人押解回国。基于对他国主权的尊重，任何国家的执法人员未经许可均不得在他国执法。所以，我国执法人员如果在境外发现犯罪嫌疑人，只能够将相关信息通报给被请求国，由被请求国进行缉拿，或者经过该国同意，由我国执法人员参与该国执法活动，以该国执法人员为主进行缉捕行动。总之，缉捕在程序上完全不同于其他追逃措施，应当作为一种独立的措施进行研究。事实上，有媒体也已经明确提出这种措施应当是一种单独的追逃措施，只不过将其命名为“联合执法”。[6]也有在境外追逃追赃一线工作的专家明确提出缉捕应当是不同于引渡、非法移民遣返、异地追诉和劝返的追逃措施。[7]笔者赞同这种观点。具体来说，缉捕分为国外缉捕和国内缉捕。国外缉捕通常需要在外交部、公安部和驻外使馆的协调配合下，与逃犯发现地国家的司法执法部门通力合作。[8]在“百名红通

[1] 2014年9月全国检察机关部署职务犯罪国际追逃追赃专项行动以来，全国检察机关已从29个国家和地区劝返遣返、缉捕潜逃境外的职务犯罪嫌疑人108名，涉案金额12亿元。参见彭波：《中国境外追逃行动已遣返缉捕108名嫌犯》，载http://news.sina.com.cn/c/2016-01-02/doc-ifxncyar6171876.shtml，最后访问日期：2022年2月14日。

[2] 参见《“百名红通人员”张大伟从美国回国投案自首》，载http://www.ccdi.gov.cn/special/ztzz/ztzzjxs_ztzz/201610/t20161008_87632.html，最后访问日期：2022年2月16日。

[3] 参见《“百名红通人员”杨进军被从美国强制遣返回国》，载http://www.ccdi.gov.cn/special/ztzz/ztzzjxs_ztzz/201509/t20150922_62429.html，最后访问日期：2022年2月16日。

[4] 参见《“百名红通人员”赵汝恒被缉捕并押解回国》，载http://www.ccdi.gov.cn/special/ztzz/ztzzjxs_ztzz/201511/t20151102_64302.html，最后访问日期：2022年2月16日。

[5] 参见吕铮：《天网猎狐：公安部缉捕境外经济逃犯纪实》，作家出版社2016年版。

[6] 参见《境外追逃国际合作的五种主要方式》，载http://www.cssn.cn/fx/fx_rdty/201411/t20141127_1418360.shtml，最后访问日期：2019年3月1日。

[7] 参见G20反腐败追逃追赃研究中心兼职研究员陈雷于2016年12月30日在“G20反腐败追逃追赃研究中心兼职研究员聘任仪式暨研讨会”上的发言。

[8] 参见《“百名红通人员”30人到案，都是怎么追回来的?》，载http://news.sohu.com/20160626/n456343303.shtml，最后访问日期：2022年4月5日。

人员”已经归案的人员当中，被缉捕归案的有12人，其中8名是从国外被缉捕，1名是在我国澳门地区被缉捕，还有3名是在我国内地被缉捕。

四、不同国家适合不同的追逃策略

从追逃措施来看，迄今已经归案的61名红通人员的归案措施和出逃国家具有以下特点：

第一，劝返和缉捕是主要的追逃措施。在归案的61名“百名红通人员”中，有45人被劝返，13人被缉捕，2人被强制遣返，1人死亡。其中劝返占73.8%，缉捕占21.3%，二者共计占95.1%。这说明劝返和缉捕是境外追逃适用最多和最为高效的措施。同劝返和缉捕相比，引渡、非法移民遣返和异地追诉这三种措施都需要双方国家配合进行相关的诉讼程序，特别是被请求国的法律往往还为涉案人员规定了较为繁琐的救济程序，所以一般进展都比较缓慢，需要较长时间。而劝返，只需要说服外逃人员回国自首，相关程序比较简单。缉捕，只要获得被请求国的支持，配合被请求国将犯罪嫌疑人抓获，一般来说也能够较快实现追逃。所以，这两种措施也成了我国追回“百名红通人员”的法宝。

第二，不同国家（地区）适合不同的追逃策略。虽然从严格意义上来说，五种追逃措施的适用并没有太多国家（地区）的限制，但根据出逃国家（地区）类型的不同，某种追逃措施成功的概率可能更高。[1]在已经在被劝返的45名人员当中，除4人分别由印度尼西亚、秘鲁、圣基茨和尼维斯及我国香港地区劝返以外，其余41人均是从美国、加拿大、澳大利亚、英国、新西兰、新加坡等发达国家被劝返。被强制遣返的2人均是从发达国家归案（1人从新加坡，1人从美国）。而在缉捕的13人当中，都是从圣文森特和格林纳丁斯、几内亚、柬埔寨、肯尼亚、韩国、马来西亚、加纳、菲律宾等发展中国家（或者小国）以及我国合肥、大连、广东和澳门地区被缉捕。通过以上分析，我们可以发现以下问题：(1) 缉捕难以在发

〔1〕 当然，这并不排除是在其他追逃措施已经形成较大压力的情况下劝返成功的情况（如杨秀珠劝返案）。

达国家实现，主要适用于发展中国家。如前所述，由于本国执法人员只能在本国执法，在他国进行缉捕有侵犯他国司法主权之嫌，这是国家主权原则的必然要求，所以各国对此都有严格限制。特别是西方法治较为发达的国家，对此要求更为严格，容忍度较低。而一些发展中国家，由于和我国具有良好的外交关系和稳定的司法合作关系，再加上本国法治发展程度不高，所以对我国执法人员和其本国联合执法具有较高的积极性和认可度。(2) 在与我国具有良好外交关系的发展中国家，缉捕比劝返更为高效。虽然劝返和缉捕都是高效的追逃措施，但是在主权国家允许的情况之下，缉捕可能更为有效。劝返虽然有经济、快捷、高效的优点，[1]但在多数情况下以犯罪嫌疑人无路可走为前提（通常表现为犯罪嫌疑人在所在地国家受到排斥、监控或面临刑事追究），甚至还需要以获得一定好处作为条件，[2]在权衡利弊的基础上外逃人员才可能同意回国自首。如果不是客观上的无路可走并且有一定利益引诱，劝返成功的可能性就大大缩小。[3]缉捕则相对更为简单，只要发现犯罪嫌疑人的踪迹，在所在地国的支持之下即可进行缉捕，不以犯罪嫌疑人是否走投无路、是否心理动摇为前提。所以，境外追逃的过程中，只要所在地国家允许，缉捕也许是最为有效的追逃措施。(3) 在发达国家，劝返是最为高效的措施。发达国家法治发展程度较高，对于缉捕的容忍度较低，对于引渡、遣返、异地追诉要求遵循该国法律程序，追逃程序就较为漫长。而劝返，主要以追逃国家为主，一般来说被请求国只需要消极配合即可，对于法律程序的要求也相对较低，所以只要经过该国同意，劝返就更为高效。

第三节 从“百名红通人员”归案看我国境外追逃的发展

展望未来，我们可以从以下方面完善我国境外追逃：

---

〔1〕 参见张磊：《从胡星案看劝返》，载《国家检察官学院学报》2010 年第 2 期。

〔2〕 参见《劝返的四个条件》，载 http://view.news.qq.com/zt/2008/yangshuji/index.htm，最后访问日期：2019 年 3 月 1 日。

〔3〕 参见张磊：《从胡星案看劝返》，载《国家检察官学院学报》2010 年第 2 期。

一、辩证看待追逃成果，继续提高境外追逃的效率

如前所述，对“百名红通人员”追逃的难度要远远大于对其他犯罪嫌疑人的追逃，所以 61 名人员的归案已经十分难得，每个外逃人员的落网，背后都凝聚着追逃人员长期以来的心血。我们应当充分肯定追逃“百名红通人员”已经取得的成绩，绝不能仅仅唯数字论。但另一方面，我们也应该看到，和之前的境外追逃行动相比，“百名红通人员”的追逃效率仍然有较大的提升空间。“猎狐 2014”行动追回外逃人员 680 人,[1] 2015 年“天网”行动追回 863 人,[2]2016 年“天网”行动追回 908 人。[3]虽然这些数字除了腐败犯罪嫌疑人以外，还包括了普通犯罪嫌疑人，但就之前追回的国家工作人员来看，也远远高于“百名红通人员”的追逃成果，如 2015 年追回的 863 人中包含党员和国家工作人员 196 人。[4]所以，我们一定要辩证看待“百名红通人员”的追逃成绩：一方面，追回 61 人非常难能可贵，应当高度评价；另一方面，在四年多时间内只追回 61 名并不算多，还有 39 人仍然逍遥法外。从 2014 年以来，我国系统性的追逃行动开展将近 3 年，已经积累了相当的经验，我们应当进一步提高追逃的效率，争取以后能够追回更多的“百名红通人员”。

二、总结尚未成功案例教训，加强境外追逃能力建设

自公布以来，几乎每个归案的“百名红通人员”都会得到媒体广泛报

---

〔1〕 参见廉颖婷：《最高检通报职务犯罪国际追逃追赃专项行动成果 追逃追赃网络初步构建》，载 http://www.jcrb.com/prosecutor/important/201501/t20150121_1470622.html，最后访问日期：2022 年 2 月 21 日。

〔2〕 参见《中央纪委国际合作局副局长李洋：“天网”行动从境外追回党员和公职人员 196 人》，载 http://v.ccdi.gov.cn/2016/01/07/VIDESAiateDvDpde9Y9WXI2U160107.shtml，最后访问日期：2022 年 2 月 21 日。

〔3〕 参见时冉：《中国加大境外追逃追赃力度 反腐国际合作实现多项突破》，载 http://news.163.com/16/1209/05/C7QO9CRL000187V8.html，最后访问日期：2019 年 9 月 1 日。

〔4〕 参见《中央纪委国际合作局副局长李洋：“天网”行动从境外追回党员和公职人员 196 人》，载 http://v.ccdi.gov.cn/2016/01/07/VIDESAiateDvDpde9Y9WXI2U160107.shtml，最后访问日期：2022 年 2 月 21 日。

道。但是，对于尚未落网的其他 39 名红通人员的情况，却较少出现（只有程慕阳[1]等人的相关情况偶尔见诸报端，也并不详细）。对于已经成功的案例，我们固然应当积极关注并适当宣传，但是对于尚未成功的案例，我们更要进行认真研究，分析这些案件迄今尚未成功的原因，总结其中的教训，突破相应的法律障碍，一个案件接一个案件地推动境外追逃的顺利开展。例如，在程慕阳案件中，自从程慕阳 2000 年出逃加拿大之后，我方就积极关注其行踪，并努力同加拿大合作将其遣返。虽然 2012 年和 2014 年，程慕阳向加拿大移民部门两次申请难民身份被驳回，但是他又于 2014 年 11 月向加拿大联邦法院申请对移民部门驳回其难民身份的裁决进行司法复核，加拿大联邦法院经过在温尼伯开庭聆讯，于 2015 年 7 月 15 日作出裁决，判定程慕阳司法复审案获胜，其难民申请将被发回加拿大移民部门予以重新考虑和决定，这意味着程慕阳在较长一段时间内，仍可以继续留在加拿大，[2]从而使得该案陷入僵局。总结法庭裁判程慕阳获胜的原因，法庭认为我方提出的证明程慕阳构成“严重的非政治罪行”的证据（程慕阳在我国法院的一审、二审判决书）存在诸多不清楚、让人困惑之处，无法达到加拿大法律要求的证明标准和材料要求。[3]所以，总结该案的教训，提供符合对方证据规则的证据，将有利于在以后的诉讼程序中占据主动，推动加拿大方面继续驳回程慕阳的难民申请，为将其遣返扫清障碍。

三、根据逃犯出逃国家的不同，科学选择追逃策略

既然不同的国家适应不同的追逃措施，那么我们以后的追逃中，就应当根据出逃国家的不同，科学选择追逃策略：（1）在发达国家采取以劝返为主，以非法移民遣返和异地追诉为辅的追逃策略。既然发达国家难以接

〔1〕 参见《程慕阳向加拿大申请难民复核 称未参与贪腐》，载 http://news.ifeng.com/a/20150624/44032527_0.shtml#_zbs_baidu_bk，最后访问日期：2022 年 2 月 23 日。

〔2〕 参见高美：《程慕阳向加拿大申请难民身份司法复审案获胜》，载 https://news.china.com/international/1000/20150716/20021131.html，最后访问日期：2022 年 4 月 1 日。

〔3〕 参见黄风、赵卿：《从“程慕阳案”看移民法遣返的证据规则》，载《法学》2017 年第 2 期。

受缉捕，那么我们就应尽量选取其他四种追逃方式。由于多数发达国家在引渡问题上坚持“条约前置主义”，并且部分国家还排斥多边国际公约作为引渡依据，而我国又与这些国家尚未签订引渡条约，所以开展引渡合作的可能性也较小。而非法移民遣返和异地追诉，往往也要经过繁琐的法律程序和较长的时间，所以在发达国家的追逃应当采取以劝返为主，以非法移民遣返和异地追诉为辅的追逃策略，通过开展遣返和异地追诉工作，压迫外逃人员的生存环境，推动其接受劝返。当然，在开展劝返的时候，我们一定要注意及时通知对方，严格遵守对方的法律制度和程序规则。任何未经对方国家允许的劝返行为，都可能涉及对于对方国家主权的侵犯，甚至引起外交争端。[1]（2）在与我国具有良好外交关系的发展中国家采取以缉捕为主，以劝返、引渡等其他措施为辅的追逃策略。如前所述，既然在发展中国家，缉捕是最为高效的追逃措施，我们就要主动争取该国的支持与配合，允许我方执法人员前去联合执法，直接缉拿外逃人员。同时，在缉捕一时难以奏效的时候，可以针对其主要进行劝返，同时采取引渡、遣返和异地追诉作为辅助措施。

四、占据道义制高点，依法开展境外追逃

当前我们开展的反腐败追逃追赃，顺党心合民意，是正义之战。我们必须旗帜鲜明、立场坚定、理直气壮，占领道义制高点。[2]也只有这样，我们才能够在境外追逃的外交战、舆论战中牢牢把握主动权和话语权。在此基础上，我们还应当看到，境外追逃更是一场残酷的法律战。在与他国特别是法治发达国家开展的追逃合作当中，舆论与外交的胜利当然重要，是我们成功追逃的坚实基础，但是在具体案件的操作上，我们必须严格遵循双方和国际社会的法律规则，而不能逾越法律上的障碍。事实上，针对我国的境外追逃，美国已经对中国境外追逃的工作人员发出过警告，并提

---

〔1〕 参见张磊：《美国的所谓“警告”及其对我国境外追逃的启示》，载《河南大学学报（社会科学版）》2016 年第 2 期。

〔2〕 参见《反腐败国际追逃赃之二　占领道义制高点》，载《中国纪检监察报》2016 年 6 月 13 日，第 1 版。

出中国追逃人员不遵守美国法律，在美国从事秘密工作。[1]虽然美方并没有拿出证明中方不遵守该国法律的证据，但至少说明，只有尊重对方法律程序和制度，才能取得对方对我国追逃的支持。因此，在境外追逃中，特别是在采取劝返措施的时候，如果可能，我们一定要注意通知对方国家，在征得相关国家的同意，至少是在默许的前提下（必要时在对方国家的“监控”下），开展针对外逃人员的劝返工作，以免引起外交争端，给追逃带来麻烦。

〔1〕参见《外交部回应“奥巴马政府警告中国赴美猎狐人员”》，载 http://news.youth.cn/gn/201508/t20150820_7025761.htm，最后访问日期：2022 年 2 月 24 日。

第四章 CHAPTER 04 境外追逃典型案例分析之叶真理引渡案

叶真理（Zhenli Ye Gon），1963 年 1 月 31 日出生于中国上海，1990 年被所任职的中国制药公司派往墨西哥工作。2002 年加入了墨西哥国籍，后在墨西哥首都墨西哥城成立了 Unimed 制药公司。根据墨西哥当时的法律，在获得政府授权之后可以进口麻黄碱和伪麻黄碱类物质，并在墨西哥国内生产制造。Unimed 制药公司在取得墨西哥政府的授权之后，一直从事麻黄碱和伪麻黄碱的进口业务。2005 年 7 月，墨西哥政府发现部分进口入境的精神类药物被挪用于制作毒品甲基苯丙胺，〔1〕并由此开始着手削减已获得进口精神类药物授权的公司数量。Unimed 公司也被取消了授权，但在被取消授权之后，该公司依然从事着精神类药物的进口，并于 2006 年 4 月开始生产精神类药物。〔2〕2007 年 3 月，墨西哥司法机关在 Unimed 公司位于托卢卡（Toluca）的工厂查获了在那里存放的麻黄碱、伪麻黄碱和其他精神药物的样品，同时还在叶真理位于墨西哥城的办公室找到了 12 包盐酸伪麻黄碱粉末和一把抹掉了序列号的手枪，在叶真理住宅中主卧室的一个隐蔽

---

〔1〕 在 2002 年至 2004 年期间，墨西哥认识到伪麻黄碱等精神类药物的进口远远超过合法需求，政府制定了一系列限制进口和更好地规范精神类药物的条例和政策。首先，在 2004 年至 2005 年期间，墨西哥政府采取了控制进口数量、限制主体资格、提高监管程度等措施来加强对精神类药物的监管；2007 年 9 月，墨西哥政府实施更加严厉的甲基苯丙胺前体管制措施，决定不会再颁发进口麻黄碱、伪麻黄碱和含有这些化学品的产品的许可证，并要求麻黄碱和伪麻黄碱产品的销售商必须在 2009 年之前将剩余的含有这些化学品的产品处理掉。See "International Narcotics Control Strategy Report", https://www.state.gov/j/inl/rls/nrcrpt/2008/vol1/html/100775.htm，最后访问日期：2022 年 3 月 1 日。

〔2〕 See Zhenli Ye Gon, Petitioner v. Floyd Aylor, Warden, et al., the Supreme Court of the United States, On Petition for a Writ of Certioari to the United States Court of Appeals for the Fourth Circuit.

的房间中发现了4支武器和超过2.05亿美元的现金，[1]创造了墨西哥历史上单次缴获赃款最大金额。2007年3月16日，墨西哥针对叶真理向国际刑警组织发出“红色通缉令”，同年6月13日发布逮捕令。2007年7月，叶真理在美国华盛顿一家餐馆里被捕。2008年6月，墨西哥向美国提出引渡叶真理的请求 。2016年9月18日，叶真理被美国引渡回墨西哥。[2]

第一节　叶真理引渡案在美国的诉讼程序

美国围绕叶真理同时展开了两个诉讼程序：美国指控叶真理犯走私毒品犯罪的刑事诉讼程序，围绕墨西哥针对叶真理提起的引渡请求展开的关于引渡的诉讼程序。

一、美国针对叶真理在美国实施犯罪所提起的指控

2007年7月，叶真理在美国华盛顿一家餐馆里被捕。由于除了在墨西哥的犯罪以外，叶真理所控制的工厂还将其制造的化学品加工成伪麻黄碱等精神药物，卖给毒贩后大量输入到美国，所以还涉嫌在美国实施了走私毒品罪。基于此，2007年6月15日美国司法当局向美国哥伦比亚特区地方法院提起了刑事指控，指控叶真理阴谋帮助和教唆毒品制造，并走私到美国。[3]因此，对于叶真理向美国走私毒品的行为，美国拥有管辖权。但是在案件审理过程中，由于数名关键性的证人翻供或拒绝出庭，2009年8月，美国哥伦比亚特区地方法院驳回了起诉，[4]美国针对叶真理的诉讼到

[1] See Zhenli Ye Gon, Petitioner v. Floyd Aylor, Warden, et al., the Supreme Court of the United States, On Petition for a Writ of Certioari to the United States Court of Appeals for the Fourth Circuit.

[2] See Andrew V. Pestano, U.S. extradites Chinese-Mexican businessman in meth case, https://www.upi.com/Top_News/World-News/2016/10/19/US-extradites-Chinese-Mexican-businessman-in-meth-case/6241476883591/

[3] See Zhenli Ye Gon, Petitioner v. Floyd Aylor, Warden, et al., the Supreme Court of the United States, On Petition for a Writ of Certioari to the United States Court of Appeals for the Fourth Circuit.

[4] See Jorge Carrasco, Mexico, the DEA, and the Case of Zhenli Ye Gon, http://www.washingtonpost.com/wp-dyn/content/article/2008/10/28/AR2008102801364.html，最后访问日期：2019年10月8日。

此为止。

二、美国针对墨西哥提起的引渡请求所展开的诉讼程序

由于叶真理是在美国被逮捕，所以墨西哥对叶真理进行审判的前提是将叶真理引渡回国。引渡是指一国应他国的请求，将处于本国境内而在他国受到刑事追诉或者已被判刑的人，依照一定程序移交请求国，以便对其进行审判或者处罚的制度。引渡要以互惠或者双边条约为前提，[1]对此不同的国家有不同的规定。美国在引渡合作中坚持“条约前置主义”，以两国签订有双边引渡条约为前提，同时美国排斥将国际公约作为引渡合作的依据。[2]美国和墨西哥在 1978 年 5 月 4 日签署了《美利坚合众国与墨西哥合众国签署的双边条约》（以下简称《美国和墨西哥引渡条约》），《美国和墨西哥引渡条约》奠定了美国和墨西哥引渡合作的主要法律依据，第 1 条就明确规定双方有针对在对方领域内实施犯罪的人开展引渡合作的义务。[3]

在各国国内法关于引渡程序的规定中，都包括主动引渡程序和被动引渡程序，调整本国分别作为请求国和被请求国与他国所开展的引渡活动。主动引渡，又称为请求引渡，是指请求国请求将犯罪嫌疑人、被告人或者已经在他国被审判的人引渡回国的活动，指的是请求国的行为。被动引渡，又称被请求引渡，是指一国向其他国家引渡犯罪嫌疑人、被告人、已判刑人的活动，指的是被请求国的行为。[4]在墨西哥和美国围绕叶真理开展的引渡合作中，墨西哥是请求国，美国是被请求国，所以双方的合作就要依据墨西哥法律中的主动引渡程序和美国法律的被动引渡程序开展，其中美国的被动引渡程序是本案涉及的主要程序。美国被动引渡程序的法律

〔1〕 参见黄风：《国际刑事司法合作的规则与实践》，北京大学出版社 2008 年版，第 3~4 页。

〔2〕 参见张磊：《境外追逃中的引渡替代措施及其适用——以杨秀珠案为切入点》，载《法学评论》2017 年第 2 期。

〔3〕《美国和墨西哥引渡条约》第 1 条规定：“双方同意根据本条约针对已经因为在请求国领域内实施的犯罪而被指控，被定罪，或被判处剥夺自由刑罚的人开展引渡合作。针对在请求国领域之外实施的犯罪，在符合下列条件的情况下，被请求国也应当同意引渡：（1）被请求国对于在同样条件下实施的犯罪也规定了刑罚；（2）被请求引渡人是请求国国民，请求国根据该国法律对该人有管辖权。”

〔4〕 参见黄风：《国际刑事司法合作的规则与实践》，北京大学出版社 2008 年版，第 19~43 页。

依据，除了美国和墨西哥的双边引渡条约之外，还有《美国法典》第 18 编。[1]

在对他国引渡请求的审查上，各国一般采取双重审查模式，即分别由被请求国的司法机关和行政机关针对该案件进行审查。根据行政审查和司法审查结合模式的不同，又分为“行政审查—司法审查—行政审查模式”、“行政审查—司法审查模式”和“司法审查—行政审查模式”。美国采取的是最后一种模式，即先由美国司法机关对于外国的引渡进行全面审查，之后再由政府机关最终决定是否引渡。[2]具体来说，外国的引渡请求一般由该国驻美国大使馆向美国国务院提出，美国国务院初步审查后将引渡材料交给美国司法部，由该部所属的国际事务办公室对于引渡请求进行形式要件的审查，然后将材料交给被请求引渡人发现地的联邦地区法院，由该法院审理判断请求方所提交的请求引渡材料是否达到了“合理根据”的标准。在法院裁决同意引渡之后，由美国国务院也就是国务卿最终对于该引渡请求作出裁决。[3]一旦国务卿签署了引渡令，除非逃犯由于特殊原因导致中止，否则美国的警察机关将会采取措施实施引渡程序。[4]

2007 年 3 月，叶真理在墨西哥案发之后就消失了。3 月 16 日，墨西哥向国际刑警组织发出“红色通缉令”，同年 6 月 13 日对叶真理发布了逮捕令。2007 年 5 月，消失了两个月的叶真理在美国高调亮相，并在纽约和华盛顿接受了美国媒体的采访，采访中他指控墨西哥政府对其进行政治迫害，声称其豪宅内所藏的 2 亿多美元的巨款中的 1.5 亿都是墨西哥总统竞选的非法经费。[5]同年 7 月，叶真理在美国华盛顿一家餐馆里被捕，美国

---

〔1〕《美国法典》第 18 编，第 209 章，第 3181~3196 条。

〔2〕参见黄风：《国际刑事司法合作的规则与实践》，北京大学出版社 2008 年版，第 89~90 页。

〔3〕参见黄风、赵林娜主编：《境外追逃追赃与国际司法合作》，中国政法大学出版社 2008 年版，第 279~281 页。

〔4〕See Bruce Zagaris，Julia Padierna Peratta，“Mexico-United States Extradition and Alternatives：From Fugitive Slaves to Drug Traffickers-150 Years and Beyond the Rio Grande's Winding Courses”，*American University International Law Review*，Vol. 12，No. 4.，1997.

〔5〕参见《头号华裔大毒枭叶真理：无疑是个“人物”》，载 https://m.sohu.com/n/268412555/，最后访问日期：2022 年 3 月 1 日。

司法机关针对其向美国走私毒品的行为进行指控。2008年6月9日，墨西哥依据《美国和墨西哥引渡条约》以涉嫌参加组织犯罪、毒品犯罪、非法拥有武器犯罪、洗钱犯罪等多项罪名向美国请求引渡叶真理。在经过美国国务院的初步审查、司法部国际事务办公室的形式审查之后，引渡请求被递交给了哥伦比亚特区地方法院。〔1〕2009年10月23日，墨西哥副总检察长莱奥波尔多·贝拉尔德·奥尔蒂斯称，叶真理日前向美国司法机关承认，他确实曾在黑市上贩卖数吨可用来制造去氧麻黄碱（即冰毒）的化学药品。〔2〕2011年2月9日，美国判决将叶真理引渡至墨西哥受审。〔3〕但叶真理的律师一直设法利用美国法律所规定的人身保护令、上诉等多种救济措施推迟引渡时间，直到美国最高法院2016年最终驳回其上诉。〔4〕2016年9月18日，叶真理由美国法警陪同由美国弗吉尼亚抵达墨西哥首都墨西哥城，〔5〕被移交给墨西哥刑侦调查局（AIC）的工作人员，之后他将被送至墨西哥中部安全级别最高的高原联邦监狱（Altiplano）等待审判。〔6〕

叶真理涉嫌的犯罪事实主要在墨西哥发生，但是由于多数证据随着时间的推移而消失，对叶真理的多数指控难以进行。有资料显示，2007年至2008年，墨西哥当局和美国毒品管制局在墨西哥和美国逮捕了超过30个与叶真理有关联的人，但是这些涉案的大多数人都因缺乏证据而未遭起诉。而且，虽然他被引渡回墨西哥后面临12项指控，但是多数都没有有力

---

〔1〕 See Zhenli Ye Gon, Petitioner v. Floyd Aylor, Warden, et al., the Supreme Court of the United States, On Petition for a Writ of Certioari to the United States Court of Appeals for the Fourth Circuit.

〔2〕 参见《墨西哥称叶真理已承认贩毒 期待美引渡华裔“毒枭”》，载《中国日报》2009年10月25日。

〔3〕 “Ye Gon still isn't gone”, http://voices.washingtonpost.com/crime-scene/del-quentin-wilber/ye-gon-still-isnt-gone.html，最后访问日期：2019年9月8日。

〔4〕 Mark Sherman, “Alleged drug trafficker jailed in U.S.”, http://usatoday30.usatoday.com/news/topstories/2007-07-24-290799915_x.htm，最后访问日期：2022年3月3日。

〔5〕 Andrew V. Pestano, “U.S. extradites Chinese-Mexican businessman in meth case”, https://www.upi.com/Top_News/World-News/2016/10/19/US-extradites-Chinese-Mexican-businessman-in-meth-case/6241476883591/，最后访问日期：2019年8月8日。

〔6〕 参见《墨西哥一华人被从美国遣返 家中曾搜出2亿美金（图）》，载 http://news.ifeng.com/a/20161022/50140841_0.shtml，最后访问日期：2022年3月3日，

证据。[1]事实上，2008年6月9日，在墨西哥基于《美国和墨西哥引渡条约》向美国提起的引渡请求中，主要涉及叶真理的四项犯罪：参加犯罪组织，意图进行毒品犯罪和洗钱犯罪；数种毒品罪，包括进口和运输精神药物以及利用这些精神药物意图制造毒品；持有违禁武器罪；洗钱罪。[2]

根据《墨西哥联邦刑法典》的规定，叶真理的行为涉嫌在墨西哥构成以下犯罪：（1）有组织犯罪。《墨西哥联邦刑法典》第164条规定，参加3人或者3人以上的以实施犯罪为目的的组织或者匪帮的，处5年至10年监禁，并处100至300天罚金。如果任何警察机构的公务员参加该组织的，前款所指的刑罚应当加重1/2，同时撤销其公共雇用、公共职务、公共委托并且剥夺其从事其他雇用、职务、委托的资格1年至5年。如果属于墨西哥武装部队的退役成员、预备役成员、现役成员的人参加该组织的，前款所指的刑罚应当加重1/2。根据该条之规定，如果参加3人或者3人以上的以实施犯罪为目的的组织，可能构成有组织犯罪。叶真理实施毒品犯罪，是其组织下由多人共同实施的，涉嫌构成有组织犯罪。[3]（2）制作、持有、交易、转换毒品罪。《墨西哥联邦刑法典》第193条和第194条规定，在不具有墨西哥《卫生基本法》规定的合法授权的情况下，生产、运输、交易等与毒品有关的行为，依照《墨西哥联邦刑法典》均可构成法典第七编第一章规定的罪名。[4]在墨西哥政府采取措施限制精神类药物的进口后，叶真理控制的Unimed公司下属工厂依然从事盐酸伪麻黄碱等精神类药物和甲基苯丙胺半成品的加工，并将伪麻黄碱售于毒贩，[5]涉嫌制作、持有、交易、转换毒品罪。（3）持有、储存违禁武器罪。根据《墨西

〔1〕参见《西媒：墨西哥华商涉毒案近10年悬而未决，情节似小说》，载《参考消息》2016年10月30日。

〔2〕See Zhenli Ye Gon, Petitioner v. Floyd Aylor, Warden, et al., the Supreme Court of the United States, On Petition for a Writ of Certioari to the United States Court of Appeals for the Fourth Circuit.

〔3〕参见陈志军译：《墨西哥联邦刑法典》，中国人民公安大学出版社2010年版，第74页。

〔4〕参见陈志军译：《墨西哥联邦刑法典》，中国人民公安大学出版社2010年版，第85～86页。

〔5〕经过美国检察机关的侦查，在叶真理实际控制下制造的一些化学药品被加工成了伪麻黄碱等精神药物，并售予了毒贩，这也是美国司法机关起诉叶真理的犯罪事实之一。参见ZHENLI YE GON V. FLOYD AYLOR, No. 14～1131，美国联邦最高法院判决书。

哥联邦刑法典》第160条之规定，行为人在不具有合法目的的情形下，持有、制造、进口、储存用于攻击而不是用于生产活动或娱乐活动的器具的，构成持有、存储违禁武器罪，将被处以3个月至3年监禁，并处罚金和没收财产。墨西哥当局在叶真理办公室搜到四支序号已经被刻意抹掉的手枪，如果证明其持有该手枪没有合法目的，其将构成持有违禁武器罪。(4) 洗钱罪。《墨西哥联邦刑法典》第400条A规定“明知是衍生于或者代表非法活动收益的任何性质的资源、权利、财物，出于藏匿、力图藏匿这些资源、权利、财产或者隐瞒、阻碍查明其来源、位置、最终用途、所有权人或者鼓励任何非法活动目的，亲自或者通过中间人对之予以获取、处分、管理、保管、转换、寄存、设定担保、投资、在国内运输或转移、运输或转移到国外、运输或转移到国内的”[1]构成交易来源非法的财产罪。在本案中，叶真理对明知来自非法活动中的财物，特别是处理Unimed公司制造精神药物所获得的资金，并没有向有关机关报告财物的来源或者用途，涉嫌洗钱罪。

第二节 叶真理案引渡程序中的法理问题

为了抗拒引渡，叶真理曾经利用美国关于引渡制度的相关规定，多次对引渡程序提出异议，力图阻碍引渡程序的进展：

一、双重犯罪原则

引渡中的双重犯罪原则是指引渡请求所指行为依照请求国和被请求国的法律均构成犯罪，是罪刑法定原则在国际刑事司法合作领域的体现。[2]该原则是美国在开展引渡合作中坚持的重要原则，在美国同其他国家缔结的所有引渡条约中都规定了双重犯罪原则。例如，《美国和墨西哥引渡条约》第2条第1款规定：故意实施本条约附录所规定的犯罪行为，并且根

[1] 陈志军译：《墨西哥联邦刑法典》，中国人民公安大学出版社2010年版，第194页。

[2] 参见黄风：《国际刑事司法合作的规则与实践》，北京大学出版社2008年版，第7页。

据双方法律规定被判处1年有期徒刑以上刑罚的犯罪，是可引渡犯罪。而叶真理所涉嫌的制作、持有、交易、转换毒品罪，持有、储存违禁武器罪，洗钱罪等均符合上述规定。[1]

在具体到认定标准上，双重犯罪的界定既不要求两国对于该犯罪的罪名完全相同，也不要求对于刑事责任或者刑罚的规定完全相同，只要涉案行为在两国管辖权范围内都构成犯罪即可。由于美国存在联邦和州两个司法系统，如果他国想要从美国引渡逃犯，在双重犯罪的认定上，既可以是联邦法律也可以是州法律。同时如前所述，根据《美国和墨西哥引渡条约》之规定，这里的犯罪还必须是故意实施该条约附录所规定的31种犯罪，而且被请求引渡人必须被判处1年有期徒刑以上刑罚。在审理叶真理一案时，叶真理曾经以违反双重犯罪原则对抗引渡，但是被美国法院驳回，因为在该案中，墨西哥指控的每一项行为都将是作为美国法律下的重罪。[2]

二、一事不再理原则

一事不再理（ne bis in idem）原则，也被称为禁止双重危险原则（rule against double jeopardy），指在刑事诉讼中不能因为同一事实针对同一被告人进行两次审理并给予两次处罚。美国宪法第五修正案明确规定：任何人不得因同一犯罪行为而两次遭受生命或身体的危害，从而确立了一事不再理原则。美国在引渡中坚持一事不再理原则，多数同他国签订的引渡条约中均包含在被请求引渡人面临双重惩罚或者双重危险时禁止引渡的条款。《美国和墨西哥引渡条约》第6条规定："当被请求引渡人已经因为被请求引渡的犯罪而在被请求国被起诉，被请求方审判、定罪或宣告无罪的，不得准予引渡。"

---

[1] 该条约附录规定了31种犯罪，其中第12种为接受或者运输任何金钱、有价值的债券或者其他非法犯罪收益罪，第14种为非法持有、生产、制造、进出口毒品或者危险物品罪，第19种为违法持有违禁武器罪。

[2] 毒品犯罪、黑社会性质的犯罪、洗钱犯罪，都是在国际刑法中严厉打击的犯罪，在《美国法典》中对这些行为也有规定。

在规定禁止双重危险原则的同时，美国的引渡条约中也明确规定了不违反一事不再理原则的情形。例如，《美国和英国引渡条约》第5条规定："1. 当某人在被请求国就同一犯罪已经被判处有罪或者宣告无罪，那么应当拒绝引渡。2. 如果被请求引渡人已经在第三国针对同一行为被判处有罪或者宣告无罪，也应当拒绝引渡。3. 但是被请求引渡国主管机关的下列事实不得拒绝引渡：(a) 已经决定针对被请求引渡的行为不起诉某人；(b) 针对被请求引渡人所开始的任何刑事诉讼程序已经中断；或者 (c) 仍然在就行为人被提起引渡的同一行为针对其继续调查。"该条首先明确了如果行为人在请求国或者第三国因为同一行为被判处有罪或者无罪应当拒绝引渡，同时强调在被请求国主管机关针对被请求人的诉讼程序已经决定不起诉、诉讼程序中断等情况下，可以引渡，并不违反一事不再理原则。类似的规定还有《美国和玻利维亚引渡条约》第Ⅴ (2) 条也规定："当某人在被请求引渡国已经因为引渡涉及的罪行被判处有罪或者宣告无罪，应当拒绝引渡。但是引渡不得因为下列事实被拒绝：被请求国主管机关已经决定不再就同一行为针对行为人起诉，或者中断了针对行为人上述行为已经开始的诉讼程序。"〔1〕

在本案中叶真理辩称，美国针对自己关于毒品犯罪的指控与墨西哥引渡请求中指控的犯罪相同。如果将其引渡到墨西哥，就违反了一事不再理原则，希望美国通过"一事不再理条款"拒绝将自己引渡到墨西哥。〔2〕法官经过审理否定了叶真理就该部分的辩护。法院认为：墨西哥的指控与美国起诉书中涉及毒品相关犯罪的指控不同，叶真理不符合《美国和墨西哥引渡条约》中规定的"被请求引渡人已被指控、被审判、被定罪或被宣告无罪"这一情形。基于此美国地方法院作出此裁决，认为引渡叶真理并不违反一事不再理原则。

---

〔1〕 类似的规定还有：《美国和斯里兰卡引渡条约》第5条；《美国和特立尼达和多巴哥引渡条约》第5条；《美国和巴哈马引渡条约》第5条；《美国和约旦引渡条约》第5条；《美国和匈牙利引渡条约》第5 (1) 条。

〔2〕 See Zhenli Ye Gon, Petitioner v. Floyd Aylor, Warden, et al., the Supreme Court of the United States, On Petition for a Writ of Certioari to the United States Court of Appeals for the Fourth Circuit.

三、特定性原则

引渡合作中的特定性原则是指，引渡合作的请求方只能针对引渡请求所列举的并且得到被请求国引渡准予的特定犯罪对被引渡人实行追诉或者执行刑罚，不得擅自将该人再引渡给任何第三国，而且应当严格遵守自己就追诉或量刑问题向被请求国作出的承诺。〔1〕美国所签订的许多引渡条约都规定了特定性原则，该原则主要是为了保障被请求引渡人的利益，防止请求国以引渡请求之外的罪行针对被请求引渡人起诉。在相同罪行的判断上，只要求是针对被引渡人的同一犯罪事实，而不要求必须以同一罪名起诉。也就是说，请求国的起诉只要是针对在引渡请求中阐明的同一事实即可，而不是强制性要求起诉和引渡请求中的指控必须完全一致。但是，如果是在引渡之后实施的罪行，或者是被请求国同意，或者该人在被引渡回请求国后离开请求国，后又自愿回到请求国的，或者是在引渡回请求国后可以离开请求国而在一定时期之后没有离开的，可以进行起诉。《美国和墨西哥引渡条约》第 17 条规定："（1）根据本条约引渡的人不能够因为引渡批准的犯罪之外的其他犯罪而在请求国被羁押、审判、惩罚，或者被引渡给第三国，除非：（a）他在被引渡后离开了请求国领土，后又自愿回到该国；（b）他在被引渡回请求国被释放之后 60 天之内没有离开该国领土；（c）被请求国同意因为引渡批准之外的犯罪对该人进行羁押、审判、惩罚，或者将其引渡给第三国。上述规定不适用于行为人在被引渡之后实施的犯罪。"

在叶真理引渡案的审理中，叶真理在辩解的时候曾提到墨西哥在引渡请求之外对他提出了额外指控，不应当被引渡回墨西哥。美国地方法院对此解释说叶真理的这项请求并不成立，因为叶真理的引渡"尚未发生"，而且虽然《美国和墨西哥引渡条约》中载有其他可以对其加以审判的例外情况，但是叶真理并不符合这些条件。〔2〕

---

〔1〕 参见黄风：《国际刑事司法合作的规则与实践》，北京大学出版社 2008 年版，第 12 页。

〔2〕 See Zhenli Ye Gon, Petitioner v. Floyd Aylor, Warden, et al., the Supreme Court of the United States, On Petition for a Writ of Certioari to the United States Court of Appeals for the Fourth Circuit.

四、政治犯罪不引渡原则

引渡合作中的政治犯罪不引渡原则是指如果被请求引渡的犯罪是政治犯罪，应当拒绝引渡。政治犯罪不引渡原则的核心是对于政治犯罪的界定。美国引渡条约中，对于政治犯罪外延的界定有以下特征：（1）将具有政治或者歧视动机的犯罪视为政治犯罪。例如，《美国和墨西哥引渡条约》第5条第1款规定："如果引渡所针对的犯罪是政治犯罪或者具有政治因素，应当拒绝引渡。如果适用前款规定有任何疑问，由被请求国的行政机关决定。"再如，《美国和牙买加条约》（1991年7月7日生效）第Ⅲ（2）条规定："在下列情况下引渡应当被拒绝：（b）虽然声称是可引渡犯罪，但是引渡请求事实上是基于某人的种族、宗教、国籍或者其政治观点而对其进行起诉或者惩罚，或者（c）该人是由于种族、宗教、国籍或者政治观点而被缉捕，并因此而似乎不能得到公正审判或者惩罚、羁押、限制人身自由。"（2）将恐怖犯罪、暴力犯罪等排除在政治犯罪之外。为了避免政治犯罪概念的扩大，成为部分国家庇护被请求引渡人的幌子，美国的引渡条约将部分犯罪排除在政治犯罪之外，不得将此类犯罪以政治犯罪为理由而拒绝引渡。例如，《美国和墨西哥引渡条约》第5条第2款规定："为了本条约之目的，下列犯罪不被认为是第1款所规定的犯罪：（a）针对一国元首或者政府首脑或者其家庭成员所实施的谋杀以及其他针对生命和身体健康的故意犯罪；（b）缔约国根据多边国际公约有义务起诉的犯罪。"再如，《美国和匈牙利引渡条约》（1997年3月18日生效）第4（2）条规定："为了本条约之目的，下列犯罪不应当被认为是政治犯罪：a. 针对本国或者缔约方的国家元首，或者其家庭成员的谋杀或故意犯罪……c. 谋杀，故意杀人，或者其他涉及到人身伤害的犯罪；d. 涉及到绑架或者其他形式的非法拘禁的犯罪，包括挟持人质；e. 放置或者使用能够危害生命或者造成严重人身伤害，严重财产损害的爆炸性，纵火性或者毁坏性的器械的犯罪；f. 密谋或者任何形式的共同实施第2条第2款规定的犯罪，或者犯罪未遂，或者参与实施前述犯罪的行为。"

在叶真理引渡案件当中，2007年叶真理在接受媒体采访时候曾经声称，墨西哥豪宅内所藏的2亿多美元巨款中的1.5亿都是墨西哥总统竞选的非法经费，他受胁迫而储藏这些经费，墨西哥政府对其进行政治迫害。但是，其所实施的有组织犯罪、毒品犯罪、持有违禁武器罪、洗钱罪等，均为普通的刑事犯罪，并不是政治犯罪。

五、人身保护令

美国的引渡司法审查程序主要是由刑事诉讼的法律加以调整的，从一定意义上讲，它可以被理解为刑事诉讼的特别程序。根据美国的法律制度，任何受到羁押的人都有权向联邦地区法院申请“人身保护令”（writ of habeas corpus）。该命令是针对政府非法拘禁的一项救济措施，也被称为自由大令状，任何被剥夺人身自由的人都可以向法庭申请，法庭签发后要求实施羁押的人把被羁押的人带到法庭说明为何羁押以及继续羁押的理由。因为被请求引渡而被羁押的人，也可以向联邦地区法院申请该命令，针对引渡羁押进行质疑。接受申请的联邦地区法院将审查以下内容：作出羁押决定的法庭对于引渡程序和被请求引渡人是否有管辖权，引渡国提起的引渡请求是否符合双边引渡条约以及美国国内法，是否有合理根据认为被请求引渡人实施了犯罪，证据是否合法，引渡涉及的罪行是否属于政治犯罪，人身保护请求是否存在法律错误等。当事人不服联邦地区法院裁决的，可以向联邦巡回法院提起上诉。仍然不服的还可以申请上诉法院重审案件，如果被拒绝，还可以申请将案件移送至美国联邦最高法院审理。〔1〕因此从法律程序上来看，被请求引渡人可以通过申请“人身保护令”的程序，援用美国刑事诉讼的相关规则，获得进一步的法律救济，将司法审查程序拖得很长。在本案中，叶真理曾经向美国弗吉尼亚西区地方法院申请人身保护令状，随后被该法院驳回。〔2〕

---

〔1〕《美国法典》第2101条。

〔2〕 See Zhenli Ye Gon, Petitioner v. Floyd Aylor, Warden, et al., the Supreme Court of the United States, On Petition for a Writ of Certioari to the United States Court of Appeals for the Fourth Circuit.

第三节　叶真理引渡案对于我国境外追逃的启示

在全球化的背景下，犯罪国际化趋势日益明显，犯罪分子携款外逃现象频繁发生，特别是美国、加拿大、澳大利亚等国已经成为犯罪分子潜逃的主要国家。2014 年以来，我国陆续开展了以“猎狐”行动、“天网”行动等为代表的境外追逃追赃专项行动，取得了突出的成绩。但是当前我国从美国追回的犯罪嫌疑人相对较少，一个突出原因就是中美之间尚没有双边引渡条约，所以，关注美国引渡制度，关注他国与美国开展引渡合作的典型案例，从中总结经验教训，对于推动我国与美国的境外追逃合作具有重要意义。从叶真理案件我们可以得出以下启示：

一、境外追逃要坚定信心、持之以恒

美国坚持条约前置主义，开展引渡合作原则上需要以双边条约的存在为前提，但是我们也应该看到，双边引渡条约只是引渡开展的前提，并不意味着双方的追逃合作能够在短时间内进行。美国和墨西哥是邻国，两国之间早在 1978 年就签订了双边引渡条约。即便如此，在叶真理案件当中，叶真理从 2007 年出逃到 2016 年被引渡回墨西哥，中间经历了 9 年时光。在此期间，墨西哥和美国开展引渡合作，叶真理也在采取各种措施对于引渡程序进行质疑，力图尽量延缓引渡程序的进行，同时美国还对叶真理在美国的犯罪进行起诉。最终能够将叶真理引渡回国，是美国和墨西哥多年共同努力的结果。2014 年以来，我国开展了以“天网”行动、“猎狐”行动为代表的境外追逃追赃专项行动，取得了突出的成绩，其中包括境外追逃中最难啃的硬骨头——“百名红通人员”〔1〕，截止到 2023 年 1 月 15 日也被追回了 61 名，表面上看来都是在短短几年内取得的成绩。但是我们应该看到，每一个追回的外逃人员都凝聚了追逃人员的大量心血，是我国同

〔1〕 参见张磊：《从“百名红通人员”归案看我国境外追逃的发展》，载《北京师范大学学报（社会科学版）》2017 年第 3 期。

他国多年来开展国际合作的结果。特别是与国外合作开展非法移民遣返、异地追诉和引渡合作的案件，都涉及以其他国家乃至国际社会的视角对于我国刑事司法制度的评价问题，而评价过程本身都不是短时间内能够成功的。如赖昌星案件，从赖昌星 1999 年出逃到 2011 年历经 12 年才被追回；〔1〕黄海勇引渡案，从黄海勇 2000 年出逃，到 2016 年被引渡，追逃 18 年，引渡 8 年，期间更是历经各种艰辛曲折。通过叶真理案我们应当明确，任何国家之间，引渡合作的开展都会经历漫长的诉讼程序，都难以在短时间内完成。所以，在境外追逃的案件当中，面对发达国家的繁琐诉讼程序甚至是故意刁难，我们一定要坚定信心，持之以恒，以“咬定青山不放松”的精神，与外逃人员比拼意志，斗耐力，将其追逃回国。

二、熟稔对方引渡、遣返等基本法律制度

作为发达国家，美国的引渡制度较为完善，不仅有《美国法典》进行了规定，而且和 100 多个国家签订了双边引渡条约，对于引渡制度规定了一系列的重要原则，例如政治犯罪不引渡原则、双重犯罪原则、特定性原则等，同时还规定了一系列的保障犯罪嫌疑人权益的诉讼程序，例如人身保护令制度。这些制度虽然在很大程度上延缓了引渡程序的开展，但是我们也应该看到，该程序的确在维护犯罪嫌疑人人权方面起到重要作用。所以，我们在和西方国家开展引渡合作的时候，一定要认真研究对方的法律制度，正如习近平总书记所强调的，在境外追逃追赃国际合作中，我们“要加强对国际规则和国际组织情况的研究，深入了解和掌握有关国家的相关法律和引渡、遣返规则。要及时了解和掌握国际反腐败最新动态，提高追逃追赃工作的针对性”〔2〕。具体来说，我们在开展引渡合作中，一定要查清行为人所涉及的犯罪如果在被请求国实施是否构成犯罪，可能会

〔1〕 关于赖昌星案件的详细内容请参见赵秉志、张磊：《赖昌星案件法律问题研究》，载《政法论坛》2014 年第 4 期。

〔2〕《在十八届中央政治局常委会第七十八次会议上关于加强反腐败国际追逃追赃工作的讲话》，载中共中央纪律检查委员会、中共中央文献研究室编：《习近平关于党风廉政建设和反腐败斗争论述摘编》，中央文献出版社、中国方正出版社 2015 年版，第 101 页。

判处多重的刑罚，避免在提起引渡请求的时候违反双重犯罪原则；在引渡回国之后，严格按照批准引渡的犯罪追究犯罪嫌疑人的刑事责任，并且不得引渡给第三国，避免违反特定性原则。在对于腐败犯罪分子提起引渡请求的时候，提供证据证明该犯罪仅仅是普通刑事犯罪，没有政治性的因素，避免外逃人员利用政治犯罪不引渡原则对抗引渡等。只有认真研究并熟稔对方法律规则，并严格遵守，才能最大限度避免对方因为请求方的法律技术原因而延缓甚至搁置引渡程序的进行。

三、在实践中创造条件推动与美国签订引渡条约的进程

当前，虽然我国尚未和美国签订引渡条约，但是我们也已经成功采取劝返、非法移民遣返、异地追诉等措施从美国追回大量犯罪嫌疑人。例如我们从采取上述三种措施最终从美国劝返“百名红通人员”杨秀珠，[1]采取异地追诉从美国追回余振东，等等。也就是说，即使没有引渡条约，中美之间也已经开展了成功的境外追逃国际刑事司法合作。但是我们也应当看到，作为世界上法治较为发达的国家，美国与他国签订引渡条约，实际上是美国认可与肯定他国刑事司法制度的表现。而美国对于他国司法制度的态度，对其他国家也具有无形的影响与推动。所以，我们在采用其他措施与美国开展追逃之中，在外逃人员回国之后，一定要充分保障其诉讼权利，严格遵循在合作中对于美国政府以及犯罪嫌疑人所作出的承诺，依法对其进行审判，通过一个又一个追逃的案例，向美国和国际社会证明中国刑事法治建设所取得的成就，增强其对中国法治的信任与认可，创造与其缔结引渡条约的条件，建立长期的中美国际合作，从而全面推动整个国际社会对于中国司法制度的认可，推动境外追逃追赃在全世界范围内良性循环的展开。

（本章由本人和北京市西城区人民法院徐建龙法官合著）

〔1〕关于杨秀珠案件的详细内容请参见张磊：《境外追逃中的引渡替代措施及其适用——以杨秀珠案为切入点》，载《法学评论》2017年第2期。

第五章 CHAPTER 05 境外追逃中的外交承诺制度

第一节 境外追逃中外交承诺制度的特点与种类

党的十八大以来，以习近平同志为核心的党中央以强烈的历史责任感、深沉的使命忧患意识和顽强的意志品质，大力推进党风廉政建设和反腐败斗争，[1]坚持“老虎”“苍蝇”一起打，坚定不移把党风廉政建设和反腐败斗争引向深入，取得了丰硕的成果。反腐败国际追逃追赃是我国反腐败战略的重要组成部分，是反腐败零容忍政策的重要体现。习近平总书记和党中央高度重视反腐败国际追逃追赃工作，在党的十九大上，习近平总书记代表第十八届中央委员会向大会所作的报告中，明确强调：“当前，反腐败斗争形势依然严峻复杂，巩固压倒性态势、夺取压倒性胜利的决心必须坚如磐石……不管腐败分子逃到哪里，都要缉拿归案、绳之以法。”[2] 2014年以来，我国开展了以“猎狐”行动、“天网”行动为代表的反腐败追逃追赃专项行动，取得了突出的成绩。我国在反腐败追逃追赃国际合作的过程中，经常会被要求向合作被请求方作出外交承诺，以促进国际合作的顺利开展。本部分拟对我国反腐败国际合作中的外交承诺问题进行研究，并提出推动我国外交承诺开展的若干建议。

---

〔1〕 参见温红彦等：《坚决打赢反腐败这场正义之战——党的十八大以来反腐败斗争成就述评》，载《人民日报》2017年9月18日，第1版。

〔2〕 习近平总书记在党的十九大上代表十八届中央委员会所作的题为《决胜全面建成小康社会 夺取新时代中国特色社会主义伟大胜利》的报告。

一、外交承诺在我国反腐败国际合作中的凸显

当前，我国理论界对于外交承诺的研究并不多见。在中国期刊网上查询，论文标题中包含有外交承诺的论文只有2篇，而且其中一篇是在副标题中出现，[1]另一篇则属于非法学领域，是国际关系领域的论文。[2]而以关键词进行查询，相关论文则有4篇。外交承诺，从字面意义理解，指一国在外交活动中向另外一国作出的承诺。所以，任何涉及外交领域的活动，都可能存在外交承诺。反腐败国际合作，作为我国与他国合作追回我国外逃人员和外流资金、行使我国司法主权、维护我国国家利益的重要途径，也是我国外交活动的一种，[3]所以我国也会基于外交需要而作出相应承诺。本书所研究的外交承诺，特指我国在反腐败国际合作中向他国所作出的承诺。

关于国际刑事司法合作中外交承诺的概念，有论者认为是指在开展追逃追赃国际合作中，请求国向被请求国作出的关于被请求人在回国之后的追诉、量刑以及保障相关诉讼权利的承诺，并保证回国后坚决兑现的制度。[4]也有论者虽然没有就外交承诺作出界定，但是在同样意义上使用了外交保证的表述，该论者认为，外交保证是指请求引渡国向被请求引渡国主动或被动作出的在承担国际法或国际人权义务等事项上所作出的保证。[5]我们赞同上述两种观点的表述，但是也认为第二种观点只将外交承诺限定在引渡合作中并不合适。[6]我们认为，在国际刑事司法合作中，基于对方国家的要求，在符合我国相关法律、国际公约、条约，而且也不损害我国主权、国家利益、公共利益的前提下，都可以作出承诺。

---

〔1〕参见孙昂：《美洲人权法院黄海勇引渡案述评——兼论“外交承诺”的法理和实践》，载中国国际法学会：《中国国际法年刊》（2017），法律出版社2018年版。

〔2〕参见韩长青、吴文成：《外交承诺与战略试探：万斯访华与中美关系正常化》，载《外交评论》2014年第6期。

〔3〕参见张磊：《道义与信任：新时代反腐败追逃追赃的精神意蕴》，载《法学杂志》2019年第4期。

〔4〕参见张磊：《境外追逃追赃良性循环理念的界定与论证》，载《当代法学》2018年第2期。

〔5〕参见罗翊乔：《跌宕起伏的黄海勇引渡案》，载《民主与法制》2017年第28期。

〔6〕原因将在后文详述。

对于外交承诺的概念，首先应当从其字面意义上理解。外交承诺由外交和承诺两个词语构成。根据百度百科的界定，外交通常是指一个国家为了实现其对外政策，通过互相在对方首都设立使馆，派遣或者接受特别使团，领导人访问，参加联合国等国际组织，参加政府性国际会议，用谈判、通信和缔结条约等方法，处理其国际关系的活动。简单点说，就是指一个国家在国际关系方面的活动，如互派使节、进行谈判、会谈等。而承诺的基本含义是应允同意，作为法律术语的承诺是指受要约人同意要约的意思表示。[1]综上，外交承诺应当是指在国际关系中，国家通过外交途径所作出的同意他国要约的意思表示。国际刑事司法合作中的外交承诺则是指在国际刑事司法合作中，为了顺利实现合作，请求国基于被请求国的要求，代表国家通过外交途径向被请求国所作出的关于被请求人在回国之后在刑事追诉、刑罚裁量、诉讼权利的保障，以及其他方面权益保障的承诺。

二、外交承诺的特点

（一）外交承诺由有关机关代表国家作出

追逃追赃国际合作是国与国之间围绕追回逃犯、追缴赃物开展的在刑事领域方面的合作，合作的主体是国家。外交承诺，是在国际合作之中所作出的。所以，作出外交承诺的主体必须是国家，或者是代表国家的国家机关和执法人员，该承诺的行为体现的是国家意志。例如，我国《引渡法》第50条规定："被请求国就准予引渡附加条件的，对于不损害中华人民共和国主权、国家利益、公共利益的，可以由外交部代表中华人民共和国政府向被请求国作出承诺。"2018年我国新通过的《中华人民共和国国际刑事司法协助法》（以下简称《国际刑事司法协助法》）第11条规定："被请求国就执行刑事司法协助请求提出附加条件，不损害中华人民共和国的主权、安全和社会公共利益的，可以由外交部作出承诺。被请求国明确表示对外联系机关作出的承诺充分有效的，也可以由对外联系机关作出承诺。"据此，在我国与其他国家开展的刑事司法合作中，如果被请求国

〔1〕 我国《民法典》第479条的规定，承诺是受要约人同意要约的意思表示。

就我国的引渡或者刑事司法协助请求提出附加条件的，在不损害我方利益的前提下，由外交部代表我国向被请求国作出承诺，在被请求国明确表示对外联系机关作出的承诺充分有效的情况下，对外联系机关也可以代表我国作出承诺。此时，我国外交承诺的作出主体是我国的外交部，或者对外联系机关。

（二）外交承诺作出是基于对方提出的请求

在全球化的大背景下，任何一个国家都不可能仅靠自己的力量实现对于犯罪的制裁。为了应对跨国犯罪与涉外犯罪所带来的挑战，各国都与他国开展了国际刑事司法合作。但是各国由于历史传统、法律制度、价值观念等的不同，很可能将相同行为规定为不同的犯罪，或者对于相同犯罪也可能规定了不同的刑罚。也就是说，对于同一个行为是否构成犯罪，应当给予怎样的制裁，各国的法律制度很可能进行不同的评价。当被请求国认为外逃人员回国之后可能被判处过于严重的刑罚，可能被判处或者执行死刑，诉讼权利不能够得到充分的保障，或者可能遭受非人道的待遇的情况下，被请求国往往会就外逃人员回国之后被判处的刑罚种类、刑罚轻重、诉讼权利的保障，以及在刑事诉讼、刑罚执行中的待遇要求请求国作出相应的承诺。这在某种意义上来说，也是被请求国基于本国的法律制度、价值观念对于请求国法律制度、司法权的一种限制。所以，请求国往往不会主动作出外交承诺，而都是先由被请求国提出要求，然后再结合本国实际情况和法律制度，考虑是否作出承诺。

（三）外交承诺的目的是将外逃人员追回国追究刑事责任

外交承诺的目的是实现对于外逃人员的刑事制裁。近年来，大量腐败分子携带赃款赃物逃往境外。我国开展反腐败追逃追赃专项行动的目的就是实现反腐败零容忍，腐败分子即使逃到天涯海角，也要把他们追回来绳之以法。[1]由于犯罪分子已经逃往境外，我国执法人员不能够到他国执法，所以我们只能与他国开展刑事司法合作，由他国协助我国抓捕犯罪嫌

〔1〕参见田晓丽、燕飞：《中纪委：腐败分子逃到天涯海角也要追回来 绳之以法》，载 https://www.chinacourt.org/article/detail/2015/05/id/1633197.shtml，最后访问日期：2022 年 3 月 8 日。

疑人，将其通过引渡、遣返、缉捕等方式移交给我国，然后依据我国刑法规定对其进行起诉、审判，追究刑事责任。但是，如果被请求国对于我国的刑事司法合作请求提出了相应的条件，那么我方将在就该条件作出承诺（然后追回外逃人员）和不作出承诺（暂时无法追回外逃人员）之间做出选择。在此背景下，如果对方提出的条件无损于我方国家利益和社会利益，我国往往会基于尽快实现刑事追诉的目的作出承诺，将每一个外逃分子追逃归案，依法对其进行制裁，从而确立违法犯罪行为与惩罚之间的必然联系，大大降低犯罪再次发生的可能性。〔1〕

（四）外交承诺要经过对方的认可后刑事司法合作才可能实现

在请求国向被请求国作出外交承诺之后，并不意味着国际合作就一定能够实现。如前所述，被请求国之所以提出附加条件要求请求国作出承诺，是因为被请求国与请求国法律制度、价值观念的不同。那么在请求国作出承诺之后，只有被请求国依照本国法律制度、价值观念，对于请求国的外交承诺作出评价和判断，认为该外交承诺是充分的，能够满足本国之前所提出的附加条件的情况下，才可能将被请求人引渡、遣返或者通过其他方式交给请求国。否则，如果被请求国认为该外交承诺并不充分，就有可能导致国际合作的失败。例如首次引入了死刑条款的《中华人民共和国和西班牙王国引渡条约》明确规定下列情形为应当拒绝引渡的理由："根据请求方法律，被请求引渡人可能因引渡请求所针对的犯罪被判处死刑，除非请求方作出被请求方认为足够的保证不判处死刑，或者在判处死刑的情况下不执行死刑。"〔2〕也就是说，只有被请求国认为请求国的承诺是"足够的"的前提下，才可能认可该承诺并继续推动司法协助开展。关于外交承诺是否得到对方认可，我国有成功和失败两方面的案例：在中国和加拿大合作开展的赖昌星遣返案中，〔3〕我国向加拿大方面作出了不判处赖

〔1〕 参见张磊：《反腐败零容忍与境外追逃》，法律出版社2017年版，第13~14页。

〔2〕 黄风：《国际刑事司法合作的规则与实践》，北京大学出版社2008年版，第62页。

〔3〕 赖昌星是厦门远华特大走私集团首犯，1999年出逃加拿大，在外滞留12年，中加双方经过多年的合作，通过非法移民遣返措施将赖昌星于2011年遣返回国。期间，中国向加拿大方面作出不判处赖昌星死刑的外交承诺，并得到加拿大方面的认可。关于赖昌星遣返案的详细情况，请参见赵秉志、张磊：《赖昌星案件法律问题研究》，载《政法论坛》2014年第4期。

昌星死刑的承诺，加拿大方面经过慎重评估后，认可了我国的承诺。加拿大方面指出，中国政府基于加拿大方面的要求就赖昌星遣返案作出了严格、清楚的保证，被认为将会得到遵守，中国政府将会恪守这些承诺。〔1〕而在中国和葡萄牙合作开展的杨沃亮引渡案中，〔2〕我方虽然也向葡萄牙作出了不会判处杨沃亮死刑和无期徒刑的承诺，但是由于该承诺没有得到葡萄牙方面的认可，而没有引渡成功。

（五）外交承诺要充分兑现才能够推动以后国际合作的顺利开展

外交承诺是一种对于未来行为的保证，所以被请求国认可承诺并移交外逃人员回国本身，并不意味着外交承诺的结束。只有外逃人员回国之后，请求国完全、充分兑现了之前所作出的承诺，才意味着该承诺作为一项国家外交行为的完美收官。虽然从表面上来看，外逃人员回国以后完全处于请求国的控制之下，如何追究其刑事责任，是否充分兑现之前所作出的承诺，请求国具有完全的主动权。但是我们也应当认识到，该外交承诺的兑现情况，将直接影响请求国的国际信誉，影响请求国以后与被请求国乃至世界各国开展国际刑事司法合作的情况。如果请求国完全、充分兑现该承诺，则其国际信誉将得到巩固和进一步提升，为以后合作奠定良好基础。如果在没有任何理由的情况下，没有兑现或者没有充分兑现承诺，将影响其已经建立的国际信誉。那么在以后的国际合作中，不仅被请求国，甚至整个国际社会都将不再信任该国所作出的外交承诺，该国以后的国际刑事司法合作将寸步难行。例如，在中国和秘鲁之间的黄海勇引渡案中，美洲人权法院就黄海勇诉秘鲁政府案进行审理的时候，一个重要参考就是中国和加拿大之间的赖昌星遣返案，其中我国在赖昌星遣返案中外交承诺

---

〔1〕 参见张磊：《反腐败零容忍与境外追逃》，法律出版社 2017 年版，第 80 页。

〔2〕 杨沃亮是中国香港居民，1990 年 6 月在中国广东省杀害女友之后潜逃至中国澳门。中国广东警方致函中国香港和中国澳门警方请求协助缉捕杨沃亮。1993 年 12 月，杨沃亮被中国澳门警方抓获。1994 年 1 月，中国内地根据中国澳门司法机构的建议，向葡萄牙提出引渡杨沃亮的请求，并根据葡萄牙法律关于死刑不引渡的规定，于 1994 年 1 月由中国公安部通过新华社澳门分社作出承诺，表示对于杨沃亮不会判处死刑。但是葡萄牙方面认为中国公安部的承诺是一种政治和外交性质的承诺，不是国内法律，对于国内法院没有约束力，从而成为杨沃亮引渡案失败的一个重要因素。关于杨沃亮的详细内容，请参见黄风主编：《中国境外追逃追赃：经验与反思》，中国政法大学出版社 2016 年版，第 121～132 页。

的兑现情况是其中最为重要的因素之一。正因为我国在赖昌星被遣返回国之后，充分保障赖昌星的各项诉讼权利，依法对其进行审判，并且没有判处其死刑（最终只判处其无期徒刑），充分兑现了之前向加拿大作出的外交承诺，从而向国际社会证明中国政府一诺千金，言出必行，从而巩固和进一步提升了我方的国际信誉，增强了我国外交承诺在国际社会上的认可度。〔1〕总之，请求国只在作出承诺之后，充分、完全兑现当时的承诺，才能够赢得国际社会的信任，从而推动本国国际刑事司法合作的良性循环。〔2〕

三、外交承诺在追逃国际合作中的适用

关于当前我国追逃国际合作的主要措施，多数观点认为包括引渡、非法移民遣返、异地追诉、劝返四种，〔3〕也有观点在对追逃实践进行总结后提出，缉捕作为一种独立追逃措施的地位正在凸显，〔4〕并得到了部分学者的赞同。〔5〕我们也赞同这种观点，认为缉捕应当是一种独立的追逃措施。虽然在这五种主要的追逃措施中，都可能出现我方作出承诺的问题，但这些承诺并非都可以纳入外交承诺的范畴。

（一）外交承诺在引渡、非法移民遣返和异地追诉中的适用

在引渡、非法移民遣返和异地追诉这三种措施中，我方所作出的承诺，一般都可以纳入外交承诺的范畴。例如，在黄海勇引渡案中，中国曾经向秘鲁政府作出不判处黄海勇死刑的承诺。〔6〕在针对赖昌星遣返案中，

---

〔1〕参见张磊：《道义与信任：新时代反腐败追逃追赃的精神意蕴》，载《法学杂志》2019年第4期。

〔2〕参见张磊：《境外追逃追赃良性循环理念的界定与论证》，载《当代法学》2018年第2期。

〔3〕参见黄风：《境外追逃的四大路径》，载《人民论坛》2011年第31期。

〔4〕参见张磊：《从“百名红通人员”归案看我国境外追逃的发展》，载《北京师范大学学报》2017年第3期。

〔5〕参见王秀梅、宋玥婵：《新时代我国反腐败追逃的经验与完善——聚焦于“百名红通”》，载《北京师范大学学报》2018年第5期；薛丰民、黄鹏：《中国反腐败境外追逃实践之劝返模式研究》，载《郑州大学学报（哲学社会科学版）》2017年第6期。

〔6〕参见陈雷：《引渡在国际追逃追赃中的作用发挥——黄海勇引渡案的启示》，载《中国检察官》2017年第8期。

我国也曾经向加拿大方面作出不判处赖昌星死刑的承诺。[1]而在我国和美国合作的余振东遣返案中，我国向美国提供了大量余振东在我国国内以及在美国实施的犯罪证据，支持美国针对余振东在美国境内实施的犯罪行为进行异地追诉。2004 年 2 月，美国拉斯维加斯联邦法院以非法入境、非法移民及洗钱三项罪名判处余振东 144 个月监禁。随后我国向美国作出承诺，如果余振东回国受审，将不会被判处超过 144 个月的监禁。[2]该案也被誉为我国与美国司法机关合作、借助美国司法机关的强大压力和辩诉交易制度实现遣返目的的成功尝试。[3]

（二）外交承诺在缉捕中的适用

在缉捕中的外交承诺问题，虽然笔者尚未见到有媒体报道，也没有见到理论界进行探讨，但是笔者认为同样有外交承诺存在的可能。国际刑事司法合作中的缉捕，也被称为联合缉捕，是指我方执法人员，在外交部、公安部和驻外使馆的协调配合下，与逃犯发现地国家的司法执法部门通力合作，共同将外逃人员归案，也被称为联合缉捕。在联合缉捕中，往往以当地国的执法人员为主，我国执法人员为辅。[4]联合缉捕，虽然往往以我国与被请求国之间良好的外交关系或者国际合作关系为前提，但是被请求国也可能基于该国法律制度和司法主权，向我国提出相应的条件，虽然从笔者掌握的资料来看，这种情况还没有出现，但是并不能排除这种情况出现的可能。

（三）劝返中的承诺不是外交承诺

劝返中的承诺问题较为复杂，值得专门进行探讨。在劝返中，为了推动外逃人员尽快回国，我方执法人员很可能就其回国之后的量刑、待遇等问题作出一定的承诺，这是推动外逃人员回国的重要砝码，也是劝返的核心和最薄弱的环节。[5]我们认为，劝返中我方执法人员以及其他代表我方

---

〔1〕 参见赵秉志、张磊：《赖昌星案件法律问题研究》，载《政法论坛》2014 年第 4 期。

〔2〕 参见《余振东：外逃 2 年余 回国受审获刑 12 年》，载 http://www.jcrb.com/xztpd/2013zt/201306/guojifantan/kongbai/201306/t20130621_1139805.html，最后访问日期：2022 年 3 月 9 日。

〔3〕 参见黄风：《开平案与国际刑事司法合作》，载《中国法律》2009 年第 3 期。

〔4〕 参见张磊：《从“百名红通人员”归案看我国境外追逃的发展》，载《北京师范大学学报》2017 年第 3 期。

〔5〕 参见刘娜：《劝返的现实困境与突破路径》，载《湖北社会科学》2014 年第 2 期。

进行劝返的人员作出的相关承诺，对于推动其回国具有重要作用，应当充分肯定该承诺对于劝返成功的重要意义。例如，在中国和新加坡之间合作开展的云南省交通厅原副厅长胡星劝返案中，胡星潜逃新加坡后，我方追逃人员积极对其展开劝返，并承诺不追究其本人出逃的责任，以及其弟弟和情妇帮助其出逃的刑事责任，从而成为胡星决定回国的重要因素。[1]当然，关于这种劝返承诺的依据以及有效性，有学者也提出了反思。[2]还有学者针对劝返中关于承诺效力的肯定观点和否定观点进行分别分析之后，提出劝返中的承诺应当法制化、规范化。[3]

关于劝返中的承诺是否能够属于本书所说的外交承诺，有观点认为这种承诺属于由国家向外作出的量刑承诺，[4]当然也就属于本书所说的外交承诺。[5]我们认为，对于这种由执法人员向外逃人员作出的关于回国的待遇承诺，严格来说，实质上并不是外交承诺。如前所述，外交承诺指在国际关系中，国家通过外交途径所作出的同意他国要约的意思表示。外交承诺由国家机关基于对方国家的要求代表国家作出，并且要经过对方国家的评估予以认可，也就是说外交承诺是一项外交行为。外交承诺的双方是请求国与被请求国。而劝返中的承诺由我方执法人员根据外逃人员的具体情况而作出，作出承诺的主体虽然是代表国家执行劝返任务的执法人员，但是该承诺在以下方面并不符合外交承诺的构成：（1）该承诺并非基于被请求国的要求而作出。实践中劝返中承诺的作出有可能是外逃人员为了获得较轻的处罚向劝返人员提出的投案条件。也可能是劝返人员通过分析外逃人员的心理状况而主动提出，以促使其放下包袱，尽快投案。但无论是谁提出，都并非被请求国基于本国与请求国法律制度的差异而提出。（2）该

---

〔1〕参见殷红、雷成：《外逃高官胡星归案记》，载《中国青年报》2007年4月28日，第2版。

〔2〕参见张磊：《从胡星案看劝返》，载《国家检察官学院学报》2010年第2期。

〔3〕参见薛丰民、黄鹏：《中国反腐败境外追逃实践之劝返模式研究》，载《郑州大学学报（哲学社会科学版）》2017年第6期。

〔4〕参见宣刚、余燕娟：《境外追逃量刑承诺的建构进路和程序设置》，载《河南警察学院学报》2019年第4期。

〔5〕如后文所述，本书认为量刑承诺是外交承诺最为重要的一个种类。

承诺并不需要经过被请求国的评估和认可。我方人员开展劝返可以通过多种方式进行，既可以在经过被请求国允许的前提下，进入该国境内直接接触外逃人员进行劝返；也可以是执法人员在我国境内以通电话、邮件、微信等方式和外逃人员沟通进行劝返；也可以是通过在他国境内的华人华侨、朋友对其进行劝返；还可以是通过外逃人员在国内的亲戚、朋友向外逃人员打电话沟通进行劝返。但是无论具体方式如何，我方对于外逃人员劝返和承诺，一般只是我方人员与外逃人员进行沟通协商，由外逃人员对于我方所承诺的待遇进行权衡和考虑，决定是否投案。(3) 劝返中承诺的兑现更多体现的是对外逃人员的负责和尊重。劝返中的承诺只有充分兑现，才能促使更多的外逃人员投案自首，主动回国。如果不能充分兑现，将使得已经回国的外逃人员有被骗之感，不利于以后其他外逃人员主动回国投案。但是与外交承诺的兑现不同的是，劝返中承诺的兑现更多体现的是我方就该承诺内容向外逃人员负责，是对于外逃人员的尊重。而外交承诺更多体现的是就承诺内容向被请求国负责，体现对于被请求国的尊重。总之，劝返中的承诺所体现的更多是我国（由执法人员所代表）与外逃人员之间的关系，而外交承诺所体现的是我国与被请求国之间的关系，劝返中的承诺不能够纳入到外交承诺当中。

总之，国际合作中的外交承诺体现的是国与国之间的关系，劝返中的承诺体现的是我国与外逃人员之间的关系，两者有实质上的不同。当然，为了推动劝返承诺在我国国际刑事司法合作发挥更大的作用，我们应当尽快通过相关法律或者司法解释，使我国司法机关和政府主管机关在开展“劝返”工作时更加有据可依，使向那些顾虑重重的外逃人员所作出的宽大性承诺更加具有可信性和有效性，从而感召、鼓励更多的外逃人员回国投案。〔1〕

四、外交承诺的种类

外交承诺是在国际刑事司法合作中，请求国基于被请求国的要求而作

〔1〕 参见黄风：《建立境外追逃追赃长效机制的几个法律问题》，载《法学》2015 年第 3 期。

出的相关承诺，承诺的内容要根据被请求国的提出而决定。所以，外交承诺的外延并没有严格限制，只要是被请求国基于请求国的国际刑事司法协助请求而提出的条件，又不违背请求国的主权、国家利益和社会利益，请求国为了推进刑事司法协助的开展，维护本国的刑事司法主权，都可能作出承诺。所以，外交承诺没有固定的外延，具有开放性。结合我国实践，当前我国在国际合作中作出的外交承诺主要有以下几种：

（一）量刑承诺

量刑承诺，是请求国就外逃人员回国后的刑罚裁量向被请求国作出的承诺，是我国外交承诺中适用最多的一种承诺。关于量刑承诺的概念和种类，有观点认为量刑承诺是指为了推动引渡、非法移民遣返等刑事司法合作的顺利开展，请求引渡或者遣返国向被请求引渡、遣返国作出的，关于对被请求引渡、遣返人在回国受审后予以减轻处罚的承诺的制度。具体包括不判处死刑或者不执行死刑的承诺和减轻处罚的承诺两种。也有观点认为，所谓量刑承诺，是指由请求引渡或遣返犯罪嫌疑人的国家司法机关，向被请求引渡或遣返的国家作出引渡或遣返该犯罪嫌疑人回国受审后减轻刑罚处罚的决定，包括原本应该判处死刑而不判处死刑或判处死刑不予执行的许诺或保证。这其实是为了避免因适用“死刑不引渡原则”而最终导致引渡和遣返不能实现的一项国际引渡法律变通制度，是国际上的一种通行做法。量刑承诺包括三种情况：刑期变更，即将长期刑期变为短期徒刑；刑种变更，即本应执行死刑但不适用死刑；刑罚执行变更，即虽判处刑罚但刑罚不予执行的情况。[1]

上述观点的区别在于以下方面：（1）关于量刑承诺的适用范围。第一种观点认为量刑承诺不仅适用于引渡和遣返，而且适用于其他国际刑事司法合作；第二种观点认为量刑承诺只适用于引渡和遣返。（2）关于量刑承诺的作出主体，第一种观点认为不限于司法机关，而第二种观点认为是司法机关。（3）关于量刑承诺的种类，第一种观点认为只有不判处

---

〔1〕 参见陈雷：《量刑承诺是死刑不引渡原则的变通》，载《检察日报》2007年2月16日，第4版。

或者不执行死刑的承诺，和减轻处罚的承诺两种，第二种观点认为还包括不执行刑罚的承诺。我们认为，在量刑承诺的适用范围上不应当限于引渡和遣返，还可能适用于其他种类国际合作，例如联合缉捕。关于量刑承诺的主体，我们认为不应当限于司法机关，也可能是外交部门。关于量刑承诺的种类，我们赞同第二种观点，认为也包括不执行刑罚的承诺。

关于量刑承诺，我国两部法律先后进行了规定。我国《引渡法》第 50 条对于量刑承诺进行了明确规定："被请求国就准予引渡附加条件的，对于不损害中华人民共和国主权、国家利益、公共利益的，可以由外交部代表中华人民共和国政府向被请求国作出承诺。对于限制追诉的承诺，由最高人民检察院决定；对于量刑的承诺，由最高人民法院决定。在对被引渡人追究刑事责任时，司法机关应当受所作出的承诺的约束。"《国际刑事司法协助法》第 11 条规定："被请求国就执行刑事司法协助请求提出附加条件，不损害中华人民共和国的主权、安全和社会公共利益的，可以由外交部作出承诺。被请求国明确表示对外联系机关作出的承诺充分有效的，也可以由对外联系机关作出承诺。对于限制追诉的承诺，由最高人民检察院决定；对于量刑的承诺，由最高人民法院决定。在对涉案人员追究刑事责任时，有关机关应当受所作出的承诺的约束。"由此，在引渡和国际刑事司法协助中，我国量刑承诺的决定主体是最高人民法院，而对外作出承诺的主体是外交部或者对外联系机关。实践中，我国不判处死刑承诺的典型案例有前述的赖昌星遣返案和黄海勇引渡案，而减轻处罚承诺的典型案例是前述的余振东遣返案。

（二）追诉承诺

关于何为追诉承诺，有学者认为是指请求引渡或者遣返国向被请求引渡、遣返国作出的，关于对被请求引渡、遣返人在回国受审后对其相关罪行不予以追诉的承诺。[1]我们基本赞同该学者的观点，但是也认为追诉承

〔1〕 参见张磊：《境外追逃追赃良性循环理念的界定与论证》，载《当代法学》2018 年第 2 期。

诺不仅适用于引渡、遣返，也适用于其他追逃国际刑事司法合作。我们认为追诉承诺，是请求国向被请求国作出的对于外逃人员的相关罪行不予追诉的承诺。如果说，量刑承诺是由于被请求国对于请求国如何行使刑罚权，也就是如何裁量刑罚进行限制的话，追诉承诺则是被请求国对于请求国是否行使刑罚权的限制，也就是请求国不得追诉外逃人员的相关罪行。不论是量刑承诺，还是追诉承诺，都是请求国为了实现刑事司法合作，顺利追回外逃人员而就本国刑事司法权作出的某种让步。而相对于量刑承诺来说，追诉承诺的让步更多。前者只是在确定追诉外逃人员刑事责任的前提下，不判处、不执行某种刑罚，或者减轻处罚。后者则是对于外逃人员的某些涉嫌犯罪的行为不再追究刑事责任。关于追诉承诺的立法，和量刑承诺一样，我国也由《引渡法》第 50 条和《国际刑事司法协助法》第 11 条进行规定，根据前文引述的条文内容，对于限制追诉作出决定的主体是最高人民检察院，而追诉承诺对外作出的主体，《引渡法》规定的是外交部，《国际刑事司法协助法》规定的是外交部和对外联系机关。

（三）禁止酷刑的承诺

酷刑问题也是我国境外追逃国际合作问题中被请求国关注的一个重点问题，外逃人员也往往以回国将会遭受酷刑或者其他不人道的待遇作为对抗追逃的主要理由。所以，在境外追逃国际合作中，被请求国往往还要求请求国作出保障外逃人员回国之后不会遭受酷刑以及其他非人道的待遇的承诺。例如在黄海勇引渡案中，中国于 2009 年向秘鲁方面作出不判处黄海勇死刑的承诺之后，又于 2014 年向秘鲁方面承诺黄海勇回国之后，中国政府确保黄海勇将不会受到酷刑或其他残忍、非人道或有辱人格的待遇和处罚。不仅如此，在黄海勇引渡案被提交到美洲人权法院之后，此问题也引起了美洲人权法院的重视，成为法庭各方盘问专家证人的重要内容。与量刑承诺和追诉承诺不同的是，当前关于禁止酷刑的外交承诺并没有明确的立法和制度。正如有学者所指出的，禁止酷刑的外交承诺是当今国际法上一个悬而未决的问题，尚无关于这一问题的成熟制度，在双边和多边国际条约中也几乎看不到与此相关的条款。[1]

(四) 保障外逃人员回国之后的各项诉讼权利的承诺和保障被请求国随时了解案件程序的承诺

外逃人员回国之后将要接受刑事追诉，其回国后的诉讼权利的保障，以及被请求国能否及时了解到案件的进展情况也是被请求国所关心的重点问题。所以，被请求国往往也会要求请求国就此问题作出保证，这也就是保障外逃人员回国之后的各项诉讼权利以及保障被请求国随时了解案件程序的承诺。在黄海勇引渡案中，我国也曾向秘鲁方面作出保证，保证黄海勇的诉讼权利，保障黄海勇聘请律师为其辩护的权利，接受合格医疗服务的权利。中国司法机关保障对于黄海勇的审判进行录音录像，并可以应秘鲁方面的要求供其使用。此外，还承诺保障秘鲁政府可以随时了解黄海勇在中国的诉讼程序，了解黄海勇在中国的羁押地点，派遣外交或者领事官员与黄海勇座谈，旁听对于黄海勇的公开审判；在羁押期间，为黄海勇提供视频设施以便秘鲁官员与黄海勇联系；等等。[2]

(本节由本人和云南大学法学院董晓松副教授合著)

第二节　我国量刑承诺制度的反思与完善

在国际社会的引渡或者非法移民遣返等国际刑事司法合作的实践中，由于刑事司法制度特别是刑罚观念、刑罚制度，以及对其体现的价值观念的理解的不同，各国对于相同的犯罪可能规定了不同的刑罚，那么当引渡被请求国认为请求国将被请求引渡人引渡回国之后，可能会对其判处过重的刑罚，或者可能判处或者执行死刑的情况下，被请求国为维护本国法律中的强制性规定或根本价值观念，在作出准予引渡的决定前，很可能基于本国的刑事司法理念，或者基于所谓“人权”的考虑，要求引渡请求国就

---

〔1〕 参见孙昂：《美洲人权法院黄海勇引渡案述评——兼论“外交承诺”的法理和实践》，载中国国际法学会：《中国国际法年刊》（2017），法律出版社 2018 年版。

〔2〕 参见张磊：《法治反腐与境外追赃》，中国法制出版社 2018 年版，第 53 页。

引渡后判处或者执行的刑罚种类和强度作出限制性保证。[1]例如，保证不对被请求引渡人判处过于严重的刑罚，或者不能适用或者执行死刑，在此前提下才准予引渡。这就催生了引渡国际刑事司法合作中的量刑承诺制度。

2014年以来，在党中央的集中统一领导下，我国掀起了以“天网”行动为代表的境外追逃追赃风暴，并取得了突出成绩。2016年7月17日，犯罪嫌疑人黄海勇的归案，更使得中华人民共和国成立以来的最复杂的引渡案完美收官，是我国首次从拉美国家成功引渡犯罪嫌疑人，首起美洲人权法院审理涉及中国的引渡案件，是继赖昌星遣返案以后我国境外追逃的又一个里程碑。而在我国境外追逃的典型案件中，不论是黄海勇引渡案，还是赖昌星遣返案，都涉及我国国际刑事司法合作的量刑承诺制度，[2]该制度是我国境外追逃的润滑剂，对于推动我国境外追逃的顺利开展发挥了重要作用。

关于何谓量刑承诺，有学者认为是指由请求引渡或遣返犯罪嫌疑人的国家司法机关向被请求引渡或遣返的国家作出引渡或遣返该犯罪嫌疑人回国受审后减轻刑罚处罚，包括本应罪该判处死刑而不被判处死刑或判处死刑不予执行的许诺或保证。[3]笔者基本赞同这种观点，但是也对该观点将引渡请求国的司法机关视为量刑承诺的主体持保留意见。事实上，量刑承诺虽然是由一国的司法机关作出决定的，但是在对他国作出承诺的时候，请求国还是以国家名义作出的，所以我们认为量刑承诺的主体应当是国家而不是该国的司法机关。在此基础上，我们认为，国际刑事司法合作中的量刑承诺制度，是指为了推动引渡、非法移民遣返等刑事司法合作的顺利开展，请求引渡或者遣返国向被请求引渡、遣返国作出的，关于对被请求引渡、遣返人在回国受审后予以减轻处罚的承诺的制度，其中最为突出的

---

〔1〕 参见薛淑兰：《引渡司法审查研究》，中国人民公安大学出版社2008年版，第311页。

〔2〕 参见赵秉志：《关于进一步推动我国境外追逃工作的几点思考——我在美洲人权法院巡回法庭黄海勇引渡案中出庭作证的体会》，载《刑法评论》2016年第1卷（总第29卷）。

〔3〕 参见陈雷：《量刑承诺是死刑不引渡原则的变通》，载《检察日报》2007年2月16日，第4版。

表现就是不判处死刑或者不执行死刑的承诺。

一、量刑承诺制度基础理论

（一）量刑承诺制度的特点

我国的量刑承诺制度，最早出现在外交部、最高人民法院、最高人民检察院、公安部、司法部 1992 年联合颁布的《关于办理引渡案件若干问题的规定》（以下简称《规定》）中，该规定是一个具有行政法规性质内部规章的指导文件，其中含有调整引渡活动的国内程序的一些规定，是《引渡法》出台之前中国处理引渡案件的主要依据。在当时，它不仅为应对现实需要提供了一整套暂行规则，同时也为我国未来引渡审查制度的建立设计了一个可供参考的初步框架，并为此后确立我国引渡审查制度奠定了基础。该《规定》在确立特定性原则时暗含了具体个案中不判决或不执行死刑的承诺的制度，[1]该规定第 26 条明确规定："我国请求引渡时已经就被要求引渡人的定罪、量刑或者执行刑罚等事项向被请求国作出承诺的，我国司法机关在对该人追究刑事责任或者执行刑罚时应当受该项承诺的约束。" 2000 年 12 月 28 日我国第九届全国人民代表大会常务委员会第十九次会议通过了《引渡法》，进一步明确规定了量刑承诺制度。该法第 50 条规定："被请求国就准予引渡附加条件的，对于不损害中华人民共和国主权、国家利益、公共利益的，可以由外交部代表中华人民共和国政府向被请求国作出承诺。对于限制追诉的承诺，由最高人民检察院决定；对于量刑的承诺，由最高人民法院决定。在对被引渡人追究刑事责任时，司法机关应当受所作出的承诺的约束。" 2018 年 10 月通过的《国际刑事司法协助法》第 11 条，该条也作出了和《引渡法》类似的规定。根据这些规定，在我国国际刑事司法协助当中的对外承诺制度分为追诉承诺和量刑承诺，其中的量刑承诺制度主要有以下特点：

1. 量刑承诺的前提：被请求国就准予引渡附加条件。如前所述，实践中由于各国司法制度的不同，以及每个案件的特殊性与复杂性，有时被请

---

〔1〕 参见黄风：《中国引渡制度研究》，中国政法大学出版社 1997 年版，第 168~171 页。

求国基于对请求国司法制度的不信任，在作出准予引渡的决定前，被请求国很可能要求请求国就引渡后判处或者执行的刑罚作出限制性承诺，如果不作出承诺，则不能进行引渡或者遣返，请求国就无法对其进行相应的刑事司法管辖。所以，被请求国就准予引渡附加条件，是我国作出量刑承诺的前提。如果被请求国没有对引渡附加条件，而是顺利推动引渡程序，双方就可以直接开展引渡合作，而没有必要进行量刑承诺。

2. 量刑承诺的条件：引渡附加条件不损害我国主权、国家利益、公共利益。被请求国对于引渡附加的条件，必须不损害我国的国家主权、国家利益和公共利益。引渡本来就是请求国与被请求国之间围绕引渡被请求人而进行博弈的过程。所以，为了推动引渡的顺利进行，实现我国的刑事管辖权，对于他国所提出引渡的附加条件，只要不损害我国主权、国家利益和公共利益，我国政府就可以接受并作出相应承诺。但是，如果损害了我国主权、国家利益和公共利益，则应当以国家主权、利益为重，即使暂时不能引渡犯罪嫌疑人，也绝不能作出承诺。

3. 量刑承诺的决定主体：最高人民法院。人民法院是我国的审判机关，在刑事案件中行使定罪量刑的权力。所以，关于被请求引渡人被引渡回国之后的量刑问题，只有人民法院有权决定。而且，根据《引渡法》的规定，量刑承诺的具体内容，也就是作出什么样的承诺，应当怎样从宽处罚，只有最高人民法院有权力作出决定，其他各级法院，或者其他任何机关都无权决定。

4. 量刑承诺的作出主体：外交部。在最高人民法院决定了量刑承诺的具体内容之后，将由外交部代表我国向被请求国作出承诺。引渡是国与国之间的行为，所以由外交部代表我国政府向被请求国作出承诺是合适的。实践中，我国量刑承诺通常是以外交照会的形式发出，即由中国驻被请求国大使馆向该国外交部发出外交照会，或者是中国外交部向被请求国驻中国大使馆发出外交照会。所以，在实践中，量刑承诺，也被称为“外交承诺”。

5. 量刑承诺的效力：司法机关必须遵守。量刑承诺是一国对于他国作出的外交承诺，保证本国以后的行为符合承诺的内容。根据《引渡法》中在对被引渡人追究刑事责任时，司法机关应当受所作出的承诺的约束之规定，我国的量刑承诺一旦作出，就具有相应的约束力，有关司法机关应当判处符合承诺内容的刑罚，任何有违承诺的行为都会影响中国的国际形象，并影响以后同他国国际刑事司法合作的进行。

（二）量刑承诺的适用范围：不仅适用于引渡

当前我国境外追逃的主要措施除了有引渡以外，还有非法移民遣返、异地追诉和劝返。〔1〕关于量刑承诺的适用范围，有学者认为不仅适用于引渡，还适用于遣返。如有学者认为：尽管引渡和遣返是两种不同性质的国际法律合作制度，不能相互等同并且两种制度有着本质的区别；但由于针对犯罪嫌疑人的遣返的程序类似引渡，因此对于犯罪嫌疑人在适用遣返程序时，许多国家都参照引渡制度的一些原则和做法，这就包括了量刑承诺。也就是说，认为量刑承诺也适用于遣返。〔2〕我们赞同这种观点，认为量刑承诺不仅适用于引渡（如张振海引渡案〔3〕），还适用于非法移民遣返（如赖昌星遣返案〔4〕）和异地追诉之后的强制遣返（如余振东遣返

〔1〕 参见黄风：《境外追逃的四大路径》，载《人民论坛》2011 年第 31 期。

〔2〕 参见陈雷：《量刑承诺是死刑不引渡原则的变通》，载《检察日报》2007 年 2 月 16 日，第 4 版。

〔3〕 在张振海引渡案中，我国首次在引渡合作中对外作出不判处死刑的承诺的实践。1989 年 12 月 16 日，中国公民张振海劫持一架从北京飞往纽约的民航客机到日本福冈。后中国政府向日本政府提出引渡张振海的请求。张振海向日本政府提出政治避难申请。在对我国引渡请求进行司法审查过程中，日本法院依据“死刑犯不引渡原则”要求中国政府保证在引渡后不对张振海判处死刑，中国政府经研究后接受了这一条件，并通过外交途径作出不判处死刑的承诺的补充照会，附上补充证据材料。东京高等法院经过公开审理决定张振海劫持中国民航客机不属于政治犯罪，可以引渡给中国。1990 年 4 月 28 日，张振海被引渡回国。随后，我国政府遵守之前作出的不判处死刑的承诺，1990 年 7 月 18 日，北京市中级人民法院对张振海判处有期徒刑 8 年并剥夺政治权利 2 年。关于张振海案件的具体情况，请参见黄风主编：《中国境外追逃追赃：经验与反思》，中国政法大学出版社 2016 年版，第 54~60 页。

〔4〕 赖昌星是震惊中外的厦门特大走私案的首犯，1996 年到 1999 年，他所领导的走私集团在厦门关区大肆走私进口成品油、植物油、汽车、香烟等货物，价值高达人民币 530 亿元，偷逃税款 300 亿元，是 1949 年以来中国最大的经济犯罪案件。1999 年 8 月，赖昌星携家人出逃加拿大。2011 年 7 月，经过中加双方的不懈努力，赖昌星被遣返回国。2012 年 5 月 18 日，厦门中级人民法院一审宣判赖昌星犯走私普通货物罪、行贿罪，数罪并罚，决定执行无期徒刑，剥夺政治权利终身，并处没收个人全部财产（赖昌星在一审宣判后没有上诉）。关于赖昌星案件的具体情况，请参见赵秉志、张磊：《赖昌星案件法律问题研究》，载《政法论坛》2014 年第 4 期。

案[1])。只要在开展刑事司法合作过程中，被请求国就引渡或者遣返附加条件的，为了开展合作，在一定条件下，请求国都可能进行量刑承诺。

（三）量刑承诺的具体内容：对于被请求引渡人的从宽处罚

就量刑承诺的具体内容而言，主要表现为对于被请求引渡人的从宽或从轻处罚，具体表现为两种：（1）不判处死刑或者不执行死刑的承诺。当前，死刑不引渡已经成为国际刑事司法合作当中的刚性原则，近年来该原则以惊人的速度在全世界范围内蔓延，不仅体现在各国立法当中，[2]而且体现在双边引渡条约中，[3]甚至一些国际公约也引入了死刑不引渡原则的内涵。[4]而且，该原则的实施已经不再与开展引渡合作的国家是否保留死刑存在必然联系，一些保留死刑的国家在缔结引渡条约时也可能明确规定该原则。[5]当前，一些西方发达资本主义国家已经废除了死刑，我国也正在立足于中国人道主义的传统文化土壤逐步推进死刑改革，[6]但是在我国还保留有死刑，特别是对于对腐败犯罪还设置和适用死刑[7]的前提下，

---

〔1〕余振东原为中国银行广东开平支行行长，1993 年至 2001 年间伙同其前任行长许超凡、许国俊等人贪污挪用巨额公款，后三人潜逃美国。2004 年 2 月，余振东在美国拉斯维加斯联邦法院受审，因非法入境、非法移民及洗钱三项罪名被判处 144 个月监禁。根据余振东与美方达成的辩诉交易协议，并基于中方作出的不判处余振东死刑，以及判处余振东不超过 12 年的有期徒刑的正式承诺，2004 年 4 月 16 日，美方将余振东驱逐出境并押送至中国。2006 年 3 月 31 日江门市中级人民法院以贪污罪、挪用公款罪对其数罪并罚，决定执行被告人余振东有期徒刑 12 年，并处没收其个人财产 100 万元。这是第一个由美方正式押送移交中方的外逃经济犯罪嫌疑人。余振东案的具体情况请参见《中行开平案主犯余振东一审被判处 12 年徒刑》，载 http://news.sohu.com/200604 01/n242582495.shtml，最后访问日期：2022 年 3 月 10 日。

〔2〕如 1981 年《瑞士联邦国际刑事协助法》、1982 年《联邦德国国际刑事司法协助法》《英国 1967 年逃犯法》等。

〔3〕如《美国和墨西哥引渡条约》《澳大利亚和荷兰引渡条约》等。

〔4〕1957 年《欧洲引渡公约》第 11 条规定："如果按照请求方法律，引渡请求所针对的犯罪可受到死刑处罚，并且就该项犯罪而言，被请求方法律未规定死刑或通常不执行死刑，则可拒绝引渡，除非请求方作出使被请求方认为足够的有关不执行死刑的保证。" 1990 年联合国《引渡示范条约》第 4 条（d）项规定，如果按请求国的法律作为请求引渡原因的罪行应判处死刑，可拒绝引渡，除非该国作出被请求国认为是充分的保障，表示不会判处死刑，或即使判处死刑，也不会予以执行。

〔5〕参见黄风：《引渡问题研究》，中国政法大学出版社 2006 年版，第 24 页。

〔6〕参见赵秉志、张伟珂：《传统与现代：死刑改革与公众"人道"观念的转变》，载《当代法学》2016 年第 2 期。

〔7〕参见赵秉志：《论我国反腐败刑事法治的完善》，载《当代法学》2013 年第 3 期。

适时作出不判处死刑或者不执行死刑的承诺，将有利于我国巧妙规避死刑不引渡原则的障碍。例如，在赖昌星遣返案当中，我国于2001年10月就向加拿大政府发出外交照会，明确表示中国最高人民法院决定，对于赖昌星的走私、贿赂案件不判处死刑和死缓，并且已经知会将来审判赖昌星案件的地方法院，〔1〕从而有力地推进了赖昌星的尽早回国。而根据我国当时适用的1997年《刑法》，以赖昌星案件的涉案金额，很可能会被判处死刑立即执行。〔2〕需要注意的是这里的“不判处死刑的承诺”，既包括不判处死刑立即执行，也包括不判处死刑缓期执行。其中“不执行死刑的承诺”是指“在判处死刑的情况下不执行死刑的承诺”，即对于在请求国已经判处死刑以后外逃的被判刑人，在引渡或者遣返以后不执行在外逃前已经判处的死刑。〔3〕(2) 减轻处罚。减轻处罚，是指对于被引渡、遣返人由法定的较长刑期减为较短刑期。例如，在涉案金额4.82亿美元的余振东遣返案当中，中美两国借助美国刑事追诉的强大压力和辩诉交易（Plea Bargaining）制度创造将余振东遣返回国的条件，〔4〕中国政府对余振东回国后涉及的有关刑罚及权利和待遇问题作出正式书面承诺，保证不判处余振东死刑，最终对其判处不超过12年的有期徒刑，〔5〕从而实现对余振东的遣返。而根据余振东所涉及的贪污罪，以其涉案金额来说，也很可能被判处死刑。〔6〕

（四）量刑承诺的必要性与正当性

1. 量刑承诺的必要性

如前所述，在开展引渡、非法移民遣返等国际刑事司法合作中，必定

---

〔1〕参见廉颖婷：《媒体披露赖昌星在加拿大12年诉讼历程》，载《法治周末》2012年5月18日。

〔2〕根据当时适用的1997年《刑法》第153条、第151条之规定，走私普通货物、物品偷逃应缴税额在50万元以上，情节特别严重的，处无期徒刑或者死刑，并处没收财产。

〔3〕参见黄风：《国际刑事司法合作的规则与实践》，北京大学出版社2008年版，第62页。

〔4〕参见黄风：《开平案与国际刑事司法合作》，载《中国法律》2009年第3期。

〔5〕参见王小明、郑文文：《余振东被判12年背后：中方为将其遣返作刑期承诺》，载 http://news.shm.com.cn/2006-04/04/content_1469655.htm，最后访问日期：2022年4月8日。

〔6〕根据当时适用1997年《刑法》第383条之规定，贪污10万元以上，即可能被判处无期徒刑或者死刑。

会因为各国之间法律制度、价值、理念等的差异和冲突的影响，进而在操作中受到各种各样的限制。这种限制并不涉及对于双方主权的侵犯，而是在尊重对方主权的前提下，对于本国主权的合理让渡，对于推动合作双方利益的协调与妥协，顺利达成合作具有重要意义：（1）对于被请求国来说，由于本国法律和长久以来形成的刑事司法理念和制度，在开展国际刑事司法合作的时候，就会以本国的司法理念和价值观念对请求国就引渡和遣返附加相应的条件。如在赖昌星遣返案当中，作为已经废除死刑的国家，加拿大在《引渡法》第44条明确规定死刑不引渡原则，如果引渡请求所针对的行为可能被判处死刑，司法部长可以拒绝作出引渡命令。同时，对于作为引渡替代措施的遣返，在被遣返人可能被判处死刑的时候，加拿大依然不会提供遣返合作。如加拿大1982年《人权与自由宪章》，同样不可以把人遣返到他可能会面临死刑的地方去。〔1〕此时，被请求国对于外逃人员有绝对的控制权，如果不能满足其附加的条件，作出量刑承诺，其完全可以不进行引渡或者遣返。（2）而对于请求国来说，面对被请求国对于外逃人员的绝对控制权和提出的附加条件，是否作出承诺，关键是要根据本国利益进行利弊得失的全面衡量，其中一个最基本的利弊得失关系就是：能够将逃犯引渡回国总比任其逍遥法外好。〔2〕正如有观点所评价的那样，在引渡和遣返合作中通过惩罚犯罪嫌疑人震慑潜在的犯罪分子是大，一定限度上降低了被引渡者应负的责任是小；遵守国际惯例保证以后能成功引渡其他外逃者是大，保证司法主权前提下降低了本国法律的适用是小；摧毁潜在的犯罪分子逃到国外可以高枕无忧的侥幸心理是大，犯罪嫌疑人是否被判处极刑是小；遵守国际惯例规定树立国家司法形象是大，一定程度上降低了本国法律中的罪刑法定原则是小。〔3〕所以，对于请求国来说，作出承诺虽然是不得已而为之的妥协，但是也是最为现实的选择，

〔1〕参见田晓萍：《我国引渡外逃经济罪犯的法律障碍和对策——以赖昌星遣返为视角》，载《行政与法》2007年第5期。

〔2〕参见黄风：《中国引渡制度研究》，中国政法大学出版社1997年版，第113页。

〔3〕参见宁晨新：《余振东贪污挪用4.82亿美元 为何仅获刑12年》，载《中国证券报》2006年4月8日。

否则就将面临无法追究犯罪嫌疑人刑事责任的后果。最高人民法院新闻发言人倪寿明就中国不判处赖昌星死刑对加拿大的承诺也明确表示，承诺不判处赖昌星死刑，是以国际合作途径缉捕赖昌星的必要条件，是追究赖昌星刑事责任的合理代价，是权衡利弊后的正确选择。这种做法与司法是否公平没有任何关系。[1]死刑不引渡、不遣返，这是加拿大方面的明确规定，我们应当尊重。赖昌星已经逃到加拿大，这也是现实。作出承诺不判处死刑，就可能实现遣返，否则就不可能，没有第三种选择。如果一味强调维护本国主权，不作出相应的量刑承诺，不仅不能有效开展反腐败国际合作，该引渡或遣返的罪犯引渡或遣返不回来，该追回的资产追不回来，反而会对我国的反腐败有负面影响。所以，与其不承诺放弃死刑适用，无法实现遣返，不如直面现实，作出承诺放弃死刑适用以实现遣返，进而实现对其惩罚，维护国家利益。[2]

2. 量刑承诺的正当性

量刑承诺不仅是请求方的现实选择，还具有扎实的理论基础，即刑罚威慑力的关键在于其确定性和及时性，而非严厉性。如前所述，在引渡、遣返的国际刑事司法合作中，一旦面临被请求国附加条件的情况，请求国就面临两难选择，要么接受条件作出承诺，将犯罪嫌疑人引渡回来，实现刑罚的确定性和及时性，在一定程度上放弃刑罚的严厉性。要么不接受条件，让犯罪嫌疑人暂时逍遥法外，坚持刑罚的严厉性，在一定程度上放弃刑罚的确定性和及时性。其中就有一个刑罚的确定性（不可避免性）、及时性与刑罚的严厉性之间的选择问题。对此，刑法先贤们有过明确的论述，强调刑罚的确定性和及时性应当优于刑罚的严厉性：（1）在预防犯罪上，刑罚的确定性比严厉性更为有效。贝卡利亚曾经指出："对于犯罪最强有力的约束力量不是刑罚的严酷性，而是刑罚的必定性""即使刑罚是有节制的，它的确定性也比联系着一线不受处罚希望的可怕刑罚所造成的恐

〔1〕 参见彭伟：《倪寿明：承诺不判赖昌星死刑与司法是否公平无关》，载 http://news.cctv.com/china/20070313/104973.shtml，最后访问日期：2022 年 4 月 3 日。

〔2〕 参见赵秉志、张磊：《赖昌星案件法律问题研究》，载《政法论坛》2014 年第 4 期。

惧更令人印象深刻"[1]。他认为，即使是严厉性受到一定限制的刑罚，也要比哪怕有一丝逃避惩罚希望的刑罚更让人感到恐惧，强调刑罚确定性的威慑力要高于刑罚的严厉性。菲利也说过："刑罚从其结果的不可避免性中产生全部威力""法律惩罚效果不大的一个重要原因就是行为人想象有许多逃脱的机会"[2]。列宁也曾经指出："惩罚的警戒作用决不是看惩罚得严厉与否，而是看有没有人漏网。重要的不是严惩罪行，而是使所有一切罪案都真相大白"[3]。从上述论述中，我们可以得出在预防犯罪的效果上，刑罚的确定性比刑罚的严厉性更为有效的结论。（2）刑罚的及时性，能够有效增强刑罚的确定性。在刑罚确定性和及时性的关系上，贝卡利亚认为："犯罪与刑罚之间的时间隔得越短，在人们心中，犯罪与刑罚这两个概念的联系就越突出、越持续，因而，人们就很自然地把犯罪看作起因，把刑罚看作不可缺少的必然结果。""只有使犯罪和刑罚衔接紧凑，才能指望相联的刑罚概念使那些粗俗的头脑从诱惑他们的、有利可图的犯罪图景中立即猛醒过来。推迟刑罚只会产生使这两个概念分离开来的结果。"[4]法国资产阶级革命家罗伯斯庇尔也曾精辟地指出："拖延审理诉讼案件，等于不处罚犯罪。"[5]也就是说，刑罚越及时，越能够建立起刑罚和犯罪之间的必然联系，增强刑罚的确定性，也更能实现预防犯罪的效果。反之，则容易割裂刑罚与犯罪之间的关系，削弱刑罚的预防功能。

综上，从刑罚预防犯罪的功效上来说，确定性与及时性要比严厉性更为有效。而在引渡、遣返的国际刑事司法合作中，如果不接受对方的附加条件，只能导致无法追究嫌疑人刑事责任，或者延迟追究刑事责任的结

〔1〕［意］贝卡利亚：《论犯罪与刑罚》，黄风译，中国大百科全书出版社 1993 年版，第 59~60 页。

〔2〕［意］恩里科·菲利：《犯罪社会学》，郭建安译，中国人民公安大学出版社 1990 年版，第 76 页。

〔3〕中共中央马克思恩格斯列宁斯大林著作编译局：《列宁全集》第 4 卷，人民出版社 1958 年版，第 356 页。

〔4〕［意］贝卡利亚：《论犯罪与刑罚》，黄风译，中国大百科全书出版社 1993 年版，第 56~57 页。

〔5〕［法］罗伯斯比尔：《革命法制和审判》，赵涵舆译，商务印书馆 1965 年版，第 178 页。

果，无论哪个都将严重削弱刑罚的确定性和及时性，并最终无法实现刑罚的严厉性。所以，在不损害本国国家主权和国家利益的前提下，作出量刑承诺，尽快实现引渡和遣返，即是请求国明智的选择，也是完全符合刑罚确定性、及时性原则的基本理论的。

（五）量刑承诺的法律依据

量刑承诺作为国家在特殊情况下对于其他国家的外交承诺，有明确的国内、国际法律依据：

1. 国内法依据

量刑承诺的国内法律依据除了《引渡法》第 50 条之外，还有 2018 年 10 月通过的《国际刑事司法协助法》第 11 条，该条也作出了和《引渡法》类似的规定："被请求国就执行刑事司法协助请求提出附加条件，不损害中华人民共和国的主权、安全和社会公共利益的，可以由外交部作出承诺。被请求国明确表示对外联系机关作出的承诺充分有效的，也可以由对外联系机关作出承诺。对于限制追诉的承诺，由最高人民检察院决定；对于量刑的承诺，由最高人民法院决定。"

同时，《刑法》第 63 条第 2 款之规定："犯罪分子虽然不具有本法规定的减轻处罚情节，但是根据案件的特殊情况，经最高人民法院核准，也可以在法定刑以下判处刑罚。"根据该条之规定，虽然某些刑事案件可能并不具有刑法明文规定的减轻处罚的情节，但是根据案件本身的特殊情况，可以在经过最高人民法院核准的情况下，在法定刑以下判处刑罚。此规定来源于 1979 年《刑法》第 59 条第 2 款之规定。[1]根据最高立法机关的解释，1997 年《刑法》第 63 条第 2 款关于因"特殊情况"在法定刑以下判处刑罚之规定，主要是针对涉及国防、外交、民族、宗教等极个别特殊案件的需要，不是对一般刑事案件的规定，[2]从而严格限制了"特殊情

〔1〕 1979 年《刑法》第 59 条第 2 款规定："犯罪分子虽然不具有本法规定的减轻处罚情节，如果根据案件的具体情况，判处法定刑的最低刑还是过重的，经人民法院审判委员会决定，也可以在法定刑以下判处刑罚"。

〔2〕 参见全国人大常委会法制工作委员会编：《法律询问答复》（2000 年-2005 年），中国民主法制出版社 2006 年版，第 123~124 页。

况”的范围。在开展引渡、遣返等国际刑事司法合作过程中，对于量刑承诺的决定，当然属于因为外交案件的需要而进行的特殊的减轻处罚，可以依据适用该条之规定。

2. 国际法律依据

量刑承诺在国际层面的法律依据主要体现为不判处或者不执行死刑的承诺。在此方面，国际社会的国际公约和双边条约已经有相关规定：（1）国际公约。如1957年《欧洲引渡公约》第11条规定：“如果根据请求国的法律对被请求引渡之罪行可以判处死刑，而被请求国的法律对此种罪行没有规定死刑或通常不执行死刑，除非请求国作出保证使被请求国足以认为不会执行死刑，可以拒绝引渡。”后来该公约于1996年9月27日演变为《欧盟成员国间引渡公约》，并将上述第11条规定内容完整地保留下来。[1] 1990年12月14日，联合国大会第45/116号决议通过的作为各国引渡立法和各国间引渡条约条款示范的《引渡示范条约》第4条第4项也规定了一项可以拒绝引渡的理由：“按请求国的法律作为请求引渡原因的罪行应判处死刑，除非该国作出被请求国认为是充分的保证，表示不会判处死刑，或即使判处死刑，也不会予以执行。”（2）双边条约。双边条约如《美国和巴哈马引渡条约》第7条[2]、《澳大利亚与荷兰引渡条约》第3条[3]、《菲律

〔1〕参见赵秉志、黄芳：《欧盟成员国间引渡制度研究》，载http://www.criminallawbnu.cn，最后访问日期：2019年11月8日。

〔2〕《美国和巴哈马引渡条约》第7条规定：“当被提起引渡的犯罪根据请求国的法律可以适用死刑，而在被请求国不能够适用死刑的时候，被请求引渡国的主管机关可以拒绝引渡，除非：……请求国的主管机关向被请求国的主管机关做出足以使其相信的不适用死刑，或者即使适用但是不会执行的承诺（the competent authority of the Requesting State provides such assurances as the competent authority of the Requested State considers sufficient that the death penalty will not be imposed or, if imposed, will not be carried out）。”由于美国还保留有死刑，所以在其同其他国家签订的引渡条约中，有很多都有类似规定，如《美国和约旦引渡条约》（1995年7月29日生效）第7条；《美国和阿根廷引渡条约》第6条；《美国和玻利维亚引渡条约》（1996年11月21日生效）第Ⅳ（1）条；《美国和匈牙利引渡条约》第7（1）条；《美国和南非引渡条约》（2001年6月25日生效）第5条；《美国和哥斯达黎加引渡条约》第5条；《美国和斯里兰卡引渡条约》（2001年1月12日生效第7条）。

〔3〕《澳大利亚与荷兰引渡条约》第3条规定，当被请求引渡人受到指控的犯罪涉及死刑时，可以拒绝引渡，除非请求国保证将不判处死刑，或者如果已经判处，将不执行死刑。

宾和印度尼西亚引渡条约》第 10 条[1]等都规定了类似的内容。

我国在双边条约中的关于不判处死刑或者执行死刑的承诺之规定主要借鉴了联合国《引渡示范条约》之规定。2006 年 4 月，我国全国人大常委会正式批准通过的《中华人民共和国和西班牙王国引渡条约》是我国首个明确规定对被引渡人可以作出不判处或不执行死刑的承诺的引渡条约。[2]该条约第 3 条第 8 项规定，如果根据请求方法律，被请求引渡人可能因引渡请求所针对的犯罪被判处死刑，除非请求方作出被请求方认为足够的保证不判处死刑，或者在判处死刑的情况下不执行死刑，否则应当拒绝引渡。此后，2008 年 4 月 22 日我国全国人大常委会批准通过的《中华人民共和国和澳大利亚引渡条约》（第 3 条第 6 项）、《中华人民共和国和法兰西共和国引渡条约》（第 3 条第 7 项）也分别作了类似规定。

（六）量刑承诺中减轻处罚程度的界定

量刑承诺，是对于犯罪嫌疑人从宽处罚的承诺，那么关于从宽的程度是否有一定限制，就值得思考。在我国《刑法》中，关于减轻处罚情节的适用，主要规定在《刑法》第 63 条，该条第 1 款规定了在一般情况下的减轻处罚问题："犯罪分子具有本法规定的减轻处罚情节的，应当在法定刑以下判处刑罚；本法规定有数个量刑幅度的，应当在法定量刑幅度的下一个量刑幅度内判处刑罚。"根据该款规定，对于普通刑事案件具有减轻处罚情节的，只能够在法定量刑幅度的下一个量刑幅度处罚。该条第 2 款规定的是特殊情况下的减轻处罚问题，但是该款仅规定了特殊情况下减轻处罚的程序，并没有规定减轻处罚的程度。那么对于特殊情况下的减轻处罚，是否要适用第 1 款减轻处罚的程度？我们认为，不必使用第 1 款的减轻处罚的程度，即不是只能够在法定量刑幅度下一个量刑幅度处罚。因为根据《刑法》第 63 条的结构来看，该条分为两款，分别规定了不同情况

---

[1] 《菲律宾和印度尼西亚引渡条约》第 10 条规定："如果引渡请求所针对的犯罪根据请求方的法律可判处死刑，并且针对这样的犯罪被请求方的法律未规定死刑或者通常不执行死刑，可以拒绝引渡，除非请求方提供的保证足以使被请求方相信死刑将不被执行。"

[2] 我国于 1993 年与泰国签订第一个引渡条约，但直到 2006 年，我国与他国签订的双边引渡条约才出现了关于量刑承诺的问题。

下的减轻处罚问题，既然“下一个量刑幅度内判处刑罚”的规定设置在第1款，那么其就应当仅适用于第1款之规定。而且，第2款本身就是针对特殊情况下的减轻处罚，而特殊情况本身又包括了国防、外交、民族、宗教等案件，“下一个量刑幅度内判处刑罚”并不一定都能够满足这些特殊案件的需要。既然第2款没有规定减轻处罚的限制，就应当理解为不受限制，不仅可以减轻多个量刑幅度，还能够减轻到其他的刑罚或者刑种，只要能够满足特殊情况的需要。对此，还有两点可以予以印证：

其一，最高人民法院的相关答复。1994年2月5日最高人民法院研究室就关于适用《刑法》第59条第2款减轻处罚能否判处刑法分则条文没有规定的刑罚问题答复上海市高级人民法院，内容为：“根据刑法第五十九条第二款的规定，对于不具有刑法规定的减轻处罚情节的犯罪分子，如果根据案件的具体情况，判处法定刑的最低刑还是过重的，经人民法院审判委员会决定，可以在法定刑以下判处刑罚，包括判处刑法分则条文没有规定的不同刑种的刑罚。如，法定最低刑为三年有期徒刑的，可以判处不满三年有期徒刑、拘役或者管制。但是否判处附加刑，仍应遵守刑法分则的规定。”虽然该批复现已废止，但是废止的原因是刑法已有明确规定，因该解释中的1979年《刑法》第59条第2款即为1997年《刑法》的第63条第2款，故该解释精神已为修改后的刑法所吸收，而不是与刑法规定相冲突。[1]所以，该答复关于减轻处罚程度的规定仍然具有借鉴意义，即减轻处罚的程度可以有多个量刑幅度，而不必限制在一个量刑幅度。

其二，余振东遣返案的量刑。余振东被遣返回国以后，江门市中级人民法院于2005年8月16日公开审理了余振东涉嫌贪污、挪用公款案，并在判决中认定余振东案中参与贪污公款合计美元67 770 000元，港币127 928 000元；挪用公款合计美元124 942 540元，人民币273 081 029.19元，港币20 000 000元。而根据当时适用的1997年《刑法》第383条之规定，个人贪污数额在10万元以上，情节特别严重的，处死刑，并处没收财产。《刑

〔1〕参见李剑弢、唐建秋：《法定刑以下判处刑罚的特殊情况和量刑》，载《人民司法》2015年第14期。

法》第384条规定，挪用公款数额巨大不退还的，处10年以上有期徒刑或者无期徒刑。[1]也就是说，如果不考虑中国政府对于美国所作出的量刑承诺，余振东就贪污罪而言，很可能被判处死刑，[2]挪用公款罪也很可能被判处无期徒刑。而最终江门中院最终依法判决余振东犯贪污罪，判处有期徒刑11年，并处没收个人财产人民币100万元；犯挪用公款罪，判处有期徒刑10年；最终数罪并罚，执行有期徒刑12年，并处没收其个人财产人民币100万元。从而实现了从死刑到有期徒刑的减轻，就不仅是在“下一个量刑幅度”量刑的问题，而是两个量刑幅度。

总之，根据我国《引渡法》现有规定，量刑承诺的减轻处罚的程度并不一定要坚持我国刑法对于普通刑事犯罪在减轻处罚上只能够在“下一个量刑幅度”量刑之规定，而是可以根据案件的特殊需要，减轻多个量刑幅度，甚至减轻到其他的刑种。实践中，对于被请求国提出的条件，我国主管机关应当综合考虑被请求国提出的限制、犯罪的严重程度，以及我国法律规定的量刑幅度，与被请求方进行必要的磋商，尽量减少所付出的代价，不可以把判处的刑罚压得过低。[3]

（七）量刑承诺的接受与实现

1. 量刑承诺的接受

作为我国政府对于他国政府外交上的郑重承诺，量刑承诺是否能够兑现，还要取决于被请求国是否接受我国的承诺，并将该人引渡、遣返回我国。而被请求国对于承诺的接受采用什么标准，就至关重要。一般来说，对于请求国的承诺，现在被请求国往往要进行严格的审查，特别是在涉及死刑承诺的时候。如《菲律宾和印度尼西亚引渡条约》第10条采用的措辞是“除非请求方提供的保证足以使被请求方相信死刑将不被执行”，否则“可以拒绝引渡”。而在《中华人民共和国和西班牙王国引渡条约》

[1] 根据最高人民法院1998年《关于审理挪用公款案件具体应用法律若干问题的解释》第3条之规定：“挪用公款归个人使用……以挪用公款十五万元至二十万元为‘数额巨大’的起点。挪用公款‘情节严重’，是指挪用公款数额巨大，或者数额虽未达到巨大，但挪用公款手段恶劣；多次挪用公款；因挪用公款严重影响生产、经营，造成严重损失等情形。”

[2] 这也是中国政府向美国作出不判处死刑承诺的原因。

[3] 参见黄风：《国际刑事司法合作的规则与实践》，北京大学出版社2008年版，第62页。

《中华人民共和国和澳大利亚引渡条约》《中华人民共和国和法兰西共和国引渡条约》均规定，除非请求方作出“被请求方认为足够的保证”，否则应当拒绝引渡。所以，量刑承诺是否能够被被请求方接受的关键在于，被请求方是否认为请求方作出的承诺是“足够的（sufficient）”。这里的“足够的”涉及承诺主体、承诺内容等方面，如果被请求国认为请求国的承诺没有达到“足够的”程度，将导致引渡的失败。例如，在早期的杨沃亮引渡案件中，中国内地根据中国澳门司法机构的建议，向葡萄牙提出引渡杨沃亮的请求，并针对葡萄牙法律对于死刑不引渡的规定，于1994年1月由我国公安部通过新华社澳门分社作出特别承诺，〔1〕表示对于杨沃亮不会被判处死刑或者无期徒刑，也不会因此前或目前可能犯有的其他罪行将其引渡至第三国。但是这一承诺的发布主体及发布途径却屡遭质疑，葡萄牙方面认为中国公安部的承诺虽然构成一种国际法上的义务，但其属于一种政治和外交性质的承诺，而非国内法，因此对于国内法院没有约束力。不仅如此，该承诺也成为大赦国际混淆视听、抨击我国不讲法治的口实，从而成为杨沃亮引渡案失败的一个重要因素。〔2〕当然，这和当时中国的《引渡法》尚未出台，内部适用的《关于办理引渡案件若干问题的规定》也没有就作出量刑承诺的程序作出明确规定有密切关系。〔3〕2000年《引渡法》通过之后，中国的量刑承诺作出得到了规范，中国法治也取得了长足的进步，国外对于我国的量刑承诺的认可度有了较高的提升。如在赖昌星遣返案中，中国政府在向加拿大政府作出不判处死刑的承诺以后，虽然赖昌星及其律师在诉讼中声称，如果赖昌星被遣返回国，将会受到死刑以及其他不公正、非人道的待遇，中国的承诺不可信。但是中方承诺还是得到了加方的认可。加拿大司法部认为，根据所有出庭的专家证人的意见，中国政府的外交承诺历来都比较可信，赖昌星的提法是没有任

〔1〕当时，我国政府和葡萄牙未签订任何刑事司法合作的协定，而且中国《引渡法》尚未出台，当时内部适用的《关于办理引渡案件若干问题的规定》也没有就量刑承诺作出的程序作出明确规定。

〔2〕参见黄风主编：《中国境外追逃追赃：经验与反思》，中国政法大学出版社2016年版，第122~130页。

〔3〕而且当时中国政府和葡萄牙未签订任何刑事司法合作的协定。

何根据的。[1]2011 年 7 月 21 日，加拿大联邦法院作出的将赖昌星遣返回国的 IMM-4373-11 号判决书，表达了对于中国不判处赖昌星死刑承诺的认可："……加拿大要求中国政府就赖昌星一案做出严格、清楚的保证，这些保证已经收到。中国政府的书面保证被认为将会得到遵守，中国政府为了荣誉和脸面，将会恪守这些承诺。同时，赖昌星的生死都会受到关注，也使得那些承诺会得到遵守。"[2]"由于中国政府做出保证，同时赖昌星对遣返前风险评估的结果没有提出重大问题，部长代表合理地断定赖昌星在中国关押和拘禁不会被处死，或者被判死刑。"[3]总之，被请求方对于请求方承诺的认可，是能否顺利引渡和遣返的关键。

2. 量刑承诺的实现

应当说，相对于量刑承诺的作出，量刑承诺的实现是被请求国更为关注的问题。量刑承诺的实现要依赖于被请求引渡人回国之后，我国司法机关的最终的量刑。只有通过审判，如实兑现最初的承诺，才是量刑承诺的最终实现。例如，1990 年 7 月 18 日，北京市中级人民法院对被引渡回国的张振海判处有期徒刑 8 年并剥夺政治权利 2 年，恪守之前向日本作出的不判处张振海死刑的承诺。又如，2006 年 3 月 31 日，江门市中级人民法院判处被告人余振东有期徒刑 12 年，并处没收其个人财产 100 万元，兑现之前对于美国作出的对余振东不判处超过 12 年的有期徒刑的承诺。再如，2012 年 5 月 18 日，厦门中级人民法院判处被遣返回国的赖昌星无期徒刑，剥夺政治权利终身，并处没收个人全部财产，兑现 2001 年中国对加拿大政府作出的不判处赖昌星死刑的承诺。中国政府在引渡、遣返的国际合作当中，严格恪守自己的量刑承诺，有助于树立我国良好的国际形象，增强他国对于我国刑事法治的评价与信任，推动了以后国际追逃追赃的开展。[4]事实上，由于中国《引渡法》关于量刑承诺的规定，以及中国的死刑案件

[1] 参见《通过繁琐诉讼拖延时间 遣返赖昌星最快到后年》，载 http://news.hexun.com/2008-09-21/109032891.html，最后访问日期：2022 年 3 月 13 日。

[2] 加拿大联邦法院 IMM-4373-11 号判决书第 6 条。

[3] 加拿大联邦法院 IMM-4373-11 号判决书第 12 条。

[4] 参见张磊：《腐败犯罪境外追逃追赃的反思与对策》，载《当代法学》2015 年第 3 期。

审理、复核机制，中国从未发生过在作出不判处死刑的量刑承诺之后，被引渡、遣返人还被判处或者执行死刑的案例。

二、我国量刑承诺制度的反思

我国的量刑承诺对于当前境外追逃发挥了重要作用，但是我国量刑承诺制度也并非完美，还存在一些不足之处：

(一) 对量刑承诺规定没有具体的操作程序，量刑承诺实现的制度保障并非无懈可击

我国量刑承诺主要由我国《引渡法》第50条进行规定，该条对于其承诺的程序只简单规定了对于量刑的承诺，由最高人民法院决定和在对被引渡人追究刑事责任时，司法机关应当受所作出的承诺的约束，并没有对于量刑承诺的启动、运行程序，承诺之后向外国政府的送达、引渡回国以后如何保证承诺的执行等进行详细规定。正如有学者提出的我们“不能把量刑承诺简单地理解为不需要法定的作出程序，只须司法机关作出的口头或书面的保证，或者加盖了最高人民法院公章的一纸文件”[1]。而是应当有一套包含完整的程序的法律制度，为实践中的操作提供法律依据。

在请求国作出量刑承诺之后，被请求国关注的一个焦点问题是，请求方如何保障承诺的实现，这也是被请求方认为请求方作出的承诺是否为“足够的”一个关键问题。对此，我国《引渡法》中明确规定，在对被引渡人追究刑事责任时，司法机关应当受所作出的承诺的约束。通常认为，在最高人民法院作出量刑承诺以后，即对于各地法院起到了约束作用。但是，从严格意义上来看，这种程序对于保障承诺的实现并非无懈可击：在上下级法院是监督与被监督关系，上级法院不能直接干预下级法院具体案件审判的前提下，能否保证下级人民法院严格遵守最高人民法院的量刑承诺，值得思考。

关于上下级法院之间的关系，我国《宪法》第132条第2款明确规

---

〔1〕 陈雷、薛振环：《论我国引渡制度的量刑承诺——兼论死刑不引渡原则的变通或例外适用》，载《法学杂志》2010年第1期。

定："最高人民法院监督地方各级人民法院和专门人民法院的审判工作，上级人民法院监督下级人民法院的审判工作。"《中华人民共和国人民法院组织法》（以下简称《人民法院组织法》）第10条第2款规定："最高人民法院监督地方各级人民法院和专门人民法院的审判工作，上级人民法院监督下级人民法院的审判工作。"上述规定明确了上下级法院之间是监督与被监督的关系。2010年12月28日，最高人民法院印发的《关于规范上下级人民法院审判业务关系的若干意见》，进一步明确了上级人民法院监督指导下级人民法院工作的范围、方式和程序，特别强调，上级人民法院的监督不是通过对于具体案件的指导实现，各级人民法院依照职权独立地进行审判，上级人民法院不应对下级人民法院正在审理的案件作出处理，指令下级人民法院执行。上级人民法院应当通过二审、审判监督程序、死刑复核程序维持下级人民法院正确的判决和裁定，纠正错误的判决和裁定来实现监督。[1]根据上述规定，我国上下级法院之间是监督与被监督的关系，上级法院不能对下级法院审理的案件作出处理，指令下级法院执行。上级法院纠正下级法院裁判的渠道只有二审、审判监督程序和死刑复核程序三个渠道，但事实上，这三个渠道都不能完全保障最高人民法院所作出量刑承诺一定能够得到下级法院的遵守：

第一，最高人民法院无法通过二审保障量刑承诺的实现。对于刑事案件进行一审的多是基层人民法院和中级人民法院，特别是可能判处死刑的案件只能由中级人民法院管辖，高级人民法院很少对于案件进行一审。这样，一旦基层人民法院或者中级人民法院没有遵照最高人民法院的量刑承诺进行量刑，最高人民法院就无法通过二审来实现量刑承诺。

第二，审判监督程序也无法保障量刑承诺的实现。其一，审判监督程序本身是针对已经生效的判决和裁定，即使后来最高人民法院通过审判监督程序予以改变，事实上也不能够否认中国法院已经作出了同承诺相违背的判决并且该判决已经生效的事实。其二，审判监督程序的提起具有法定条件。《民事诉讼法》第205条规定，最高人民法院对于各级人民法院已

〔1〕 参见宋英辉、甄贞主编：《刑事诉讼法学》，中国人民大学出版社2013年版，第49页。

经发生法律效力的判决和裁定，如果发现确有错误，有权提审或者指令下级人民法院再审。《最高人民法院关于适用〈中华人民共和国刑事诉讼法〉的解释》第461条规定："上级人民法院发现下级人民法院已经发生法律效力的判决、裁定确有错误的，可以指令下级人民法院再审；原判决、裁定认定事实正确但适用法律错误，或者案件疑难、复杂、重大，或者有不宜由原审人民法院审理情形的，也可以提审。"而在一审法院对于被引渡回国的犯罪嫌疑人的审理中，虽然作出的判决可能与最高人民法院的量刑承诺不一致，但是很可能完全符合《刑法》和《刑事诉讼法》的相关规定，不论从实体和程序来说，都并非"确有错误"，[1]在此前提下，最高人民法院就无法提审或者指令下级法院再审。[2]

第三，死刑复核程序也不能完全保证量刑承诺的实现。首先，最高人民法院的死刑核准权无法适用于减轻处罚的量刑承诺。如前所述，最高人民法院的量刑承诺包括不判处死刑的承诺和减轻处罚的承诺，而且在我国《刑法修正案（九）》基于适应我国腐败犯罪的治理和死刑制度改革的需要，而增加了对严重腐败犯罪的死缓犯适用的终身监禁制度的背景下，[3]以后还可能包括对于不判处无期徒刑或者终身监禁的承诺。[4]那么对于后两者自然不能通过死刑复核程序予以保障。其次，最高人民法院的死刑核准权不适用于死刑缓期执行。死刑包括立即执行和缓期执行两种执行方式，最高人民法院所作出的不判处死刑的承诺，不仅包括不判处死刑立即执行，还包括不判处死刑缓期执行。[5]但是，这两种执行方式的核准法院

[1] 如虽然最高法院作出不判处死刑承诺的决定，但是一审法院完全依照刑诉法和刑法，依照该人的犯罪事实判处了死刑。

[2] 事实上，任何其他下级法院的再审，也都无法保证该下级法院一定能够作出符合量刑承诺的判决。

[3] 参见张旭：《也谈〈刑法修正案（九）〉关于贪污贿赂犯罪的修改》，载《当代法学》2016年第1期。

[4] 当前已经有部分国家在本国引渡法中规定了不判处无期徒刑的承诺，如葡萄牙引渡法律规定："引渡后可能被判处无期徒刑，但是请求国作出有关承诺的除外。"参见胡康生主编：《中华人民共和国引渡法释义》，法律出版社2001年版，第137页。

[5] 参见黄风：《国际刑事司法合作的规则与实践》，北京大学出版社2008年版，第62页。

却并不相同。根据我国《刑事诉讼法》第246条〔1〕，第248条〔2〕，《人民法院组织法》第17条〔3〕，《最高人民法院关于统一行使死刑案件核准权有关问题的决定》（2006年12月13日通过）之规定，死刑立即执行案件的核准权由最高人民法院行使，死刑缓期二年执行案件的核准权可以由高级人民法院行使。〔4〕所以，最高人民法院的死刑核准权只适用于死刑立即执行，而不适用于死刑缓期执行。最后，最高人民法院的死刑核准权也不能否认一审法院已经判处死刑的事实。最高人民法院虽然可以通过死刑核准权来改变下级法院的死刑判决，但是其并不能否认下级法院已经判处死刑这个事实，严格意义上来说，已经判处死刑，只不过该判决不会生效而已。

第四，《引渡法》在位阶上低于《宪法》《刑事诉讼法》《人民法院组织法》。虽然我国《引渡法》规定司法机关应当受所作出的承诺的约束。但是，该法由全国人大常委会制定，在位阶上低于由全国人大制定的《宪法》《刑事诉讼法》《人民法院组织法》，所以，在“上下级法院之间的监督关系”面前，“司法机关应当受所作出的承诺的约束”将如何实现值得思考。

总之，在我国现有刑事诉讼机制的背景下，从法律层面上来说，最高人民法院能够约束下级法院遵守量刑承诺的制度性保障也许只有死刑核准权，但是这也只限于死刑立即执行，并不能排除下级法院作出违背量刑承诺的死刑缓期执行和减轻处罚裁判的可能。

（二）在裁判文书没有明确提及量刑承诺，难以体现量刑承诺对于最终判决的约束力

量刑承诺的实现，还需要和当前正在推进的裁判文书说理改革结合起来研究。裁判是审判实践的重要环节，说理是判决的精髓，只有逻辑明

〔1〕《刑事诉讼法》第246规定：“死刑由最高人民法院核准。”

〔2〕《刑事诉讼法》第248规定：“中级人民法院判处死刑缓期二年执行的案件，由高级人民法院核准。”

〔3〕《人民法院组织法》第17条规定：“死刑除依法由最高人民法院判决的以外，应当报请最高人民法院核准。”

〔4〕参见宋英辉、甄贞主编：《刑事诉讼法学》，中国人民大学出版社2013年版，第289页。

确，说理充分的裁判文书才能让人信服，司法的正义才能得以彰显。最高人民法院 2015 年 2 月 4 日公布的《关于全面深化人民法院改革的意见》即“四五改革纲要”提出，要推动裁判文书说理改革，建立裁判文书说理的评价体系。这是有效实现“让人民群众在每一个司法案件中感受到公平正义”的司法目标的重要举措，对保障公正司法，提升司法公信具有重要意义。[1]而在刑事裁判文书中，更应当写出作出某种量刑的具体理由，才能使得当事人和社会公众了解之后加以信服。2010 年 9 月，最高人民法院、最高人民检察院、公安部、国家安全部、司法部联合印发《关于规范量刑程序若干问题的意见（试行）》第 16 条首次对于量刑理由包括的内容做出明确规定：“人民法院的刑事裁判文书中应当说明量刑理由。量刑理由主要包括：（一）已经查明的量刑事实及其对量刑的作用；（二）是否采纳公诉人、当事人和辩护人、诉讼代理人发表的量刑建议、意见及其理由；（三）人民法院的量刑理由和法律依据。”

在推进裁判文书说理改革的背景之下，能否在量刑承诺案件的判决书中明确提及或者引用量刑承诺的内容就值得关注。在我国以往作出的量刑承诺的案件中，所有的量刑承诺均在审判中得到了落实和实现。但是，在法院依据案件事实、遵照法律规定作出的判决书中，往往没有提到此前作出的量刑承诺的问题。那么在被请求引渡人的犯罪事实本应当被判处死刑，或者较重的刑罚的情况下，如何在不提及量刑承诺的前提下直接得出对外承诺的量刑幅度，同时又能够充分进行量刑说理是一个问题。

根据笔者所掌握的资料，在我国曾经作出不判处死刑承诺的典型案件的判决书中，曾经采取过以下方式回避了这个问题：（1）由于被引渡人所涉嫌的犯罪没有设置死刑而没有被判处死刑。在 1990 年北京市中级人民法院针对张振海案件的审判中，人民法院比照我国 1979 年《刑法》第 107 条，对张振海的罪行类推定为劫持飞机罪，[2]宣布判处有期徒刑 8 年，剥

[1] 参见邵海林：《推动裁判文书说理改革》，载《人民法院报》2015 年 3 月 25 日，第 2 版。

[2] 我国 1979 年《刑法》第 107 条规定：“破坏火车、汽车、电车、船只、飞机，足以使火车、汽车、电车、船只、飞机发生倾覆、毁坏危险，尚未造成严重后果的，处三年以上十年以下有期徒刑。”

夺政治权利2年。张振海对该判决不上诉。此案移交北京市高级人民法院审核后依法上报最高人民法院，最高人民法院核准了北京市中级人民法院对张振海劫机案的判决。[1]事实上，1979年《刑法》针对劫持飞机罪的刑罚根本没有设置死刑，也就不存在判处死刑的问题，而在判决书中也没有提及之前的不判处死刑的承诺问题。(2)由于立法已经废除死刑而不再判处死刑。在2012年厦门市中级人民法院对于赖昌星案件审判中，虽然赖昌星偷逃应交税额特别巨大，情节特别严重，但是由于其所涉嫌的走私普通货物罪已经由《刑法修正案（八）》（2011年5月1日施行）废除了死刑，而其所涉嫌的另外一个犯罪即行贿罪没有规定死刑，所以对赖昌星也就不涉及判处死刑的问题（最终判处了无期徒刑），兑现了此前向加拿大方面作出的不判处死刑的承诺。这样在该案一审判决书的量刑说理部分，也就没有涉及死刑问题，更没有提到之前的量刑承诺问题。[2](3)通过认定自首实现对犯罪嫌疑人的减轻处罚，并且没有判处死刑。在2006年江门市中级人民法院对于余振东案件的审判中，法院认定，被告人余振东案发后潜逃国外，被国外执法机关拘押后能自愿选择回国接受我国司法机关审判，如实供述自己的罪行，其行为符合自首的法律特征，应视为自首，依法可从轻、减轻处罚。[3]最终判决余振东犯贪污罪，判处有期徒刑11年，并处没收个人财产人民币100万元；犯挪用公款罪，判处有期徒刑10年。最终数罪并罚，执行有期徒刑12年，并处没收其个人财产人民币100万元。[4]在此案中，审判机关是以认定自首的方式对于余振东减轻处罚，从而实现之前对美国作出的不判处死刑，并且不判处超过12年有期徒刑的承诺的。在该案判决书中的说理部分，同样没有提到之前量刑承诺的

〔1〕参见《引渡案：张振海引渡案》，载王铮主编：《涉外刑事程序与刑事司法协助——办案规范指南》，群众出版社1999年版。

〔2〕参见赵秉志、张磊编著：《赖昌星案件的罪与罚》，中国台湾新学林出版股份有限公司2015年版，第492页。

〔3〕参见吴刚：《法院认定余振东有自首情节昨日被判十二年》，载《检察日报》2006年4月1日。

〔4〕参见王小明、郑文文：《余振东被判12年背后：中方为将其遣返作刑期承诺》，载http://news.eastday.com/eastday/node81741/node81762/node127826/userobject1ai1957165.html，最后访问日期：2019年11月8日。

问题。

综上，虽然在上述三个案件中，都实现了之前的量刑承诺，并且由于刑罚设置，立法修改，或者认定为自首而回避了犯罪事实与最终较轻刑罚之间的逻辑说理问题，但是这种做法存在以下问题：（1）无法明确体现量刑承诺本身对于刑事判决的约束力。引渡或者遣返被请求国在审查请求国的量刑承诺时，会重点考量量刑承诺对于刑事判决的约束作用，即量刑承诺的兑现机制问题。虽然在上述案件中，都既兑现了量刑承诺，又都以不同方式在判决书中实现了犯罪事实与所判刑罚之间的逻辑自洽和量刑说理（这种做法也很可能是国家兑现量刑承诺的一种方式），但是这种在判决书中不明确提及量刑承诺，而通过其他途径兑现承诺，实现从宽处罚的方式，并没有建立起量刑承诺与最终判决之间的逻辑联系，更不能体现量刑承诺本身对于最终刑事判决的约束力。对于始终关注量刑承诺是否兑现的被请求国来说，其虽然也得到了其想要的最终量刑结果，但是却并没有看到这种结果与之前对已作出量刑承诺之间在法律上的逻辑联系，这也可能会给被请求国造成以下误解：即使请求国不作出量刑承诺，也很可能由于请求国立法没有规定死刑，犯罪嫌疑人的自首行为，以及立法的修改而不判处死刑，或者被减轻处罚，这样承诺的效力与分量在该国心目中就会大大降低。（2）难以有效增强国际社会对于我国量刑承诺的认可和信心。从表面上来看，量刑承诺的作出与兑现发生于请求国与被请求国之间，但是请求国是否履行承诺，受到整个国际社会的关注，也将成为请求国以后与其他国家开展国际合作的重要参考和借鉴。例如在黄海勇引渡案中，审理该案件的美洲人权法院的一个重要参考就是中国和加拿大之间的赖昌星遣返案，并围绕赖昌星遣返案中的量刑承诺问题对参与法庭作证的专家证人赵秉志教授进行了详细询问。[1]所以，如果在案件判决书中不能明确提及量刑承诺，不能明确体现量刑承诺对于判决结果的直接约束力，自然也就会降低国际社会对于中国量刑承诺

---

〔1〕 参见赵秉志：《关于进一步推动我国境外追逃工作的几点思考——我在美洲人权法院巡回法庭黄海勇引渡案中出庭作证的体会》，载《刑法评论》2016年第1卷（总第29卷）。

效力的认可和信心，不利于以后发挥量刑承诺对于境外追逃的重要作用。(3) 上述方法不能适用于所有量刑承诺案件。在量刑承诺的国际合作中，虽然会出现所涉嫌犯罪本身没有设置死刑，立法修改废除了死刑，或者犯罪嫌疑人由于自愿回国而被认定为自首，甚至基于适用当前正在推进的“认罪认罚从宽”制度而被从宽处罚[1]等情况，但这些情况并不可能出现在每一个量刑承诺的案件中。如果在某一案件中既没有自首、立功等减轻处罚情节，立法也没有进行修改（依然保留有死刑），恐怕就难以在不提及量刑承诺的前提下，既能保证实现量刑承诺，又实现判决书的充分说理。

三、我国量刑承诺制度的完善

针对我国量刑承诺存在的上述问题，可以从以下途径进行完善：

（一）建立法定的量刑承诺程序，赋予一审法院对于量刑承诺的决定权

在我国不论是死刑立即执行，还是根据《刑法》第 63 条第 2 款就案件特殊情况在法定刑以下减轻处罚，都是采取下级法院裁判，逐级报请最高人民法院核准的方式实现的。而量刑承诺问题，实质也涉及死刑问题和基于特殊情况在法定刑以下减轻处罚的问题，由此，我们也可以考虑借鉴这种由下级法院裁判，逐级报请最高人民法院核准的方式进行。所以，针对前述量刑承诺没有法定程序，难以保证最高人民法院量刑承诺决定对于下级法院约束力的问题，我们可以考虑改变由最高人民法院作出量刑承诺决定的现状，赋予被请求引渡人回国之后的一审法院对于量刑承诺的决定权，然后逐级上报最高人民法院核准，从而实现上下级法院在此问题上的一致。这样，不仅建立了较为完善的量刑承诺程序，而且能够有效保障量刑承诺对于判决的直接约束力。具体来说，量刑承诺的程序可以设置如下：

第一，启动程序。如前所述，量刑承诺的前提条件是被请求国就准予

[1] 参见陈瑞华：《“认罪认罚从宽”改革的理论反思——基于刑事速裁程序运行经验的考察》，载《当代法学》2016 年第 4 期。

引渡附加条件。而根据我国《引渡法》规定的基本程序，[1]作为引渡的联系机关，外交部是向外国提出引渡请求的机关，也应当是最先收到外国引渡附加条件相关信息的机关。外交部在收到引渡附加条件的信息之后，应当将相关信息通报给申请引渡的中央机关，该中央机关应当将请求国提出的相关条件提请最高人民检察院、外交部等国内相关部门研究讨论，形成统一认识以后由最高人民检察院向最高人民法院提出关于对被引渡人员作出不判处死刑、不执行死刑，或者减轻刑罚的量刑承诺的请求。

第二，审理程序。最高人民法院在接到最高人民检察院关于作出量刑承诺的建议之后，将该建议通过高级人民法院转交给对于该案件有管辖权的中级人民法院或者基层人民法院，由具有管辖权的人民法院对该案件进行审理，并裁定是否作出量刑承诺。这样一方面可以有效避免在上下级法院是监督与被监督关系的前提下，最高人民法院的量刑承诺决定无法有效约束下级人民法院的尴尬，另一方面也可以在下级法院作出裁定以后，接受同级人民检察院或者上级法院的监督。具有管辖权的人民法院应当组成3人的合议庭，就量刑承诺进行审理。审理的内容包括：(1) 对方提出准予引渡、遣返的附加条件的理由是否基本符合其本国法律制度的一贯规定；(2) 是否损害中华人民共和国主权、国家利益、公共利益；(3) 引渡回国之后依照附加条件判处刑罚是否违反我国刑法的相关规定。审理期限应当同我国普通刑事案件一审期限相同，即最高人民法院应当在受理案件后2个月内宣判，至迟不得超过3个月。[2]

第三，审理结果。具有管辖权的人民法院经过审理，可以作出以下裁定：(1) 引渡附加条件损害中华人民共和国主权、国家利益、公共利益的，引渡回国之后依照附加条件判处刑罚违反我国刑法相关规定的，作出

---

〔1〕 中国《引渡法》第47条规定了向外国提出引渡请求的一般程序："请求外国准予引渡或者引渡过境的，应当由负责办理有关案件的省、自治区或者直辖市的审判、检察、公安、国家安全或者监狱管理机关分别向最高人民法院、最高人民检察院、公安部、国家安全部、司法部提出意见书，并附有关文件和材料及其经证明无误的译文。最高人民法院、最高人民检察院、公安部、国家安全部、司法部分别会同外交部审核同意后，通过外交部向外国提出请求。"

〔2〕《刑事诉讼法》第208条规定："人民法院审理公诉案件，应当在受理后两个月以内宣判，至迟不得超过三个月。"

不予以量刑承诺的裁定。(2)附加条件符合被请求国法律制度的规定，不损害中华人民共和国主权、国家利益、公共利益，引渡回国之后依照附加条件判处刑罚不违反我国刑法的相关规定的，作出量刑承诺的裁定。

第四，抗诉程序。人民检察院不服具有管辖权的人民法院的裁定的，可以提出抗诉，由上级人民法院进行审理。抗诉期限以及二审的审理期限，应当等同于普通刑事案件的抗诉期限和审理期限。

第五，核准程序。对于管辖法院作出量刑承诺，或者不作出量刑承诺的裁定，应当由高级人民法院复核后，报请最高人民法院核准。高级人民法院不同意下级人民法院裁定的，可以提审或者发回下级人民法院再审。最高人民法院不同意下级人民法院裁定的，可以发回重审或者改判。

第六，生效裁定的送达程序。最高人民法院核准量刑承诺的裁定以后，裁定立即生效。由外交部通过外交照会的方式送达被请求国外交部，再由该国外交部或司法部转交其审查或决定批准引渡的司法机构。[1]

第七，被请求人引渡、遣返回国后的保证承诺执行的程序。在被请求引渡人被引渡回国之后，外交部应当分别通知最高人民检察院（量刑承诺的建议机关）和最高人民法院（量刑承诺的核准机关），由两个机关分别通知其下级承办机关落实我国之前作出的量刑承诺。其中检察机关在履行公诉职能的同时，还负有量刑承诺的实现的监督职能。在人民法院没有作出符合承诺的量刑的时候，可以提出抗诉。

(二)在判决书中明确引用之前作出的量刑承诺，体现量刑承诺对最终判决的约束力

针对我国当前在判决书中没有提起量刑承诺的弊端，我们建议在犯罪嫌疑人被引渡、遣送回国案件的判决当中，明确提及之前作出的量刑承诺，建立判决与量刑承诺之间的直接关系。因为，既然我国政府已经向外国政府作出了量刑承诺，那么在此后的判决中完全没有必要回避量刑承诺的内容。具体来说：(1)如果案件不存在其他从轻、减轻处罚的理由，或

---

〔1〕参见陈雷、薛振环：《论我国引渡制度的量刑承诺——兼论死刑不引渡原则的变通或例外适用》，载《法学杂志》2010年第1期。

者立法上依然保留有死刑。那么在判决书中首先依据案件事实，根据《刑法》之规定完成对于其应当判处刑罚的量刑说理，然后再引用之前作出的量刑承诺，说明量刑承诺出现的背景、必要性和具体内容，并基于量刑承诺作出最终判处的刑罚，并将量刑承诺作为判决的附件。（2）如果案件本身存在从轻、减轻处罚的理由，或者由于立法修改而减轻了刑罚或者废除了死刑，那么在判决书中应当首先依据案件事实，根据当前《刑法》之规定完成对于其应当判处刑罚的量刑说理，并判处相应刑罚。虽然此时所判处的刑罚已经符合之前量刑承诺的内容，但是也应当在判决书中说明围绕案件作出量刑承诺的背景、必要性和具体内容，说明案件已经基于已有的从轻、减轻处罚的情节，或者基于立法之修改而实现了量刑承诺的情况，然后特别强调，即使不存在前述从宽情节，或者立法没有修改，法院也将根据已经作出的承诺，判处相应的刑罚，并将量刑承诺作为判决书的附件。通过以上方式，建立起量刑承诺与最终判决之间的直接联系，体现我国量刑承诺的分量，增强国际社会对于我国量刑承诺的信心，实现境外追逃的良性循环。

第六章
CHAPTER 06
刑事缺席审判制度与境外追逃措施的协调适用

近年来，我国以“天网”行动为代表的境外追逃追赃工作取得了突出的成绩。2018年我国修正《刑事诉讼法》，增加了刑事缺席审判制度（以下简称缺席审判），[1]规定对于贪污贿赂犯罪案件，经过核准的危害国家安全犯罪和恐怖活动犯罪案件，如果被告人没有到案的，可以进行缺席审判。该制度设立之后，对于我国当前境外追逃会产生什么影响，该制度与现有的境外追逃措施应该如何协调适用，值得我们思考。

第一节 缺席审判的立法背景和特点

一、缺席审判的立法背景

（一）反腐败追逃追赃工作的开展

近年来，追逃与追赃随着我国反腐败工作的开展逐步引起关注。我国当前所说的反腐败追逃追赃，一般特指境外追逃追赃，而不包括境内的追逃追赃。对于境外追逃和境外追赃的内涵，我国学界很少有学者进行专门界定。黄风教授曾经指出，境外追逃就是设法采用引渡或者其他替代手段将潜逃到或者藏匿在境外的犯罪嫌疑人、被告人或者被判刑人遣返回国。[2]我们赞同该观点，并认为对于境外追逃和境外追赃的内涵，应当结

---

〔1〕 根据我国《刑事诉讼法》之规定，我国的缺席审判分为针对外逃人员的缺席审判，针对患有严重疾病被告人的缺席审判，以及被告人死亡情况下的缺席审判。基于主题所限，本书的缺席审判只指针对外逃人员的缺席审判。

〔2〕 参见黄风：《境外追逃问题研究》，载黄风、赵林娜主编：《国际刑事司法合作：研究与文献》，中国政法大学出版社2009年版，第1页。

合该术语内部结构来理解：（1）境外。境外指我国海关关境以外，也就是我国内地（大陆地区）以外的区域，不仅包括外国，而且包括我国香港特别行政区、澳门特别行政区和台湾地区。（2）追逃追赃。追逃与追赃，从词语结构上来看都是动宾结构，追是指追赶，即加快速度赶上前面的人或物，逃是指逃犯，赃是指赃款、赃物。具体来说，追逃针对的是人（外逃人员），指采取引渡等国际刑事司法合作的措施，将潜逃境外的犯罪嫌疑人、被告人或者是被判刑人追捕归案。追赃针对的是物（外流赃款赃物），指将转移到境外的赃款、赃物追缴归案。两者中的“追”字，不仅指“追上”，还指“追回”，即将人追回进行刑事制裁，将外流赃款赃物追回返还被害人或者上缴国库。2014 年以来，我国追逃追赃工作取得了巨大成绩。根据中央追逃办的消息，自“天网”行动开展以来，截止到 2019 年 12 月，全国共追回外逃人员 6690 人，追回赃款 151 亿元。[1]我国缺席审判的设立，正是以我国反腐败追逃追赃工作的开展为大背景的。

（二）针对境外追赃已经设置了违法所得特别没收程序

2012 年我国《刑事诉讼法》增加了“犯罪嫌疑人、被告人逃匿、死亡案件违法所得的没收程序”（简称“违法所得特别没收程序”），[2]该程序是在犯罪嫌疑人、被告人逃匿或者死亡情形下，针对涉案的违法所得和其他涉案财产开展，并不涉及对于逃匿人员的刑事责任问题。也就是说，违法所得没收程序解决了在犯罪嫌疑人和被告人缺席情况下的赃物追缴问题。当前该程序的适用已经取得了若干典型案例的办理效果，如被誉为“海外追赃第一案”的“百名红通人员”二号嫌犯的李华波案，[3]以及 2017 年《最高人民法院、最高人民检察院关于适用犯罪嫌疑人、被告

---

〔1〕 参见《中央追逃办：今年前 10 月追回外逃人员 1634 名》，载 http://news.cctv.com/2019/12/10/ARTIT3ZrhVfM23lLPyGO2Si5191210.shtml，最后访问日期：2022 年 4 月 10 日。

〔2〕《刑事诉讼法》第 280 条规定：“对于贪污贿赂犯罪、恐怖活动犯罪等重大犯罪案件，犯罪嫌疑人、被告人逃匿，在通缉一年后不能到案，或者犯罪嫌疑人、被告人死亡，依照刑法规定应当追缴其违法所得及其他涉案财产的，人民检察院可以向人民法院提出没收违法所得的申请。”

〔3〕 参见桂田田、赵萌：《“海外追赃第一案”当事人李华波被遣返回国》，载《北京青年报》2015 年 5 月 10 日，第 A05 版。

人逃匿、死亡案件违法所得没收程序若干问题的规定》〔1〕通过后首次适用该规定的黄艳兰违法所得没收案，〔2〕等等。我国的缺席审判制度虽然也可以对涉案财产进行处置，但是在境外追赃方面，违法所得特别没收程序由于是未定罪的独立没收程序〔3〕而更能得到国际社会的承认与执行，所以在已经设置违法所得特别没收程序的前提下，缺席审判的设立就主要不是基于境外追赃的需要。

（三）缺席审判主要基于境外追逃难的客观需要而产生

对于缺席审判的立法目的，时任全国人大常委会法制工作委员会主任沈春耀同志在其所作的《关于〈中华人民共和国刑事诉讼法（修正草案）〉的说明》中明确指出："党中央高度重视反腐败和国际追逃追赃工作及相关法律制度建设。党的十八大以来，国际追逃追赃工作取得重大进展，得到人民群众的广泛拥护。根据中央统一部署，2016年7月，法制工作委员会提出了关于建立刑事缺席审判制度的研究报告。中央纪委建议在配合监察体制改革修改《刑事诉讼法》时，对刑事缺席审判制度作出规定。"〔4〕不仅如此，沈春耀同时也强调："建立缺席审判制度是从反腐败追逃追赃角度提出的。"〔5〕与此相应，理论界也认为"缺席审判制度能实现对被告人定罪量刑与赃款赃物没收、追缴的双重功效，符合'加强反腐败国际合作，加大海外追赃追逃、遣返引渡力度'的制度要求。"〔6〕"强化反腐败

---

〔1〕 2017年1月5日，《最高人民法院、最高人民检察院关于适用犯罪嫌疑人、被告人逃匿、死亡案件违法所得没收程序若干问题的规定》（法释〔2017〕号），明确规定了未经定罪没收程序的具体概念、操作规范和适用范围。

〔2〕 参见奚丹霓：《"红通人员"黄艳兰贪污违法所得没收申请案一审宣判》，载 https://www.ccdi.gov.cn/yaowen/201811/t20181115_183492.html，最后访问日期：2022年4月16日。

〔3〕 参见董坤：《论外逃人员缺席审判的三重关系》，载《法学杂志》2019年第8期。

〔4〕《关于〈中华人民共和国刑事诉讼法（修正草案）〉的说明》，载 http://www.npc.gov.cn/npc/c12435/201810/6cda6a2ab98a41268452a87a89e0a0c6.shtml，最后访问日期：2022年3月15日。

〔5〕 王琦、熊丰：《公平正义永不缺席——聚焦刑事缺席审判制度》，载 http://www.gov.cn/xinwen/2018-10/27/content_5334971.htm，最后访问日期：2022年4月10日。

〔6〕 施鹏鹏：《缺席审判程序的进步与局限——以境外追逃追赃为视角》，载《法学杂志》2019年第6期。

追逃追赃力度是我国刑事缺席审判制度的主要特色。"[1]部分媒体也表达了同样的观点，认为设立缺席审判是为了"加强境外追逃力度"[2]。综上我们可以看出，我国缺席审判的提出是基于党中央对于反腐败和国际追逃追赃工作及相关法律制度建设的重视，建立该制度的初衷是从反腐败追逃追赃的角度，或者是基于这方面工作的考虑。

虽然缺席审判的提出是基于我国反腐败追逃追赃的需要，但是在我国《刑事诉讼法》已经规定违法所得特别没收程序的前提下，在追赃方面已经没有必要再设立缺席审判。由此，缺席审判的设立就主要是为了追逃，而不是追赃。正如有学者所认为的，这个立法动因应仅限于追究外逃贪官的刑事责任，而不包括追赃，因为2012年修正后的《刑事诉讼法》已经设立了非法所得的没收程序，可以满足对外逃贪官的追赃需要，无需再设置新的缺席审判。[3]

我国当前追逃追赃工作取得了巨大成绩，但还有一些外逃人员没有追回，部分案件还遭遇暂时的挫折，[4]即使是从"百名红通人员"的归国情况来看，也还有39名尚未追回，而且每年追回的人数也越来越少。这都说明，我国境外追逃追赃还面临着较大的挑战，长此以往，将不利于我国反腐败工作的开展。在此背景下，基于打击犯罪，特别是打击贪污贿赂犯罪的需要设置缺席审判，[5]避免因被告人的缺席导致案件久拖不决，尽快修复被犯罪所破坏的社会秩序，[6]是加强反腐败力度，实现公平正义的重要手段。

---

〔1〕顾永忠、张子君：《我国刑事缺席审判制度的立法意图与特色》，载《理论学刊》2019年第1期。

〔2〕王琦、刘奕湛：《加强境外追逃力度，我国拟修法建立刑事缺席审判制度》，载 http://www.npc.gov.cn/zgrdw/npc/cwhhy/13jcwh/2018-04/26/content_2053700.htm，最后访问日期：2022年3月15日。

〔3〕参见王敏远：《刑事缺席审判制度探讨》，载《法学杂志》2018年第8期。

〔4〕参见黄风、赵卿：《从"程慕阳案"看移民法遣返的证据规则》，载《法学》2017年第2期。

〔5〕参见喻海松：《刑事缺席审判程序的立法进程》，载《法律适用》2018年第23期。

〔6〕参见杨雄：《对外逃贪官的缺席审判研究》，载《中国刑事法杂志》2019年第1期。

二、缺席审判的特点

（一）缺席审判首先实现对于被告人及其犯罪行为的否定性评价

刑事审判的意义在于通过审判对被告人定罪量刑，执行刑罚，追究刑事责任，实现公平正义，具体来说包括双重功能：（1）宣告功能，通过定罪量刑实现对行为人及其犯罪行为的否定性评价。通过定罪量刑向社会宣告行为人所实施的行为是应当受到刑罚制裁的犯罪行为，实现对于行为人以及其所实施行为的否定性评价。（2）制裁功能，通过执行所判刑罚对行为人进行制裁，如通过执行有期徒刑在一定时期内剥夺其自由，通过执行罚金刑剥夺其财产，等等。不论是对席审判还是缺席审判，都具有这两个方面的功能，但是两者的实现方式却不同：对于对席审判来说，上述两方面功能能够同时实现。但是对于缺席审判来说，这两方面功能的实现并不具有同步性：其一，首先实现的是宣告功能，即向国际社会宣告，行为人实施的是严重危害社会的犯罪行为，需要作出最为严厉的否定性评价；其二，制裁功能的实现需要具备一定的前提条件。缺席判决的执行，以外逃人员到案，或者该判决得到其他国家的承认和执行为前提条件。[1]所以，不同于对席审判，缺席审判首先实现对于被告人及其犯罪行为的宣告功能（否定性评价），而其制裁功能能否实现还具有不确定性。

（二）缺席审判难以得到其他国家的承认和执行

承认和执行外国的刑事判决，是指为共同打击犯罪和实现司法公正，有关各国赋予对方国家司法机关宣告的刑事处罚裁决以与本国刑事处罚裁决相同的法律效力。[2]根据该制度，在缺席判决作出之后，如果判决内容能够得到外逃人员所在国的承认和执行，就能够实现对其刑事责任的追究。但是由于该制度中被告人不到场的特点，缺席审判在实践中很难得到大多数国家的承认与执行：（1）国际公约对于缺席判决的承认和执行提出

---

〔1〕 虽然该判决可能由于暂时不具备条件无法实际执行，但无论何时，只要外逃人员回归国内，或者前往和我国具有良好国际司法合作关系的国家，就有可能将其抓获，或者追回国内进行制裁。

〔2〕 参见黄风等：《国际刑法学》，中国人民大学出版社 2007 年版，第 341 页。

了更高的要求。如《关于刑事判决国际效力的欧洲公约》第 23、24 条就对缺席判决的承认与执行规定了较为严格的程序：被请求国应当向被缺席判决者直接送达请求国的请求文件，该人有权针对缺席判决提出异议，并有权选择是由请求国还是被请求国主管机关对该异议进行审理。这说明，在承认与执行刑事缺席判决问题上，被请求国有权对判决书所涉及的实质问题，也就是请求国法院定罪量刑的事实依据和法律依据进行全面审查。这种标准要比普通刑事判决的承认与执行的规则更为苛刻。[1]（2）部分国家难以承认和执行缺席判决。对逃匿者实行缺席审判并没有得到多数国家的认可，英美法系国家中，庭审的对抗式是刑事诉讼的基本体现，对逃匿者的缺席审判会被认为违反“正当程序”原则。大陆法系国家也强调缺席审判的作出，必须保证被告人的诉讼权利与为自己辩护的机会。（3）我国相关立法实际上也难以承认和执行他国的缺席判决。我国《引渡法》第 8 条第 8 项规定，对基于缺席审判提出的引渡请求，原则上应当拒绝，实际上已经确认了不承认缺席判决的原则。而且，理论界在提出建立我国承认和执行刑事判决制度的时候，设立的一个重要条件就是请求国的有关司法审判活动充分尊重并保障了当事人的各项诉讼权利，[2]或者审判程序必须符合自然公正标准，被判刑人必须经过合法传唤并有答辩的机会等，[3]这都一定程度上反映出排斥承认和执行缺席判决的倾向。

（三）缺席审判不能直接达到追回外逃人员的目的

境外追逃是指通过引渡等措施将外逃人员追回国内追究其刑事责任。所以，外逃人员是否归国是评价境外追逃是否成功的关键因素。但是缺席审判只是指对未到案的被告人进行审判，并不包含将被告人追逃到案的含义。虽然我国建立缺席审判是从反腐败追逃追赃的视角提出的，但关于缺席审判能否推动境外追逃的开展，我国却存在两种观点：第一种观点认

---

〔1〕参见黄风：《刑事缺席审判与特别没收程序关系辨析》，载《法律适用》2018 年第 23 期。

〔2〕参见黄风：《刑诉法应增加承认与执行外国判决的制度》，载《现代法学》2007 年第 2 期。

〔3〕参见袁古洁：《论对外国刑事判决的承认与执行》，载《现代法学》2000 年第 6 期。

为，缺席审判有利于追逃的进行。如有学者认为缺席审判建立后，我国法院可依法对潜逃境外的腐败分子进行审理并作出判决，这对腐败分子产生极大震慑作用，缺席审判的建立能使我们同联合国反腐败的立法规定相衔接，保障引渡申请和谈判的顺利进行，有助于追逃的国际合作。〔1〕也有学者提出生效的缺席判决为实现对外逃犯罪嫌疑人、被告人的引渡、遣返创造了条件，破解了反腐败国际追逃追赃工作中的实践难题，打碎了腐败分子逃避法律责任的幻想，有助于促进反腐败国际追逃追赃工作的深入开展，有利于维护国家司法主权和人民群众合法权益。〔2〕第二种观点认为，缺席审判并不必然有利于追逃的开展。如有学者认为针对外逃人员，缺席审判与引渡可以说是两个不兼容，甚至相互抵触的制度，由于世界上多数国家不接受针对外逃人员的缺席审判，依据缺席审判中作出的定罪判决提出的引渡请求遭到普遍拒绝，因而在引渡合作中，保留缺席审判的国家往往面临这样的抉择：或者坚持缺席审判并放弃同相关国家开展引渡合作的机会，或者选择开展引渡合作并自认缺席审判不具有“已决案”的效力。〔3〕还有学者认为经缺席审判而作出的有罪判决在追逃方面的作用有限，我国与其他国家签订的引渡条约中，对缺席审判大都持疑虑态度。〔4〕缺席审判存在天然缺陷，在国际上的认可度较低，对追逃追赃的价值有限，除非迫不得已，否则不宜轻易适用。〔5〕不同于第一种观点的肯定态度，第二种观点认为，由于世界上多数国家不接受缺席审判，依据缺席审判中的判决所提出的引渡请求一般遭到拒绝，所以缺席审判对于追逃的作用就很有限。笔者赞同第二种观点，认为实践中缺席审判难以得到很多国家的承认与执行，该制度只能就外逃人员的罪行进行审判，但无法直接实现将外逃人员追回的目的。

---

〔1〕 参见王晓东：《国际追逃追赃视野下的我国刑事缺席审判制度》，载《法律适用》2018年第23期。

〔2〕 参见甄贞、杨静：《缺席审判程序解读、适用预期及完善建议》，载《法学杂志》2019年第4期。

〔3〕 参见黄风：《刑事缺席审判与特别没收程序关系辨析》，载《法律适用》2018年第23期。

〔4〕 参见王敏远：《刑事缺席审判制度探讨》，载《法学杂志》2018年第8期。

〔5〕 参见王敏远：《刑事诉讼法修改重点问题探讨》，载《法治研究》2019年第2期。

第二节　缺席审判对于引渡的影响

既然缺席审判难以得到他国的承认和执行，又不能实现将外逃人员直接追回的目的，那么其在加强境外追逃方面的功能就只能通过境外追逃措施来实现。正如有学者所认为的，对于外逃人员作出缺席判决并不代表反腐败和追逃工作的完结，单纯为宣示意义而进行缺席审判并不是修法的初衷，适用缺席审判应当以外逃人员回国接受审判或惩罚为目标，以为外逃人员归国创造条件为宗旨。[1]所以，缺席审判与境外追逃措施之间的配合与协调，就成为我们追究外逃人员刑事责任的重要途径。当前，我国境外追逃有引渡、非法移民遣返、劝返和异地追诉四种途径，下文就分别分析缺席审判对这四种措施的影响，探讨境外追逃措施与缺席审判协调适用的最佳途径，扬长补短，有效推动境外追逃的开展，实现对外逃人员刑事责任的追究。

引渡是最早出现也是最为常规的追逃措施。引渡分为追诉引渡和行刑引渡。前者是请求国在未作出判决的前提下，为了追究外逃人员刑事责任而提起的引渡请求。行刑引渡是请求国为了执行本国已经作出的刑事判决而提出的引渡请求。当前，我国的境外追逃多是追诉引渡，即为了将外逃人员追回进行审判而开展的引渡。在缺席审判出现之后，在已经作出缺席判决的前提下所提出的引渡请求，则是为了执行缺席判决所作出的引渡，也就是行刑引渡。如果我国对于暂时难以追回的外逃人员进行缺席审判，然后基于缺席判决而向被请求国提出引渡该外逃人员的请求，被请求国的态度如何，就直接关系到能否将外逃人员追回，这要结合与我国有引渡合作关系的国家的不同情况来具体分析。

一、依据我国《引渡法》和双边引渡条约开展的引渡合作

我国与他国开展引渡合作的主要依据是我国的《引渡法》和我国缔结

〔1〕 参见郭晶：《缺席审判与引渡追逃的紧张关系及突破》，载《吉林大学社会科学学报》2019年第6期。

生效的双边引渡条约。截至 2018 年 10 月，我国与其他国家签订并且生效的双边引渡条约有 41 个。根据黄风教授的统计，在这些条约中，有 22 个双边条约对基于缺席审判所提出的引渡请求如何处理作出了规定。[1]这些国家根据缺席判决对于引渡程序是否产生实质性影响，又可以分为两类：

（一）将缺席判决作为应当拒绝引渡的理由

在将缺席判决作为应当拒绝引渡理由的国家中，根据可以引渡的例外规定的不同，又可以分为以下几类：（1）将缺席审判作为应当拒绝引渡的理由，并将保证重新审理作为例外规定，这种情况占大多数。如我国《引渡法》第 8 条规定："外国向中华人民共和国提出的引渡请求，有下列情形之一的，应当拒绝引渡：……（八）请求国根据缺席判决提出引渡请求的。但请求国承诺在引渡后对被请求引渡人给予在其出庭的情况下进行重新审判机会的除外。"在双边引渡条约方面，有条约规定，如果请求方没有保证引渡后重新进行审理，[2]或者没有保证被请求引渡人有机会在其出庭的情况下重新进行审理的，[3]应当拒绝引渡。（2）将缺席审判作为应当拒绝引渡的理由，并将允许或者保证被请求人可以上诉或者获得重新审理作为例外规定。如有双边引渡条约规定："有下列情形之一的，应当拒绝引渡：……请求方是根据缺席判决提出引渡请求。除非请求方承诺，被请求引渡人在引渡后有权利和机会对其定罪进行上诉，或者在其出庭的情况下进行重新审判。"[4]或者规定："有下列情况之一的，不予引渡：……引渡请求是基于在请求方境内作出的缺席判决，且请求方法律又不允许被请求引渡人进行上诉从而使其在出庭的情况下获得重审。"[5]（3）将缺席审判作为应当拒绝引渡的理由，并将被请求引渡人充分获得通知或得到辩护

---

[1] 参见黄风、齐建萍：《监察机关参与刑事缺席审判法律问题探析》，载《湖南科技大学学报（社会科学版）》2019 年第 4 期。

[2] 如中国与以下国家签订的引渡条约：澳大利亚、墨西哥、法国、安哥拉、西班牙、阿塞拜疆和阿拉伯联合酋长国。

[3] 如中国与以下国家签订的引渡条约：巴巴多斯、阿根廷、塔吉克斯坦、阿富汗、伊朗、印度尼西亚、波斯尼亚和黑塞哥维那、阿尔及利亚、老挝。

[4] 如中国与葡萄牙签订的引渡条约。

[5] 如中国与突尼斯签订的引渡条约。

机会，并且保证被请求引渡人有上诉和重新审判的机会作为例外规定。[1]

对于上述将缺席判决作为应当拒绝引渡理由的国家来说，基于缺席判决所提出的引渡请求能否获得对方的准许，主要在于请求国是否保证被请求引渡人回国之后获得重新审理，以及被请求引渡人是否充分获得了通知、辩护以及上诉的机会。对此我国《刑事诉讼法》都进行了相应的规定：(1) 规定罪犯在判决、裁定发生法律效力后到案，对判决、裁定提出异议的，人民法院应当重新审理。[2]也就是说，罪犯被引渡回国之后，只要符合法定条件，即会被重新审判。(2) 规定将传票、起诉书副本以及缺席判决送达被请求引渡人（被告人）的方式。我国《刑事诉讼法》第292条、第294条规定，人民法院应当通过国际条约规定的或者外交途径提出的司法协助方式，或者被告人所在地法律允许的其他方式，向被告人送达相关诉讼文书。(3) 规定被告人及其近亲属、辩护人上诉的权利。我国《刑事诉讼法》第294条规定，被告人或者其近亲属不服判决的，有权向上一级人民法院上诉。辩护人经被告人或者其近亲属同意，可以提出上诉。

上述这些规定为我们基于缺席判决向这些国家提出引渡请求，开展引渡合作奠定了基础。所以，虽然这些规定在促进引渡方面还有一些可改进之处，[3]但是至少从立法和理论上来看，我国根据缺席判决所提出的引渡请求并非没有成功的可能。只要我国在提出引渡请求的同时，向被请求国作出关于被请求人获得重新审理，以及充分获得通知、辩护和上诉机会的保证。实践中，这种被请求国对于我国所作出的外交保证（承诺）的评估，可能涉及中国刑事司法制度多个方面，只有被请求国经过评估后认为该承诺是在“足够的”基础之上，建立了对于该承诺的信任，才会同意将其引渡回国。[4]虽然近年来我国向外国所作出的外交保证都毫无例外地完

---

〔1〕 如中国分别与埃塞俄比亚、柬埔寨签订的引渡条约。

〔2〕《刑事诉讼法》第295条。

〔3〕 参见郭晶：《缺席审判与引渡追逃的紧张关系及突破》，载《吉林大学社会科学学报》2019年第6期。

〔4〕 参见张磊：《境外追逃追赃良性循环理念的界定与论证》，载《当代法学》2018年第2期。

全兑现，但是既然该保证需要被请求国进行评估，而评估又受到两国之间外交、政治等因素的影响，那么评估结果就存在很大变数，就有可能成为被请求国拒绝我国引渡请求的理由。所以，对于将缺席审判作为应当拒绝引渡理由的国家来说，虽然严格来说我国有引渡成功的机会，但是其中存在较大的不确定性，顺利实现引渡的困难较大。也就是说，从整体上来看，缺席审判对于我国与这些国家的引渡合作很可能会产生不利影响。

（二）没有将缺席判决作为应当拒绝引渡的理由

我国所签订的部分双边条约并没有将缺席审判作为拒绝引渡的理由，并且同时规定有关的引渡请求应被视为旨在进行追诉的引渡请求。[1]这就意味着，此时虽然请求国已经作出了缺席判决，但是该判决并不构成拒绝引渡的理由。该犯罪依然是可以引渡的犯罪，只不过相关引渡程序要按照追诉引渡程序进行，而不是按照（执行缺席判决的）行刑引渡程序进行。请求国需要按照追诉引渡的要求提供相应的引渡材料，并且不能提供缺席审判所作出的判决。在被请求引渡人被引渡回国之后，请求国按照追诉引渡的程序对被请求引渡人进行审判（实际上对于请求国来说是重新审判）。

对于此类没有将缺席判决作为应当拒绝引渡的理由的国家来说，缺席审判对于引渡程序影响较小：第一，我国与这些国家的双边条约中将缺席审判规定在“可引渡犯罪”的条款中，说明两国都认为即使是经过缺席审判的外逃人员，也是可以进行引渡的，缺席审判并不是阻碍或者影响引渡开展的因素。第二，这些双边引渡条约规定有关的引渡请求应被视为旨在进行追诉的引渡请求，说明双方应忽略请求国已经作出的缺席判决，依然按照普通追诉引渡的诉讼程序开展引渡合作。所以，对于此类没有将缺席判决作为应当拒绝引渡的国家来说，缺席判决对于引渡合作的影响较小，双方按照通常的引渡合作开展即可。

---

〔1〕 如中国分别与立陶宛、保加利亚签订的引渡条约。

二、依据国际公约和其他方式开展的引渡合作

除了双边条约外，国际公约也是开展引渡合作的重要依据。虽然《联合国打击跨国有组织犯罪公约》和《联合国反腐败公约》中并没有规定缺席审判能否作为拒绝引渡的理由。但是联合国《引渡示范条约》第 3 条“拒绝引渡之强制性理由”规定：“遇下述任一情况，不得准予引渡：……(g) 请求国的判决系缺席判决，被定罪的人未获有审判的充分通知，也没有机会安排辩护，没有机会或将不会有机会在其本人出庭的情况下使该案获得重审。”虽然该示范条约不具有执行力，但是也反映出国际社会在引渡问题上的倾向性意见，即将缺席判决作为应当拒绝引渡的理由。所以，虽然上述两个国际公约没有明确将缺席判决作为应当拒绝引渡的理由，但是基于联合国《引渡示范条约》所代表的国际社会对于引渡的发展趋势，在各国基于国际公约所开展的引渡实践中，缺席判决有可能被作为拒绝引渡的理由。

在平等互惠原则下开展的引渡合作中，缺席审判是否会成为拒绝引渡的理由，要根据双方以往的合作关系，以及双方的协商来确定，这就可能受到双方外交关系、政治、经济等方面的影响。此时，缺席审判对于引渡的影响的大小，要结合其他因素进行多方面的考量。

第三节　缺席审判对于非法移民遣返和异地追诉的影响

一、缺席审判对于非法移民遣返的影响

非法移民遣返是引渡的替代措施之一，由被请求国根据本国移民法的规定，将外逃人员以非法移民的程序驱逐出境。根据各国移民法的相关规定，在被请求国非法移民遣返的过程中，一个重要内容就是对于请求国法律制度的评价。

在外逃人员已经在本国被缺席判决的前提下，该缺席判决虽然可以向被请求国证明该外逃人员所实施的并非“严重的非政治罪行”，而只是普

通的刑事犯罪（当前我国外逃人员所涉的犯罪主要为腐败犯罪和经济犯罪），但是那些不承认或者不执行缺席审判的国家，反而可能以该判决不符合刑事诉讼最低保障标准为由怀疑我国司法的公正性，片面扩大评估其被遣返回国后遭受不公正审判的风险，甚至给予其特别保护。[1]而且，即使行为人没有经过缺席审判，仅仅因为我国存在缺席审判程序，就可能被其他国家作为质疑我国司法制度是否公正的理由。如前所述，当前缺席审判并没有在国际社会范围内获得普遍认可，如英美法系国家基本上不承认纯粹的缺席审判，缺席审判的适用首先要求被告人明确知道即将进行的审判而自愿放弃参与诉讼的权利，其次是在有法律代理人代表的条件下进行，缺席审判必须遵守公正原则。[2]特别是美国、加拿大等我国外逃人员出逃的主要目的地国，对于缺席审判都存在不同程度的保留。如美国虽然规定有缺席审判，但是缺席审判主要包括两种情形，一是法定的免于出庭的情形，二是首次出庭后被告自愿放弃继续出庭的情形。[3]除此之外，对于法律要求到庭而被告人从一开始就不到庭（如因逃跑而缺席）的案件则一律不适用。[4]所以，这些虽然规定有缺席审判，但是适用条件和范围与我国相差甚远的国家，很可能难以接受我国的缺席审判。在非法移民遣返过程中，有可能对我国的司法制度作出偏颇的评价，从而大大降低遣返我国外逃人员的可能性。

二、缺席审判对于异地追诉的影响

异地追诉是指请求国通过向外逃人员所在的被请求国提供证据，配合被请求国就外逃人员在该国所实施的犯罪行为进行审判并判处刑罚，在该

---

〔1〕 参见黄风：《刑事缺席审判与特别没收程序关系辨析》，载《法律适用》2018 年第 23 期。

〔2〕 参见裴显鼎、王秀梅：《全球视阈中的缺席审判研究》，载《吉林大学社会科学学报》2019 年第 6 期。

〔3〕 参见张全涛：《美国刑事缺席审判制度特点》，载《人民法院报》2019 年 1 月 11 日，第 8 版。

〔4〕 参见唐芳：《刑事缺席审判制度的域外考察及本土建构》，载《社会科学家》2007 年第 4 期。

国刑罚执行完毕之后，由该国将外逃人员通过驱逐出境的方式遣返回请求国。当前，为了保护国家利益，世界各国对于在本国实施了犯罪（一般是重罪）的外国人，多规定了在刑罚执行完毕之后的驱逐出境制度。[1]但是随着时代的变迁，国际社会开始注重对被驱逐出境者利益的保护，通过立法对驱逐出境进行限制，这反映出驱逐出境制度已从最开始的意在限制国家驱逐权，逐步走向以被驱逐出境者为中心的人权保护。[2]

对于被驱逐出境者的保护主要表现在国际公约中所规定的“禁止遣返原则”，该原则首先出现在1951年联合国《关于难民地位的公约》（以下简称《难民公约》）中，[3] 1984年联合国《禁止酷刑和其他残忍、不人道或有辱人格的待遇或处罚公约》（以下简称《禁止酷刑公约》）再次作了规定。[4]根据这两个国际公约，在对外国人适用驱逐出境之前，要进行驱逐后的风险评估，考虑所有相关因素，以判断其被遣返之后是否会面临酷刑或残忍、不人道的待遇或处罚的危险。这些规定在各国立法中也得到了体现，这又分为以下几种情况：(1) 在刑法中明确规定不得适用驱逐出境的情形。如《捷克刑法典》第80条第3款规定：“如果具有下列情形之一的，法院不应当适用驱逐出境之刑罚：……b）罪犯被依据其他法律规定给予政治避难或者附属保护的；……d）罪犯面临在被驱逐所到的国家因

---

〔1〕 如《意大利刑法典》第235条规定：“除法律另有明文规定外，外国人受10年以上徒刑之宣告时，法官应命令驱逐出境。”《瑞士联邦刑法典》第55条（驱逐出境）规定：“法官可将被科处重惩役或监禁刑的外国人从瑞士驱逐出境3年~15年，在重新犯罪情况下，可将该外国人终身驱逐出境。”《阿尔巴尼亚刑法典》第42条规定：“对实施犯罪并且被认为不应继续居留于阿尔巴尼亚共和国领域内的外国公民或者无国籍人，法院应当判决将其驱逐出阿尔巴尼亚领域。”

〔2〕 参见黄风、杜少尉：《国际法视角下驱逐出境的去刑罚化》，载《河南社会科学》2019年第5期。

〔3〕 联合国《难民公约》第33条规定：“（一）任何缔约国不得以任何方式将难民驱逐或送回（‘推回’）至其生命或自由因为他的种族、宗教、国籍、参加某一社会团体或具有某种政治见解而受威胁的领土边界。（二）但如有正当理由认为难民足以危害所在国的安全，或者难民已被确定判决认为犯过特别严重罪行从而构成对该国社会的危险，则该难民不得要求本条规定的利益。”

〔4〕 联合国《禁止酷刑公约》第3条规定：“（一）如有充分理由相信任何人在另一国家将有遭受酷刑的危险，任何缔约国不得将该人驱逐、遣返或引渡至该国。（二）为了确定这种理由是否存在，有关当局应考虑到所有有关的因素，包括在适当情况下，考虑到在有关国家境内是否存在一贯严重、公然、大规模侵犯人权的情况。”

为其种族、属于特定族群、民族、属于特定社会团体、政治信仰、宗教信仰遭受迫害之危险，或者驱逐出境将使罪犯遭受酷刑或者其他有辱人格的虐待或者刑罚的。”〔1〕《匈牙利刑法典》第 61 条规定：“根据法律规定被给予难民地位的人，不能适用驱逐出境。”（2）在刑法中规定驱逐出境需要考虑的因素。如《葡萄牙共和国宪法》第 33 条“驱逐、引渡与避难权”规定：“对于因主张民主制度、社会与民族解放、各国人民间的和平、自由、人权而遭受迫害或受到严重迫害威胁的外国人和无国籍人，应当保障其成为避难权的对象。”《希腊刑法典》第 74 条“驱逐外国人出境”第 1 款规定：“如果该外国人在实施行为时未成年的，法定机构在决定是否予以驱逐出境时应当考虑其家庭居住于希腊还是国外，以及进入驱逐目的地国其生命、身体完整、人身自由、性自由是否会面临严重危险。”（3）在移民法中规定禁止遣返原则，如美国、加拿大移民法中都明确规定了“禁止遣返”原则，但在与国家安全产生冲突时，该原则将不再适用。〔2〕

从上述规定可以看出，在驱逐出境前特别审查外国人被驱逐回国之后的境遇是国际发展的趋势。在此背景下，一方面，外国人在被驱逐出境之前可以向被请求国申请难民保护；另一方面，即使该外国人没有申请难民保护，驱逐国也可能主动考虑其被驱逐出境后所面临的危险，再决定是否驱逐。我们在和其他国家通过开展异地追诉国际合作进行境外追逃的时候，如同前述非法移民遣返一样，行为人在我国已经被缺席判决的事实，也很可能被不接受我国缺席审判的国家，以不符合刑事诉讼最低保障标准为由怀疑我国司法制度的公正性，甚至有可能考虑被驱逐出境者的避难申请。所以，缺席审判的设立和在实践中的运行，对于采用异地追诉开展追逃的情况来说，并不必然产生积极作用。

---

〔1〕类似的规定还有《斯洛伐克刑法典》第 65 条第 2 款：“驱逐出境不能适用于下列罪犯：……e）罪犯在接受国将会因为其种族、肤色、族群、宗教、民族、属于特定社会团体、政治信仰而使其生命或者人身自由面临危险；但这不适用于可以合理地认为对斯洛伐克共和国的安全构成危险的罪犯或者因为实施特别严重的重罪而被法院作出有罪判决的罪犯。”

〔2〕参见黄风、杜少尉：《国际法视角下驱逐出境的去刑罚化》，载《河南社会科学》2019 年第 5 期。

第四节　缺席审判对于劝返的影响

劝返是由追逃国对外逃人员进行劝说，促使其主动回国接受惩罚的追逃方式。劝返主要发生在追逃国办案人员与外逃人员之间，外逃人员所在地国只要消极监督即可。缺席判决的作出对劝返有可能产生两方面影响：

一、缺席判决本身难以对劝返产生积极作用

劝返是我国境外追逃措施中成功率较高的措施，[1]而缺席审判一般是在境外追逃难以成功的情况下不得已的措施，所以被缺席审判的外逃人员多已经过了漫长的劝返程序，采取态度比较顽固，甚至怀着对抗到底的心态。除非有极其特殊情况，缺席审判启动甚至判决以后，该外逃人员很可能仍然难以劝返。由于我国境外追逃中一直坚持贯彻宽严相济的刑事政策，被劝返回国的外逃人员一般都被认定为自首并给予较大程度从宽处罚。[2]而被缺席判决的外逃人员，由于不具有自首的从宽情节，在同等情况下被判处的刑罚一般比被劝返回国者更重。在此前提下，当外逃人员看到缺席判决所判处的较重刑罚，很有可能强化其继续滞留境外对抗追逃的决心，使得缺席判决难以真正执行。在此情况下，缺席审判对劝返并没有产生积极作用。

二、缺席审判的重新审理为成功劝返外逃人员提供了可能

根据我国《刑事诉讼法》第295条之规定，缺席审判启动之后，在两种情况下可能导致案件重新审理：一是在缺席审判过程中，被告人自动投案或者被抓获的；二是罪犯在缺席判决、裁定发生法律效力后到案，在交

---

〔1〕 参见张磊：《从“百名红通人员”归案看我国境外追逃的发展》，载《北京师范大学学报（社会科学版）》2017年第3期。

〔2〕 根据2017年5月中央追逃办公布的当时归案的40名“百名红通人员”后续工作进展情况，当时已经作出判决和不起诉的17人中，劝返的9个人都被判处了缓刑或者作出了不起诉决定，而遣返和缉捕的8个人都被判处了实刑，包括有两人被判处了无期徒刑。参见《40名已归案“百名红通人员”后续情况》，载《人民日报》2017年5月11日，第11版。

付执行刑罚前，对判决、裁定提出异议的。缺席审判启动甚至判决的作出，并不意味着我们劝返的结束，从理论上来说办案人员依然可以对于外逃人员进行劝返，他们也有可能被劝返回国。

如前所述，我国在境外追逃中贯彻宽严相济的刑事政策，对于劝返回国的人员给予了较宽的处罚。缺席审判启动后，外逃人员会产生巨大的心理压力，认识到即使自己不回国也要被审判和判处刑罚。此时，如果我方办案人员继续耐心劝返，充分宣传我国宽严相济的刑事政策，和以往被劝返人员回国多被认定为自首并且从宽处罚的事实，以及缺席审判案件可以重新审理的相关规定后，就有可能使外逃人员心理产生变化，在缺席审判中，或者判决、裁定作出后及时投案，以便于获得重新审理，并被认定自首获得从宽处罚的机会。

但是，我国《刑事诉讼法》第 295 条并没有明确规定在重新审理中，自动投案的外逃人员能否被认定为自首并获得从宽处罚。为了鼓励更多外逃人员回国，我们建议最高人民法院通过司法解释的方式，明确规定在缺席审判过程中以及判决、裁定作出后，外逃人员自动投案的，在重新审理中可以认定为自首，并给予从宽处罚。具体来说包括以下两种情况：（1）在缺席审判过程中，外逃人员经过我方劝返回国，或者主动回国投案自首的，在重新审理中可以认定为自首，并获得从宽处罚。（2）在缺席审判后自动投案的，在重新审理后也可以认定为自首并从宽处罚。对于在缺席审判后自动投案的，在罪犯对判决提出异议后，人民法院重新审理时，对于投案行为可以认定为自首，并予以从宽处罚。

在作出以上司法解释规定的前提下，我方办案人员在缺席审判启动后进行劝返时要注意：首先，告知外逃人员缺席审判已经启动，或者已经被缺席审判的事实，[1]表达我国对外逃人员一追到底的坚强决心；其次，向外逃人员解释我国关于缺席审判的相关法律规定，特别是在其归案之后可以获得重新审判的机会；最后，结合我国宽严相济的刑事政策，以及以往外逃人员自动投案后被从宽处罚的案例，向其充分说明，即使缺席审判已

〔1〕 虽然我方可能已经在启动缺席审判程序时向其送达了相关诉讼文书。

经启动或者已经形成生效判决、裁定，但是只要及时投案，就有可能获得重新审理的机会并被认定为自首。在已经审理的情况下，还可能获得比已经做出的缺席审判结果更轻的处罚。

当然，对于上面两种情况中的投案行为，外逃人员在重新审理被认定自首时所获得的从宽处罚应当与其投案的早晚成正比，投案越早获得的从宽幅度越大：在审理中投案的自首从宽幅度大于在审判之后投案的；在审判后早期投案的，从宽幅度要大于晚投案的。只有这样，才能够最大限度地鼓励外逃人员尽早投案自首。

三、缺席审判与境外追逃措施的协调适用

由于缺席判决不仅实际上难以得到其他国家的承认和执行，而且该判决还可能对于引渡、非法移民遣返、异地追诉产生不利影响，所以缺席审判应当定位于在境外追逃难以成功情况下不得已采取的措施。只要相关追逃措施还有一定的成功可能性，就不应当仓促进行缺席审判。只有在短时间内追逃难以成功，或者成功希望非常渺茫，才可以考虑启动缺席审判程序。

缺席审判启动之后，我们要根据各种追逃措施与缺席审判之间的兼容程度，妥善选择适用追逃措施，推动境外追逃的继续进行，具体来说：(1) 谨慎适用非法移民遣返和异地追诉。如前所述，非法移民遣返和异地追诉（驱逐出境）的开展，都以被请求国对于我国司法制度的评价为前提，由于我国的缺席审判仍未被部分国家接受，所以在我国已经启动缺席审判的前提下，应当谨慎适用异地追诉和非法移民遣返。同时，在实践中多向国际社会证明我国刑事法治发展的进步，增强被请求国对于我国司法制度的信任，提高被请求国对于我外逃人员进行遣返或者驱逐出境的可能性。(2) 有选择地开展引渡合作。缺席审判与引渡的协调适用分为两种情况：其一，对于与我国缔结有双边引渡条约，但将缺席审判作为拒绝引渡的理由，并规定在保证被请求引渡人重新审判机会等的前提下可以引渡的国家，我们可以在缺席审判后，基于缺席判决提出引渡请求，同时基于被请求国的要求，向该国做出被请求人回国将会被重新审理，并会得到充分

通知、辩护和上诉的权利的保证（承诺）。在缺席审判中，严格依法向被告人送达相关诉讼文书，充分保证其知情权，最大程度地争取引渡顺利进行。在回国后依法对其进行重新审判，保障其辩护权和上诉权的实现，充分兑现我国之前作出的承诺，以推动以后境外追逃的良性循环。其二，对于与我国缔结有双边引渡条约，但并没有将缺席判决作为应当拒绝引渡的理由的国家，我们按照普通引渡程序开展合作即可。（3）积极对外逃人员进行劝返。在我国还可以通过司法解释明确规定，外逃人员在缺席审理过程中或者审判后自动投案的，在重新审理中可以被认定为自首，所以在以后工作中即使我国已经启动缺席审判甚至作出生效的判决、裁定，我们也要持之以恒，继续进行劝返，促进外逃人员自动投案，充分发挥缺席审判对于我国境外追逃的促进作用。

REFERENCES

参考文献

一、著作文献

1. 《习近平谈治国理政》，外文出版社 2014 年版。
2. 《习近平谈治国理政（第二卷）》，外文出版社 2017 年版。
3. 《习近平谈治国理政（第三卷）》，外文出版社 2020 年版。
4. 《习近平谈治国理政（第四卷）》，外文出版社 2022 年版。
5. 《习近平总书记系列重要讲话读本》，学习出版社、人民出版社 2016 年版。
6. 《习近平同志重要讲话文章选编》，中央文献出版社、党建读物出版社 2016 年版。
7. 《习近平关于党风廉政建设和反腐败斗争论述摘编》，中央文献出版社、中国方正出版社 2015 年版。
8. 《学习习近平同志关于机关党建重要论述》，党建读物出版社 2014 年版。
9. 中共中央纪律检查委员会法规室、中华人民共和国国家监察委员会法规室编：《〈中华人民共和国监察法〉释义》，中国方正出版社 2018 年版。
10. 中共中央纪律检查委员会法规室、中华人民共和国国家监察委员会法规室编：《〈中华人民共和国监察法实施条例〉释义》，中国方正出版社 2022 年版。
11. 胡康生主编：《中华人民共和国引渡法释义》，法律出版社 2001 年版。
12. 王爱立主编：《中华人民共和国国际刑事司法协助法释义》，法律出版社 2019 年版。
13. 王爱立主编：《中华人民共和国刑法条文说明、立法理由及相关规定》，北京大学出版社 2021 年版。
14. 黄风主编：《中国境外追逃追赃：经验与反思》，中国政法大学出版社 2016 年版。
15. 黄风：《国际刑事司法合作的规则与实践》，北京大学出版社 2008 年版。
16. 黄风：《中国引渡制度研究》，中国政法大学出版社 1997 年版。
17. 黄风、赵林娜主编：《国际刑事司法合作：研究与文献》，中国政法大学出版社 2009 年版。

18. 黄风、赵林娜主编:《境外追逃追赃与国际司法合作》，中国政法大学出版社 2008 年版。
19. 黄风:《引渡问题研究》，中国政法大学出版社 2006 年版。
20. 黄风、凌岩、王秀梅:《国际刑法学》，中国人民大学出版社 2007 年版。
21. 黄风:《〈中华人民共和国引渡法〉评注》，中国法制出版社 2001 年版。
22. 黄风主编:《国际刑事司法协助国内法规则概览》，中国方正出版社 2012 年版。
23. 高铭暄、陈璐:《〈中华人民共和国刑法修正案（八）〉解读与思考》，中国人民大学出版社 2011 年版。
24. 马克昌主编:《百罪通论》，北京大学出版社 2014 年版。
25. 张明楷:《刑法学》，法律出版社 2021 年版。
26. 张智辉:《国际刑法通论》，中国政法大学出版社 2009 年版。
27. 宋英辉、甄贞主编:《刑事诉讼法学》，中国人民大学出版社 2013 年版。
28. 陈雷:《反腐败国际合作与追逃追赃实务教程》，中国方正出版社 2020 年版。
29. 陈雷:《反腐败国际合作理论与实务》，中国检察出版社 2012 年版。
30. 陈雷:《国际反贪与“海外追逃”》，中国检察出版社 2016 年版。
31. 张磊:《反腐败零容忍与境外追逃》，法律出版社 2017 年版。
32. 张磊:《法治反腐与境外追赃》，中国法制出版社 2018 年版。
33. 吴光升:《刑事涉案财物处理程序研究》，法律出版社 2018 年版。
34. 薛淑兰:《引渡司法审查研究》，中国人民公安大学出版社 2008 年版。
35. ［意］贝卡利亚:《论犯罪与刑罚》，黄风译，中国大百科全书出版社 1993 年版。
36. ［意］恩里科·菲利:《犯罪社会学》，郭建安译，中国人民公安大学出版社 2004 年版。
37. ［法］罗伯斯比尔:《革命法制和审判》，赵涵舆译，商务印书馆 1965 年版。
38. 王铮主编:《涉外刑事程序与刑事司法协助——办案规范指南》，群众出版社 1999 年版。
39. 陈志军译:《墨西哥联邦刑法典》，中国人民公安大学出版社 2010 年版。
40. 本书编辑委员会编译:《世界各国宪法（美洲大洋洲卷）》，中国检察出版社 2012 年版。
41. 本书编辑委员会编译:《世界各国刑事诉讼法（美洲卷）》，中国检察出版社 2016 年版。

二、期刊文献

1. 黄风:《建立境外追逃追赃长效机制的几个法律问题》, 载《法学》2015 年第 3 期。
2. 黄风:《境外追逃的四大路径》, 载《人民论坛》2011 年第 31 期。
3. 黄风:《开平案与国际刑事司法合作》, 载《中国法律》2009 年第 3 期。
4. 黄风:《刑事缺席审判与特别没收程序关系辨析》, 载《法律适用》2018 年第 23 期。
5. 黄风:《刑诉法应增加承认与执行外国判决的制度》, 载《现代法学》2007 年第 2 期。
6. 黄风:《我国主动引渡制度研究: 经验、问题和对策》, 载《法商研究》2006 年第 4 期。
7. 黄风:《论引渡的非常规替代措施——由"袁宏伟案"说起》, 载《法商研究》2008 年第 2 期。
8. 黄风、赵卿:《从"程慕阳案"看移民法遣返的证据规则》, 载《法学》2017 年第 2 期。
9. 黄风、齐建萍:《监察机关参与刑事缺席审判法律问题探析》, 载《湖南科技大学学报(社会科学版)》2019 年第 4 期。
10. 黄风、杜少尉:《国际法视角下驱逐出境的去刑罚化》, 载《河南社会科学》2019 年第 5 期。
11. 黄树贤:《把惩治腐败的天罗地网撒向全球——深入学习习近平总书记关于反腐败国际合作和追逃追赃工作的重要论述》, 载《求是》2016 年第 11 期。
12. 赵秉志:《关于进一步推动我国境外追逃工作的几点思考——我在美洲人权法院巡回法庭黄海勇引渡案中出庭作证的体会》, 载《刑法评论》2016 年第 1 卷(总第 29 卷), 法律出版社 2016 年版。
13. 赵秉志:《中国反腐败刑事法治的若干重大现实问题研究》, 载《法学评论》2014 年第 3 期。
14. 赵秉志:《论我国反腐败刑事法治的完善》, 载《当代法学》2013 年第 3 期。
15. 赵秉志、张磊:《赖昌星案件法律问题研究》, 载《政法论坛》2014 年第 4 期。
16. 赵秉志、张伟珂:《传统与现代: 死刑改革与公众"人道"观念的转变》, 载《当代法学》2016 年第 2 期。
17. 裴显鼎、王秀梅:《全球视域中的缺席审判研究》, 载《吉林大学社会科学学报》2019 年第 6 期。

18. 王秀梅、宋玥婵:《新时代我国反腐败追逃的经验与完善——聚焦于“百名红通”》,载《北京师范大学学报(社会科学版)》2018年第6期。
19. 张旭:《也谈〈刑法修正案(九)〉关于贪污贿赂犯罪的修改》,载《当代法学》2016年第1期。
20. 陈瑞华:《“认罪认罚从宽”改革的理论反思——基于刑事速裁程序运行经验的考察》,载《当代法学》2016年第4期。
21. 王晓东:《国际追逃追赃视野下的我国刑事缺席审判制度》,载《法律适用》2018年第23期。
22. 孙昂:《美洲人权法院黄海勇引渡案述评——兼论“外交承诺”的法理和实践》,载《中国国际法年刊》2017年卷。
23. 陈雷:《引渡在国际追逃追赃中的作用发挥——黄海勇引渡案的启示》,载《中国检察官》2017年第8期。
24. 陈雷、薛振环:《论我国引渡制度的量刑承诺——兼论死刑不引渡原则的变通或例外适用》,载《法学杂志》2010年第1期。
25. 张磊:《道义与信任:新时代反腐败追逃追赃的精神意蕴》,载《法学杂志》2019年第4期。
26. 张磊:《境外追逃追赃良性循环理念的界定与论证》,载《当代法学》2018年第2期。
27. 张磊:《腐败犯罪境外追逃追赃的反思与对策》,载《当代法学》2015年第3期。
28. 张磊:《从胡星案看劝返》,载《国家检察官学院学报》2010年第2期。
29. 张磊:《从高山案看我国境外追逃的法律问题——兼与赖昌星案比较》,载《吉林大学社会科学学报》2014年第1期。
30. 张磊:《美国的所谓“警告”及其对我国境外追逃的启示》,载《河南大学学报(社会科学版)》2016年第2期。
31. 张磊:《境外追逃中的引渡替代措施及其适用——以杨秀珠案为切入点》,载《法学评论》2017年第2期。
32. 张磊:《论我国经济犯罪收益追缴制度的构建》,载《政治与法律》2009年第5期。
33. 张磊:《〈刑法〉第64条财物处理措施的反思与完善》,载《现代法学》2016年第6期。
34. 张磊:《关于境外追赃法律适用问题的思考——以薄熙来案为切入点》,载《吉林大学社会科学学报》2017年第1期。
35. 张磊、梁田:《中国刑法域外适用的理论内涵和原则构建》,载《河南大学学报

（社会科学版）》2022 年第 5 期。
36. 董坤：《论外逃人员缺席审判的三重关系》，载《法学杂志》2019 年第 8 期。
37. 施鹏鹏：《缺席审判程序的进步与局限——以境外追逃追赃为视角》，载《法学杂志》2019 年第 6 期。
38. 顾永忠、张子君：《我国刑事缺席审判制度的立法意图与特色》，载《理论学刊》2019 年第 1 期。
39. 王敏远：《刑事缺席审判制度探讨》，载《法学杂志》2018 年第 8 期。
40. 喻海松：《刑事缺席审判程序的立法进程》，载《法律适用》2018 年第 23 期。
41. 杨雄：《对外逃贪官的缺席审判研究》，载《中国刑事法杂志》2019 年第 1 期。
42. 袁古洁：《论对外国刑事判决的承认与执行》，载《现代法学》2000 年第 6 期。
43. 甄贞、杨静：《缺席审判程序解读、适用预期及完善建议》，载《法学杂志》2019 年第 4 期。
44. 王敏远：《刑事诉讼法修改重点问题探讨》，载《法治研究》2019 年第 2 期。
45. 郭晶：《缺席审判与引渡追逃的紧张关系及突破》，载《吉林大学社会科学学报》2019 年第 6 期。
46. 吉追逃：《人赃俱获的背后——“百名红通人员”闫永明归案纪实》，载《中国纪检监察》2017 年第 16 期。
47. 房国宾、黄承云：《两大法系人身保护令制度比较研究》，载《西部法学评论》2008 年第 5 期。
48. 韩长青、吴文成：《外交承诺与战略试探：万斯访华与中美关系正常化》，载《外交评论》2014 年第 6 期。
49. 罗翊乔：《跌宕起伏的黄海勇案》，载《民主与法制》2017 年第 28 期。
50. 薛丰民、黄鹏：《中国反腐败境外追逃实践之劝返模式研究》，载《郑州大学学报（哲学社会科学版）》2017 年第 6 期。
51. 刘娜：《劝返的现实困境与突破路径》，载《湖北社会科学》2014 年第 2 期。
52. 宣刚、余燕娟：《境外追逃量刑承诺的建构进路和程序设置》，载《河南警察学院学报》2019 年第 4 期。
53. 田晓萍：《我国引渡外逃经济罪犯的法律障碍和对策——以赖昌星遣返为视角》，载《行政与法》2007 年第 5 期。
54. 李剑弢、唐建秋：《法定刑以下判处刑罚的特殊情况和量刑》，载《人民司法》2015 年第 14 期。
55. 唐芳：《刑事缺席审判制度的域外考察及本土建构》，载《社会科学家》2007 年第

4 期。

三、报纸文献

1. 习近平:《领导干部要做尊法学法守法用法的模范 带动全党全国共同全面推进依法治国》,载《人民日报》2015 年 2 月 3 日,第 1 版。
2.《习近平分别会见印度尼西亚总统、加拿大总理、泰国总理和新加坡总理》,载《人民日报》2014 年 11 月 10 日,第 1 版。
3.《习近平会见克里纵论中美新型大国关系》,载《人民日报(海外版)》2013 年 4 月 15 日,第 1 版。
4.《习近平同澳大利亚总理阿博特举行会谈一致决定建立中澳全面战略伙伴关系 宣布实质性结束中澳自由贸易协定谈判》,载《人民日报》2014 年 11 月 18 日,第 1 版。
5.《习近平在亚太经合组织第二十二次领导人非正式会议上的闭幕辞》,载《人民日报》2014 年 11 月 12 日,第 2 版。
6.《习近平主席对美国进行国事访问中方成果清单》,载《人民日报》2015 年 9 月 26 日,第 3 版。
7.《习近平在接见军委机关各部门负责同志时强调 讲政治谋打赢搞服务作表率 努力建设"四铁"军委机关》,载《人民日报》2016 年 1 月 12 日,第 1 版。
8. 杨晓超:《推动反腐败国际合作和追逃追赃向纵深发展——写在"一二·九"国际反腐败日之际》,载《人民日报》2016 年 12 月 9 日,第 11 版。
9. 黄风:《境外追逃需宽严相济》,载《人民日报》2013 年 1 月 15 日,第 17 版。
10. 温红彦等:《坚决打赢反腐败这场正义之战——党的十八大以来反腐败斗争成就述评》,载《人民日报》2017 年 9 月 18 日,第 1 版。
11. 赵秉志:《开启法治反腐新时代》,载《光明日报》2015 年 3 月 15 日,第 6 版。
12. 陈雷:《如何破解程慕阳案国际执法合作困局》,载《法制日报》2015 年 7 月 21 日,第 10 版。
13. 廉颖婷:《媒体披露赖昌星在加拿大 12 年诉讼历程》,载《法治周末》2012 年 5 月 18 日。
14.《反腐败国际追逃追赃之一 决不让腐败分子躲进避罪天堂》,载《中国纪检监察报》2016 年 6 月 6 日,第 1 版。
15.《反腐败国际追逃追赃之二 占领道义制高点》,载《中国纪检监察报》2016 年 6 月 13 日,第 1 版。

16.《反腐败国际追逃追赃之三 对象在国外 基础在国内》，载《中国纪检监察报》2016 年 6 月 20 日，第 1 版。
17.《反腐败国际追逃追赃之四 追逃追赃既是内政又是外交》，载《中国纪检监察报》2016 年 6 月 27 日，第 1 版。
18.《反腐败国际追逃追赃之六 深化合作互利共赢》，载《中国纪检监察报》2016 年 7 月 11 日，第 1 版。
19. 陈定定：《中国反腐收获国际赞誉》，载《中国纪检监察报》2017 年 8 月 25 日，第 4 版。
20. 陈治治：《反腐败国际合作，从“道”与“术”看大势》，载《中国纪检监察报》2016 年 5 月 12 日，第 1 版。
21. 邵海林：《推动裁判文书说理改革》，载《人民法院报》2015 年 3 月 25 日，第 2 版。
22. 张全涛：《美国刑事缺席审判制度特点》，载《人民法院报》2019 年 1 月 11 日，第 8 版。
23. 李贤华、喻伦泰：《域外刑事缺席审判制度》，载《人民法院报》2018 年 12 月 7 日，第 8 版。
24. 戴佳：《跨国缉贪：逃之夭夭？回头是岸！——李华波案追逃追赃工作纪实》，载《检察日报》2015 年 5 月 10 日，第 1 版。
25. 吴刚：《法院认定余振东有自首情节昨日被判十二年》，载《检察日报》2006 年 4 月 1 日。
26. 陈雷：《量刑承诺是死刑不引渡原则的变通》，载《检察日报》2007 年 2 月 16 日，第 4 版。
27. 宁晨新：《余振东贪污挪用 4.82 亿美元 为何仅获刑 12 年》，载《中国证券报》2006 年 4 月 8 日。
28. 桂田田、张伟：《国际刑警组织中国国家中心局首次公布百份红色通缉令 其中涉贪和涉受贿超六成》，载《北京青年报》2015 年 04 月 23 日，第 A06 版。
29. 桂田田、赵萌：《“海外追赃第一案”当事人李华波被遣返回国》，载《北京青年报》2015 年 5 月 10 日，第 A05 版。
30. 殷红、雷成：《外逃高官胡星归案记》，载《中国青年报》2007 年 4 月 28 日。

四、学位论文

1. 薛淑兰：《引渡司法审查研究》，中国人民公安大学 2006 年度博士论文。

2. 陈雷:《反腐败国际公约视野下的我国刑法的现状与完善》, 华东政法学院 2006 年度博士论文。

3. 王强军:《利用遣返实现境外追逃问题研究》, 北京师范大学 2009 年度博士论文。

4. 刘冬平:《美国反海外腐败刑事执法研究》, 北京师范大学 2015 年度博士论文。

5. 王莉莉:《中国反腐败刑法国际化与本土化研究》, 北京师范大学 2016 年度博士论文。

6. 万娟:《腐败犯罪国际化及治理研究》, 北京师范大学 2016 年度博士论文。

7. 岳霄:《国际追逃视野下遣返问题研究》, 北京师范大学 2022 年度博士论文。

8. 邹江江:《附条件引渡研究》, 武汉大学 2012 年度博士论文。

9. 翟悦:《境外追逃追赃国际警务合作机制研究》, 大连海事大学 2015 年度博士论文。

10. 殷超峰:《中国反腐败跨境追逃国际合作问题研究》, 西南政法大学 2018 年度博士论文。

五、英文文献

1. Abegunde Babalola, Extradition under International Law: Tool for Apprehension of Fugitives. Journal of Law, Policy and Globalization, 22, 2014.

2. David M. Bierie, Fugitives in the United States, Journal of Criminal Justice, 42, 2014.

3. Obonye Jonas, Human Rights, Extradition and the Death Penalty: Reflections on the Stand-off between Botswana and South Africa, International Journal on Human Right, Sur, 2013.

4. Zeynab Kiani and Zeynab Purkhaghan, Deportation and Extradition from an International Perspective, Journal of Politics and Law, Vol. 10, 2017.

5. John T. Parry, International Extradition, the Rule of Non-inquiry, and the Problem of Sovereignty, Boston University Law Review, Vol. 90, 1973.

6. M. Cheirf Bassiouni, The Time Has Come For An International Criminal Court, Indiana International and Comparative Law Review, Spring 1991.

7. M. Cheirf Bassiouni, International Criminal Law, Transnational Publishers Inc., New York, 1986.

8. Cherif Bassiouni: International Extradition: United States Law and Practice, Fifth Edition, Oceana Publications Inc., 1995.

9. Bruce Broomhall, International justice and the International Criminal Court: between sovereignty and the rule of law, Oxford University Press, 2003.

10. Radu Florin Răzvan, International Judicial Cooperation in European and Criminal matters, Wolters Kluwer Press, 2009.

11. I. A. Shearer, Extradition in international law, Manchester University Press, 1971.

12. Wijngaert, Christine van den., International criminal law: A collection of international and European instruments, M. Nijhoff Publishers, 2005.

13. Antonio Cassese et al., International criminal law: cases and commentary, Oxford University Press, 2011.

14. David Luban, Julia R. O'Sullivan and David Steward, International and transnational criminal law, Aspen Publishers, 2010.

15. Robert Cryer et al., An introduction to international criminal law and procedure, Cambridge University Press, 2010.

16. David A. Sadoff, Bringing international fugitives to justice: Extradition and its alternatives, Reprint edition, Cambridge University Press, 2018.